DIWINYDDIAETH PAUL

Diwinyddiaeth Paul
Gan Gynnwys Sylw Arbennig i'w Ddehonglwyr Cymreig

gan

John Tudno Williams

Gwasg Prifysgol Cymru
2020

Hawlfraint © John Tudno Williams, 2020

Cedwir pob hawl. Ni cheir atgynhyrchu unrhyw ran o'r cyhoeddiad hwn na'i gadw mewn cyfundrefn adferadwy na'i drosglwyddo mewn unrhyw ddull na thrwy unrhyw gyfrwng electronig, mecanyddol, ffotogopïo, recordio, nac fel arall, heb ganiatâd ymlaen llaw gan Wasg Prifysgol Cymru, Cofrestrfa'r Brifysgol, Rhodfa'r Brenin Edward VII, Caerdydd CF10 3NS.

www.gwasgprifysgolcymru.org

Mae cofnod catalogio'r gyfrol hon ar gael gan y Llyfrgell Brydeinig.

ISBN 978-1-78683-532-1
e-ISBN 978-1-78683-533-8

Datganwyd gan John Tudno Williams ei hawl foesol i'w gydnabod yn awdur ar y gwaith hwn yn unol ag adrannau 77 a 78 Deddf Hawlfraint, Dyluniadau a Phatentau 1988.

Cysodwyd gan Eira Fenn Gaunt, Pentyrch, Caerdydd.
Argraffwyd gan CPI Antony Rowe, Melksham.

Cyflwynir y gyfrol hon i Ina ac i Haf a Tomos Gwyn a'u teuluoedd, gan ddiolch am eu cariad a'u cefnogaeth ar hyd y blynyddoedd.

Cynnwys

Rhagarweiniad ix
Byrfoddau xiii

1 Paul ac Iesu   1

2 Bywyd Cynnar yr Apostol Paul a'i Gefndir Meddyliol   17

3 Tröedigaeth neu Alwad?   27

4 Paul a'r Gyfraith   49

5 Soterioleg Paul   63

6 Cristoleg Paul   99

7 Anthropoleg Paul a'r Ysbryd yn Llythyrau Paul   125

8 Dysgeidiaeth Foesol Paul   139

9 Yr Eglwys yn Paul   159

10 Eschatoleg Paul   171

12 Y Llythyrau Diweddar a'r Epistolau Bugeiliol   183

Llyfryddiaeth   193
Mynegai   227

Rhagarweiniad

Daeth y Ddarlith Davies i fodolaeth yn 1894 pan gyfrannodd Thomas Davies o Bootle swm o arian er cof am ei dad, David Davies, er mwyn sefydlu darlith i'w thraddodi'n flynyddol gan weinidog yn Eglwys Bresbyteraidd Cymru yn ei Chymanfa Gyffredinol. Cefais innau'r fraint o gael fy ngwahodd i draddodi'r Ddarlith Davies yn 1993 yn y Gymanfa a gynhaliwyd y flwyddyn honno yng Ngholeg Westhill, Birmingham, a hynny wedi bron i ganrif o'r darlithoedd hyn. Roeddwn yn ymwybodol iawn o fod mewn olyniaeth anrhydeddus, a charwn ychwanegu mai dyma'r ail dro, hyd y gwn i, i fab ddilyn ei dad yn yr olyniaeth honno, gan i fy nhad draddodi ei ddarlith union ddeng mlynedd ynghynt. Y tro cyntaf i hynny ddigwydd oedd pan fu i'r Parchedig Huw Wynne Griffith draddodi darlith 1978 wedi i'w dad, y Parchedig G. Wynne Griffith, wneud yn 1942.

Yn sicr, nid dyma'r tro cyntaf i'r Apostol Paul fod yn destun y Ddarlith Davies. Ym Mhorthmadog yn 1921 traddododd John Williams arall, y digymar bregethwr o Frynsiencyn, ddarlith yn dwyn y teitl 'Hanes yr Apostol Paul ac Athrawiaeth yr Iawn'. Dr Thomas Charles Williams a lywyddai ar yr achlysur hwnnw, ac roedd David Lloyd George yn eistedd yn y sêt fawr.[1] Cyhoeddwyd crynswth y ddarlith wedi'i golygu gan William Morris, a chyda rhagair gan ei gofiannydd, R. R. Hughes, yn 1955.

Roedd gan Dr John Williams rywbeth i'w ddweud o dan ryw bedwar pennawd: cefndir meddyliol yr apostol; ei dröedigaeth; dysgeidiaeth Paul a'r Iesu; ac athrawiaeth yr iawn. Yn fy narlith wreiddiol, ni ddilynais yr union drywydd ag ef; yn hytrach, ceisiais daflu cipdrem ar rai o'r prif lwybrau a ddilynwyd yn ystod y deng mlynedd a thrigain ers traddodi darlith Dr John Williams gan ysgolheigion o Gymry, ymhlith eraill, ond yn ddiau byddaf yn y gyfrol hon yn cyffwrdd â rhai o'r materion a nododd ef.

Teitl y Ddarlith Davies a draddodais oedd 'Paul a'i Ddehonglwyr Cymreig', er na chyfyngais fy sylwadau ynddi i'w cyfraniadau hwy yn unig. Felly hefyd y gwneuthum yn y gyfrol hon sy'n ffrwyth astudiaeth dros gyfnod o bum mlynedd ar hugain bellach o'r maes eang, toreithiog hwn, sef Diwinyddiaeth Paul. Ceisiais ynddi dynnu sylw at y cyfraniadau sylweddol i'r maes gan ddau Gymro'n arbennig, sef C. H. Dodd o Wrecsam a'i ddisgybl W. D. Davies o Lanaman. Cyfeiriais yn gyson hefyd at gyfraniadau nifer o Gymry eraill, yn ogystal ag ysgolheigion, heb fod yn Gymry, a fu'n llafurio yng Nghymru ei hun. Yn y llyfryddiaeth nodais eu henwau â'r arwydd★. Gwelir imi ddefnyddio yn yr ôl-nodiadau ddull sy'n cyfeirio at enw'r awdur a dyddiad y cyhoeddiad yn unig. Yna rhoddir manylion llawn y cyhoeddiadau hyn yn y llyfryddiaeth ar derfyn y gyfrol hon. Gelwir hyn yn 'ddull Harvard' o gyfeirio at ffynonellau.

Dechreuais ymddiddori yn nysgeidiaeth yr apostol pan oeddwn yn fyfyriwr yng Ngholeg Iesu, Rhydychen (1957–60), a mynychais ddarlithoedd fy nhiwtor, Denys Whiteley, ar y pwnc: darlithoedd a gyhoeddwyd mewn cyfrol a ymddangosodd ychydig flynyddoedd yn ddiweddarach. Yn y cyfnod hwnnw hefyd fe'm cyfareddwyd gan gyfrol arloesol W. D. Davies, *Paul and Rabbinic Judaism*, a phorais lawer ynddi wrth ymbaratoi ar gyfer fy arholiadau gradd. Yn ystod y degawdau canlynol ymddangosodd y pum cyfrol swmpus a ganlyn ar ddysgeidiaeth Paul: *Paul and Palestinian Judaism*, gan E. P. Sanders; *The Theology of Paul the Apostle*, gan J. D. G. Dunn; *The Deliverance of God*, gan D. A. Campbell; *Paul and the Faithfulness of God*, gan N. T. Wright; a *Paul and the Gift*, gan J. M. G. Barclay. Ceisiais roi sylw dyladwy iddynt yn y gyfrol hon, ochr yn ochr â nifer fawr o gyfraniadau ysgolheigaidd eraill. Ond gwn mai braidd gyffwrdd â'r maes enfawr hwn a wneuthum, ac wrth imi ollwng y gyfrol hon o'm dwylo rwy'n ymwybodol o'i gwendidau ac o'm methiant i wneud cyfiawnder â phob rhan o'r maes. Fy nghyfieithiadau i o'r Saesneg a'r Almaeneg a geir yn y gyfrol oni nodir yn wahanol.

Roedd hi'n anochel, felly, fy mod yn rhoi llawer o sylw i farnau gwahanol ysgolheigion ar yr agweddau ar ddiwinyddiaeth yr apostol y dewisais eu trafod yma, ond, ar yr un pryd, ceisiais dynnu sylw'n gyson at eiriau'r prif wrthrych ei hun. Gan fod yr holl gyfeiriadau hyn at ei waith wedi eu nodi yn y gyfrol, credaf mai buddiol fyddai i'w darllenwyr fod â chopi o'r Testament Newydd wrth eu hymyl yn wastad wrth ei phori. Wedi'r cyfan, yr hyn a ysgrifennodd yr apostol ei hun yw'r allwedd i ddeall ei ddysgeidiaeth, yn hytrach na'r hyn a ddywed eraill amdano. Pwysais yn bennaf ar gynnwys y llythyrau y cytuna'r rhan fwyaf o ysgolheigion cyfoes mai ef oedd eu hawdur, sef Rhufeiniaid, 1 a 2 Corinthiaid, Galatiaid, Philipiaid, 1 a 2 Thesaloniaid, a Philemon, ond defnyddiais Effesiaid a Colosiaid yn ogystal, er bod llawer o ysgolheigion yn amau eu dilysrwydd. Gan eu bod ill dau yn cynnwys deunydd sy'n awgrymu datblygiad mewn rhai agweddau ar athrawiaeth yr apostol, neilltuais bennod ar derfyn y gyfrol i drafod y rheiny. Nid wyf, fodd bynnag, yn credu mai ef oedd awdur y rhan fwyaf o gynnwys yr Epistolau Bugeiliol, sef 1 a 2 Timotheus a Titus, ac felly ni wneuthum ddefnydd ohonynt yng nghorff y gyfrol; yn hytrach dewisais drafod rhai agweddau ar eu cyfraniad yn y bennod olaf.

Rwyf yn hynod ddiolchgar i Fwrdd y Ddarlith Davies am y nawdd hael tuag at gyhoeddi'r gyfrol hon, a bu'r aelodau o dan arweiniad y cadeirydd, Dr D. Huw Owen, yn arbennig o gefnogol i'r holl fenter. Cydnabyddaf hefyd barodrwydd Gwasg Prifysgol Cymru i'w chyhoeddi o dan gyfarwyddid medrus Dr Llion Wigley. Gwerthfawrogaf hefyd waith trylwyr Leah Jenkins yn golygu'r gyfrol a chyfraniad Dr Dafydd Jones yn llywio'r gwaith drwy'r wasg.

John Tudno Williams
Gorffennaf 2019

Nodyn
[1] Hughes 1929, t. 260.

BYRFODDAU

AB	Anchor Bible.
ABD	*Anchor Bible Dictionary*. Gol. D. N. Freedman (chwe chyfrol). New York, NY: Doubleday, 1992.
arg. diwyg.	argraffiad diwygiedig.
ANRW	*Aufstieg und Niedergang der römischen Welt: Geschichte und Kultur Roms im Spiegel der neueren Forschung.* Goln H. Temporini a W. Haase. Berlin: de Gruyter. 1972–.
ANTC	Abingdon New Testament Commentaries.
AV	*Authorized Version.*
BAGD	W. Bauer, W. F. Arndt, F. W. Gingrich, ac F. W. Danker, *Greek-English Lexicon of the New Testament and Other Early Christian Literature* (2il arg.). Chicago, Ill.: University of Chicago Press. 1979.
BBR	*Bulletin for Biblical Research.*
BC	*Y Beibl Cysegr-Lân, sef yr Hen Destament a'r Newydd.* Llundain: Y Gymdeithas Feiblaidd Frytanaidd a Thramor. 1955.
BCN	*Y Beibl Cymraeg Newydd* (arg. diwyg.). Cymdeithas y Beibl. 2004.
BFCT	Beiträge zur Förderung christlicher Theologie.
Bib	*Biblica.*
BJRL	*Bulletin of the John Rylands University Library of Manchester.*
BJS	Brown Judaic Studies.
BNTC	Black's New Testament Commentaries.
BT	*The Bible Translator.*
BZNW	Beihefte zur Zeitschrift für die neutestamentliche Wissenschaft.

Byrfoddau

CD	*Y Testament Newydd, Argraffiad Diwygiedig.* Pen-y-bont ar Ogwr: Gwasg Efengylaidd Cymru. 1991.
CHJ	*Cambridge History of Judaism.* Goln W. D. Davies ac L. Finkelstein. Cambridge: Cambridge University Press. 1984–.
CTJ	*Calvin Theological Journal.*
CTR	*Criswell Theological Review.*
cyf.	cyfieithiad.
DPL	*Dictionary of Paul and His Letters.* Goln G. F. Hawthorne, R. P. Martin a D. G. Reid. Leicester: Inter-Varsity Press. 1993.
EBib	*Études Bibliques.*
ExpTim	*Expository Times.*
HeyJ	*Heythrop Journal.*
HNT	Handbuch zum Neuen Testament.
HTR	*Harvard Theological Review.*
IBS	*Irish Biblical Studies.*
ICC	International Critical Commentary.
Int	*Interpretation.*
1QM	Sgrôl y Frwydr (Qumrân).
1QS	Rheol y Gymuned (Qumrân).
JB	*The Jerusalem Bible.* London: Darton, Longman & Todd. 1968.
JBL	*Journal of Biblical Literature.*
JSNT	*Journal for the Study of the New Testament.*
JSNTSup	*Journal for the Study of the New Testament: Supplement Series.*
JSOT	*Journal for the Study of the Old Testament.*
JTS	*Journal of Theological Studies.*
LNTS	Library of New Testament Studies.
LSTS	Library of Second Temple Studies.
LXX	Y Beibl Groeg
MNTC	Moffatt New Testament Commentary.
MOFFATT	*The New Testament: A New Translation.* James Moffatt. London: Hodder & Stoughton. 1913.
NAB	*New American Bible.* Washington, DC: The Confraternity of Christian Doctrine. 1986.

NBD	*New Bible Dictionary*. Goln J. D. Douglas ac N. Hillyer (2il. arg.). Leicester: Inter-Varsity Press. 1982.
NCB	New Century Bible.
NEB	*New English Bible*. Oxford/Cambridge: Oxford/ Cambridge University Presses. 1970.
NICNT	New International Commentary on the New Testament.
NIGTC	New International Greek Testament Commentary.
NovT	*Novum Testamentum*.
NovTSup	Novum Testamentum Supplements.
NRSV	*New Revised Standard Version*. Oxford: Oxford University Press. 1989.
NTG	New Testament Guides.
NTL	New Testament Library.
NTS	*New Testament Studies*.
passim	am gyfeiriadau wedi'u lleoli drwy'r cyhoeddiad.
PNTC	Pelican New Testament Commentaries.
REB	*Revised English Bible*. Oxford/Cambridge: Oxford/ Cambridge University Presses. 1989.
RelSRev	*Religious Studies Review*.
RSV	*Revised Standard Version*. Edinburgh: Thomas Nelson. 1957.
SBL	Society of Biblical Literature.
SBLDS	Society of Biblical Literature Dissertation Series.
SBT	Studies in Biblical Theology.
SJT	*Scottish Journal of Theology*.
SNTSMS	Society of New Testament Studies Monograph Series.
Them	*Themelios*.
TPINTC	TPI New Testament Commentaries.
TRu	*Theologische Rundschau*.
TWNT	*Theologisches Wörterbuch zum Neuen Testament*. Goln G. Kittel a G. Friedrich. Stuttgart: Kohlhammer. 1932–79.
TynBul	*Tyndale Bulletin*.
TZ	*Theologische Zeitschrift*.
WBC	Word Biblical Commentary.
ZNW	*Zeitschrift für die neutestamentliche Wissenschaft und die Kunde der älteren Kirche*.

1

Paul ac Iesu[1]

■ ■ ■

Carwn ddechrau gyda Phaul ac Iesu, cwestiwn sy'n ymddangos imi yn un sydd yng nghanol unrhyw ymgais i geisio deall y Testament Newydd yn ei gyfanrwydd: 'Yn wir', meddai J. E. Daniel yn ei lawlyfr adnabyddus i'r ysgolion Sul, *Dysgeidiaeth yr Apostol Paul*: 'Gallem yn hawdd ddywedyd mai dyma broblem fwyaf, ac hyd yn oed unig broblem beirniadaeth Gristnogol'.[2] Ac yn sicr, yn ôl un o'r cyfrolau diweddar ar yr Apostol Paul, sef eiddo'r ysgolhaig dylanwadol Anthony C. Thisleton, *The Living Paul*, y rhwystr cyntaf i'w werthfawrogi yw mater y berthynas rhwng Paul ac Iesu.[3]

Ym mrawdoliaeth gweinidogion Cymraeg Lerpwl ddiwedd y bedwaredd ganrif ar bymtheg a dechrau'r ugeinfed ganrif, pan oeddent ill dau yn weinidogion yno, byddai'r Annibynnwr Dr David Adams a John Williams, yn gwrthdaro â'i gilydd yn aml ar yr union fater hwn.[4] Yn wir, ym mlynyddoedd cyntaf John Williams yn Lerpwl (1895 ymlaen – aeth David Adams yno yr un flwyddyn), meddai ei fywgraffydd R. R. Hughes: 'Cwynid trwy'r wlad yn gyffredinol yn erbyn athrawiaeth a phregethu athrawiaethol. Codwyd y cri "Yn ôl at Grist", oddi wrth Paul a'i athrawiaethau dyrys, ac i raddau llai oddi wrth Ioan a'i Efengyl athrawiaethol', ac adleisiodd John Morris-Jones hyn mewn englynion yn ei awdl 'Cymru Fu: Cymru Fydd':

A fu ail neu hefelydd – neu goethed
Pregethwr y Mynydd?
Paul oedd burion athronydd –
Ond awn at Ffynnawn y ffydd.

Hyd ddaear werdd bu'n cerdded, – a rhoes wir
Esiampl i'w dynwared;
Ac athro fu 'mhob gweithred,
A geiriau Crist yw gwir Cred.[5]

Cynrychiolai David Adams y safbwynt hwn fel yr awgryma teitl ei lyfr *Paul yng Ngoleuni'r Iesu*. 'Nid am fy mod yn caru Paul yn llai, ond am fy mod yn caru Crist yn fwy, yr ysgrifennais y gyfrol', meddai yn ei ragair i'r ail argraffiad ohono a ymddangosodd yn 1910.[6] Yn wir, 'Yn ôl at Grist' yw teitl ei ail bennod.

Er i'r trafod ar y gwrthdaro honedig rhwng Iesu a Phaul fynd yn ôl ymhell i'r bedwaredd ganrif ar bymtheg yng ngwaith ysgol enwog a radical Tübingen yn yr Almaen,[7] yr hyn a ysgogodd y ddadl ddiwedd y ganrif oedd ysgrif gan yr Almaenwr Hans Hinrich Wendt, a oedd wedi ymddangos yn 1894 o dan y pennawd 'Dysgeidiaeth Paul wedi'i chymharu â Dysgeidiaeth Iesu'.[8] A dim ond tair blynedd yn ddiweddarach y cyhoeddwyd argraffiad cyntaf cyfrol David Adams. Yna aeth yr ysgolhaig Almaenig adnabyddus William Wrede ymhellach na Wendt, gan alw Paul yn 'ail sylfaenydd Cristnogaeth'.[9] 'Mewn cymhariaeth â Iesu', meddai, 'y mae Paul mewn gwirionedd yn ffenomen newydd, mor newydd, ag ystyried y tir cyffredin eang sydd rhyngddynt, ag y gallai fyth fod. Yn wir, mae mwy o wahaniaeth rhyngddo ef ac Iesu nag sydd rhwng Iesu ei hun â ffigyrau noblaf Iddewiaeth'.[10] 'Cafodd', meddai wedyn, 'yr ail sylfaenydd hwn ar Gristnogaeth, o'i gymharu â'r un cyntaf, fwy o ddylanwad yn ddiau, er nad oedd y dylanwad hwnnw'n un gwell',[11] er y dylwn brysuro i ddatgan nad oedd Wrede yn wrth-Baulaidd fel y cyfryw.[12]

Teitl papur a gyflwynodd Adams i frawdoliaeth Lerpwl oedd: 'A ydyw y ffurf a roddodd Paul i'w ddiwinyddiaeth i barhau ?'[13] O hyn y datblygodd ei gyfrol *Paul yng Ngoleuni'r Iesu*. Mae'n mynnu 'nad oes perffeithrwydd terfynol yn perthyn i'r oll o ddamcaniaethau Paul, neu anffaeledigrwydd yn yr oll o'i esboniadau ar ystyr ffeithiau mawrion bywyd, marwolaeth ac atgyfodiad Crist.'[14] 'Y mae diwinyddiaeth gyfundrefnol y Protestaniaid', meddai, 'yn sylfaenedig, yn bennaf, ar Epistolau Paul. O ganlyniad, byddai lled awgrymu nad yw esboniad Paul yn derfynol ar y pynciau yr ymdrinia â hwy yn ymddangos i rai fel teyrnfradwriaeth yn erbyn Protestaniaeth ei hun.'¹⁵ Gesyd yr efengylau benben â'r epistolau. Mae'n gwrthod yr honiad

> y gall Cristnogion ieuainc ein heglwysi ddysgu mwy am Grist drwy astudio yr adlewyrchiad ohono ym mywyd ac ysgrifeniadau Paul, na thrwy astudio bywyd a geiriau Crist ei hun. Ond a chaniatáu fod Paul wedi amgyffred ac egluro person a gwaith Crist yn well na'r un o'r apostolion eraill, yr hyn sydd dra amheus, prin er hynny y credwn y gall dechreuwyr gael syniad cywirach am Grist drwy astudio esboniadau yr apostolion na thrwy ymgydnabyddu yn uniongyrchol â bywyd a geiriau Crist Ei Hun fel y croniclir hwy yn yr Efengylau.¹⁶

'A geiriau Crist yw gwir cred', fel y canodd John Morris-Jones. Yna, meddai, bron ar ddiwedd ei gyfrol, ni lwyddodd Paul i 'ddwyn pob syniad i berffaith gysondeb â dysgeidiaeth yr Iesu Ei Hun.'¹⁷ Yn wir, y mae rhagoriaeth y datguddiad trwy Iesu Grist ar eiddo Paul i'w briodoli i ragoriaeth person Crist ei hun.

'Bu'n boeth fwy nag unwaith rhwng John Williams ac Adams yng Nghyfarfod y Gweinidogion Cymreig', meddai R. R. Hughes.¹⁸ Er na chyfeiria'n uniongyrchol at waith David Adams yn ei Ddarlith Davies, yn ddiau syniadau fel yr eiddo ef sydd gan John Williams mewn golwg pan gwyd ychydig o hwyl wrth grybwyll y cri 'Back to Christ': ac fel y cofiwn, 'Yn ôl at Grist' yw teitl ail bennod cyfrol Adams. Dywed John Williams:

> Awn yn ôl at yr Efengyl syml a gyhoeddodd yr Iesu; arhoswn yn ei gwmni Ef; gorweddwn ym mhorfeydd gwelltog ei ddysgeidiaeth Ef, ac arhoswn gerllaw dyfroedd tawel ei eiriau syml a thyner; a gadawn lonydd i gyfundrefnau a chredoau, a chyffesion ac athrawiaethau, oblegid cynnyrch meddyliau â ias dysg a lliwiau eu hoes arnynt yw y pethau hyn, llwydion yw'r dyfroedd o angenrheidrwydd, llifant drwy feddyliau amrwd ac anaeddfed rhyfeddol, ac y mae llawer o laid yn gymysg â'r dŵr; awn at y ffynnon loyw lân, sydd â'i dyfroedd yn ddisglair fel y grisial, ac yn tarddu allan o orseddfainc dysgeidiaeth

yr Oen. Mae sŵn crefyddol a duwiol iawn mewn cri fel hyn, a pheth gwir ynddo wrth gwrs, ond rhyfedd mor ychydig, a deuwn i deimlo hynny fwyfwy.[19]

Oedd, roedd David Adams wedi gwneud môr a mynydd o'r gwahaniaethau rhwng Iesu a Phaul, rhwng symlrwydd dysgeidiaeth y naill, a chyfundrefnu athrawiaethol cymhleth y llall, ac ergydiodd John Williams at y gorsymleiddio a'r gor-ddweud hwn, gydag ambell adlais o lyfr David Adams yn ei berorasiwn hefyd.

Perthynas Paul ag Efengyl Iesu

Eto, erys y cwestiwn sylfaenol: beth yw perthynas Paul ag Efengyl Iesu? Faint o dystiolaeth a rydd y Testament Newydd ei hun am y cyswllt rhyngddynt? Cwestiwn sydd, fel yr awgrymais yn barod, yn greiddiol i'n dealltwriaeth o'r efengyl ac o ddatblygiad yr Eglwys Fore.[20]

Egyr John Ziesler ei gyfrol ddefnyddiol *Pauline Christianity*[21] drwy ein hatgoffa mai'r efengyl yn ôl Paul fyddai'r ffurf gynharaf arni a ddaethai i glyw llawer o'r eglwysi cynnar: yn wir byddai blynyddoedd wedi mynd heibio cyn i'r un o'r efengylau gyrraedd yr eglwysi hynny. Ac ychwanega mai ffôl mewn amgylchiadau felly yw sôn am y syniad bod Paul wedi cymhlethu efengyl syml Iesu. Felly, y darlun cyntaf o Iesu y byddai llawer o'r dychweledigion cynharaf wedi'i dderbyn fyddai'r un a ddaethai iddynt yn uniongyrchol drwy ysgrifeniadau Paul. A dyna ein hatgoffa o gyfraniad arbennig y Cymro C. H. Dodd i'n dealltwriaeth o gychwyniadau'r efengyl a'r Eglwys Fore gyda'i bwyslais ar y *kerygma*, y cnewyllyn hwnnw o'r efengyl am Iesu a gyhoeddai'r apostolion. 'Yn y dechreuad yr oedd y *kerygma*' (yn aralleiriad A. M. Hunter)[22] – hynny yw, ymhell cyn i unrhyw un o'r efengylau ymddangos mewn ysgrifen, fe fodolai efengyl apostolaidd gyffredin a bregethid gan yr apostolion oll.

Mynnodd Dodd fod cyfeiriadau pendant oddi mewn i batrwm y *kerygma* at ffeithiau hanesyddol am fywyd Iesu, ac yn wir dadleuodd yn nhridegau'r ugeinfed ganrif fod amlinelliad o'i weinidogaeth yn elfen hanfodol o'r *kerygma* ac wedi'i ymgorffori'n ddiweddarach yn Efengyl Marc.[23] Braidd yn rhy hyderus i'm tyb i oedd ei honiadau ar y pwnc hwn.[24] Er nad aeth Dodd i'r afael â holl gwestiwn perthynas Paul ag Iesu, mae'n defnyddio llythyrau'r apostol fel ffynhonnell ar gyfer darlunio bywyd a dysgeidiaeth yr Iesu hanesyddol, fel y byddwn yn gweld isod.[25]

Mae'n rhaid cyfaddef mai prin rhyfeddol yw'r cyfeiriadau uniongyrchol at yr Iesu hanesyddol yn Epistolau Paul. Dwywaith neu dair ar y mwyaf y mae Paul yn cyfeirio'n bendant at ddysgeidiaeth foesol Iesu, neu'r 'Arglwydd' fel y geilw ef ymhob un o'r enghreifftiau hyn.[26] Wrth ddadlau dros sefydlu math o gronfa gynnal ar gyfer gweinidogaeth yn yr Eglwys Fore, dywed: 'Rhoddodd yr Arglwydd orchymyn i'r rhai sy'n cyhoeddi'r Efengyl, eu bod i fyw ar draul yr Efengyl' (1 Cor. 9.14). Adlais, mae'n debyg, yw'r geiriau hyn o orchymyn Iesu i'r deuddeg disgybl (neu'r deuddeg a thrigain yn ôl Luc 10.7–8; gw. hefyd 9.3) wrth iddo eu hanfon ar eu cenhadaeth: 'Peidiwch â chymryd aur nac arian na phres yn eich gwregys, na chod i'r daith nac ail grys na sandalau na ffon. Y mae'r gweithiwr yn haeddu ei fwyd' (Math. 10.9–10; gw. hefyd Mc. 6.8–9). Ac yna, wrth ymdrin â phroblemau priodasol, eto yn ei Lythyr Cyntaf at y Corinthiaid (7.10), gall gyfeirio un tro at air o eiddo'r Arglwydd Iesu i ategu ei safbwynt yn erbyn ysgariad (gw. hefyd Mc. 10.11–12; Luc 16.18; ond gwrthgyferbynner Math. 5.32; 19.9), ond yn nes ymlaen yn yr un bennod cyfeddyf nad oes ganddo unrhyw air oddi wrtho i'w gynorthwyo: 'Nid oes gennyf', meddai, y troeon hynny, 'orchymyn gan yr Arglwydd, ond yr wyf yn rhoi fy marn fel un y gellir, trwy drugaredd yr Arglwydd, ddibynnu arno' (7. 25; gw. hefyd ad.12). Yn ddiddorol iawn, er iddo gytuno o ran egwyddor y ddau dro hyn â dyfarniad Iesu, y mae'n mynd ymlaen i weithredu'n groes iddo, oblegid mae'n mynnu bod yn annibynnol ar gronfa gynnal yr Eglwys Fore ac yn dewis ei gynnal ei hun drwy wneud pebyll, a hefyd mae'n barod i ganiatáu ysgariad yn achos anghredinwyr sy'n dewis ymadael â'u partneriaid Cristnogol. Gan hynny, fe allwn yn burion ofyn pa fath o awdurdod yw hwn sydd gan eiriau Iesu i'r apostol, ac yntau, fe ymddengys, yn barod i'w wrthod?[27] Eto, wedi dweud hyn, mae'n rhaid nodi mai mewn perthynas â phriodasau cymysg y mae'r apostol yn caniatáu ysgariad, ac nid rhai felly, mae'n amlwg, a oedd gan Iesu mewn golwg.[28]

Mae'n debyg ei fod hefyd yn cyfeirio at ddysgeidiaeth Iesu am yr atgyfodiad yn 1 Thesaloniaid (4.15–17), er nad oes cofnod fel y cyfryw yn yr efengylau o'r union eiriau a briodolir i'r Arglwydd yma: 'Hyn yr ydym yn ei ddweud wrthych ar air yr Arglwydd: ni fyddwn ni, y rhai byw a adewir hyd ddyfodiad yr Arglwydd, yn rhagflaenu dim ar y rhai sydd wedi huno.' Fe allai, wrth gwrs, gynrychioli datguddiad arbennig i Paul ei hun, neu fod yn un o'r dywediadau hynny a elwir yn *agrapha*, hynny yw yn rhai a briodolwyd i Iesu ond nad ydynt wedi'u cynnwys yn yr efengylau canonaidd (gw. hefyd 1 Cor. 14.37 ac Act. 20.35). Efallai mai adlewyrchu dysgeidiaeth Iesu yn Mc. 13.26–7 (cymh. Math. 24.30–1, a Luc 21.27) y mae Paul yma.²⁹

Dylem hefyd nodi yma y tebygrwydd rhwng yr iaith apocalyptaidd 'liwgar' a geir yn 1 Thes. 4.13–18 a 2 Thes. 1.6–2.12, a'r dywediadau cyffelyb a briodolir i Iesu yn Math. 16.27; 24.12, 15, 27, 31; 25.6, 31; Mc. 13.22, 26, 27, a Luc 21.22.³⁰ Nid yw John Robinson, fodd bynnag, yn credu eu bod yn adlewyrchu dibyniaeth uniongyrchol Paul ar draddodiad o eiriau Iesu ei hun; deillio y maent, yn hytrach, o draddodiad o symbolaeth y dylanwadwyd arni gan yr Hen Destament a ffynonellau Iddewig eraill.³¹

Y rhain, dybia i, yw'r unig gyfeiriadau uniongyrchol yn yr epistolau i gyd at ddysgeidiaeth Iesu, er na ddylid anghofio'n arbennig dwy bennod ymhlith ei lythyrau, sef 1 Thesaloniaid 5 a Rhufeiniaid 12, lle ceir adlais cryf o ddysgeidiaeth foesol Iesu, er na ddyfynnir yn uniongyrchol ohoni ynddynt. Rhoddodd Dodd a W. D. Davies sylw manwl i'r agwedd hon ar ddysgeidiaeth Paul, gan bwysleisio bod yr enghreifftiau hyn, a rhai ychwanegol y bu iddynt dynnu sylw atynt, yn awgrymu i'r apostol gael ei drwytho yn nysgeidiaeth Iesu a sylfaenu ei ddysgeidiaeth foesol ei hun ar ddealltwriaeth drylwyr ohoni.³²

Gan adeiladu ar y safbwynt hwn, nododd W. D. Davies nifer fawr o enghreifftiau o gyfatebiaeth rhwng Rhuf. 12–14 a 1 Thes. 4–5 a dywediadau Iesu yn yr efengylau synoptaidd.³³ Wele restr ohonynt:³⁴

    Rhuf. 12.14 – Math. 5.44
        12.17 – 5.39–42
          ˣ12.21 – cymharer dysgeidiaeth Iesu ar beidio â gwrthsefyll drygioni.
        13.7 – 22.15–22 (gw. hefyd Mc. 12.13–17; Luc 20.20–6)
          ˣ13.8–10 – 22.34–40 (gw. hefyd Mc. 12.28–34; Luc 10.25–8)
          ˣ14.10 – 7.1–2 (gw. hefyd Luc 6.37)

Paul ac Iesu

14.13 – 18.7 (gw. hefyd Mc. 9.42; Luc 17.1–2)
14.14 – 15.11 (gw. hefyd Mc. 7.15)
1 Thes. ˣ4.8 – Luc 10.16
ˣ4.9b – gw. anogaeth Iesu inni garu ein gilydd.
5.2 – 24.43; Luc 12.39
ˣ5.3 – Luc 12.39–40; 21.34
ˣ5.6 – 24.42; Mc. 13.37; Luc 21.34, 36
5.13 – Mc. 9.50
ˣ5.15 – 5.38–48
ˣ5.16 – Luc 6.23; 10.20.

Yn ychwanegol, cyfeiria Davies at adnodau yn Colosiaid 3 a 4³⁵ ac mae'n dod i'r casgliad bod Paul 'wedi'i drwytho ym meddwl a geiriau ei Arglwydd; mae'n amlwg yn gyfarwydd â'i eiriau ac mae'n ddiarwybod yn eu cymysgu â'r deunydd anogaethol a ddaeth iddo o ffynonellau eraill'.³⁶

Teimlaf fy hun mai gormodiaith yw honni hynny, a daliaf fod yma broblem: os yn wir yr oedd gan Paul afael ar stôr helaeth o ddywediadau Iesu, pam na ddyfynnodd ohonynt yn fwy aml?³⁷ Wedi'r cyfan, dyna oedd arfer y cyfnod pan fyddai athrawon Iddewig ac athronwyr Groeg yn cyfeirio'n fynych at hanes a dywediadau eu harwyr a'u hathrawon. A pham na wnâi hynny'n arbennig pan gawsai ei hun mewn cornel fel petai, wrth ddadlau ambell i achos, lle byddai gair gan yr Arglwydd wedi clensio'r ddadl?³⁸ Er enghraifft, pan ddadleua ar amodau derbyn aelodau o'r Cenhedloedd i mewn i'r eglwys Gristnogol. Oni fyddai geiriau a briodolir i Iesu yn Efengyl Marc (7.15), 'Nid oes dim sy'n mynd i mewn i rywun o'r tu allan iddo yn gallu ei halogi', yn tanseilio daliadau gwrthwynebwyr Iddewig Paul am y gwahaniaeth rhwng bwydydd glân a rhai aflan? Ac eto, nid oes cyfeiriad atynt yn ei epistolau ar wahân efallai i Rhuf. 14.14, er mor addas fyddent wrth iddo gondemnio Pedr am fynd yn ôl ar ei air ac ar egwyddor bwysig a chilio rhag rhannu bwrdd â Christnogion cenhedlig yn Antioch (Gal. 2.11–16). A byddent yr un mor addas hefyd ar gyfer y drafodaeth am fwyd wedi'i aberthu i eilunod a'r cwestiwn a ddylai Cristnogion Corinth ei fwyta o gwbl.

Dadleuodd Dodd a W. D. Davies hefyd fod yr ymadrodd *ho nomos tou Christou* (cyfraith Crist) yn Gal. 6.2 a *ennomos Christou* yn

1 Cor. 9.21 (yn llythrennol, 'yn ddarostyngedig i Gyfraith Crist', ond a gyfieithir yn aml â'r ymadrodd Cyfraith Crist)[39] yn cyfeirio at ddysgeidiaeth Iesu:[40] Ymhelaethodd W. D. Davies ar hyn, gan honni: 'Mae'n rhaid bod Paul wedi ystyried Iesu yng ngoleuni Moses newydd a chanfod yng ngeiriau Crist *nomos tou Christou*, a ffurfiai iddo ef y sylfaen ar gyfer math o Halakah Cristnogol. Pan ddefnyddiai'r ymadrodd *nomos tou Christou* ystyriai fod union eiriau Iesu yn Torah newydd iddo.'[41] Eithr ar y cyfan gwrthodwyd y dehongliad lled dechnegol hwn o'r ymadrodd ac fe'i ystyrir bellach mewn termau mwy cyffredinol i olygu'r gyfraith foesol, 'cyfraith cariad',[42] neu'r Gyfraith Foesenaidd wedi'i dehongli gan Grist.[43]

Ymhlith y darnau prin hynny lle edrydd Paul hanes ei fywyd, sonia am ei gysylltiadau â'r apostolion eraill (gw. Gal. 1.18–2.21), er nad oedd wedi gweld Iesu ei hun na'i glywed yn y cnawd.[44] Wedi'r cyfan, yn ôl y traddodiad profiad o'r Crist atgyfodedig oedd yr un a barodd ei dröedigaeth ar y ffordd i Ddamascus. Mae'n rhestru'n ofalus y traddodiadau a dderbyniodd oddi mewn i'r Eglwys Fore: y rhai am sefydlu'r swper olaf (1 Cor. 11.23–6) ac am ymddangosiadau'r Iesu atgyfodedig (1 Cor. 15.3–8).Yn wir, mae'n falch cael cyhoeddi: 'Yr wyf am roi ar ddeall i chwi, gyfeillion, am yr Efengyl a bregethwyd gennyf fi, nad rhywbeth dynol mohoni. Oherwydd nid ei derbyn fel traddodiad dynol a wneuthum, na chael fy nysgu ynddi chwaith; trwy ddatguddiad Iesu Grist y cefais hi' (Gal. 1.11–12). Ac mewn man arall, mae'n datgan iddo dderbyn gair yn uniongyrchol gan yr Arglwydd yn dweud: 'Digon i ti fy ngras i; mewn gwendid y daw fy nerth i'w anterth' (2 Cor. 12.9).

Y Darlun o Iesu yn yr Epistolau

Yn awr, pe baem yn gorfod dibynnu'n unig ar dystiolaeth epistolau Paul, pa ddarlun o Iesu hanes a fyddai gennym? Un 'wedi ei eni o wraig, wedi ei eni dan y Gyfraith' (Gal. 4.4), hynny yw roedd yn Iddew, ac o linach Dafydd (Rhuf. 1.3), a brawd ganddo o'r enw Iago (Gal. 1.19). Darlunnir ei gymeriad fel un a'i 'gwacaodd ei hun, gan gymryd ffurf caethwas a dyfod ar wedd ddynol…fe'i darostyngodd ei hun, gan fod yn ufudd hyd angau, ie, angau ar groes' (Phil. 2.7–8); ac eto, 'ac yntau'n gyfoethog, [daeth] yn dlawd drosoch chwi' (2 Cor. 8.9); ac fe'i nodweddwyd gan 'addfwynder a hynawsedd' (2 Cor. 10.1).Yn sicr, 'nid ei blesio ei hun a wnaeth Crist', meddai drachefn amdano; daeth 'yn was i'r Iddewon er mwyn dangos geirwiredd Duw' (Rhuf. 15.3,8), ac fe'm 'carodd i ac a'i rhoes ei hun i farw trosof i', meddai (Gal. 2.20). Ac y mae ei esiampl i'w hefelychu (1 Cor. 11.1; 1 Thes. 1.6). Rhydd W. D. Davies bwyslais arbennig ar yr agwedd hon, gan ychwanegu y gall fod y disgrifiad o gariad yn 1 Cor. 13 yn bortread o gymeriad Iesu ei hun.[45]

Dyna'n gryno y darlun eithaf moel o'r Iesu hanesyddol a rydd yr apostol inni yn ei eiriau ef ei hun. Yn sicr, y mae mwy na digon yma i wrthbrofi honiad F. C. Baur o ysgol Tübingen yn y bedwaredd ganrif ar bymtheg a Rudolf Bultmann yn y ganrif ddiwethaf nad oedd gan Paul ddim diddordeb o gwbl yn Iesu hanes, dim mwy na'i fod o (y *Dass*, chwedl Bultmann),[46] a dyna'i gyd. Camddefnyddiwyd ei eiriau yn 2 Cor. 5.16 am beidio 'ag adnabod Crist yn ôl y cnawd' (dyma'r hen gyfieithiad Cymraeg sy'n fwy llythrennol nag un *BCN*) wrth geisio profi'r pwynt hwnnw. Ar sail eu dehongliad o'r adnod arbennig hon, dadleuwyd gan rai mai, ar y gorau, mater eilradd a dibwys, ac ar y gwaethaf un amherthnasol, os nad yn wir annilys gyda golwg ar y profiad o adnabod y Crist atgyfodedig, yw gwybodaeth Paul am yr Iesu hanesyddol. Yn wir, aeth Bultmann mor bell â honni: 'I Paul, collodd Crist ei hunaniaeth fel unigolyn',[47] er iddo, bid siŵr, restru'r ychydig ffeithiau am fywyd Iesu a'r cyfeiriadau at ei ddysgeidiaeth a gofnodwyd gennym eisoes.[48] Honnodd felly 'na chwaraeai dysgeidiaeth yr Iesu hanesyddol unrhyw ran, neu un prin iawn, yn Paul'.[49] I Bultmann, esboniad ar *kerygma* yr eglwys Helenistaidd yw diwinyddiaeth Paul ac nad yw'n cynnwys neges na gweithredoedd Iesu, ond yn hytrach cyhoeddiad presennol Duw i ddynion yn yr Arglwydd Atgyfodedig.[50] Mewn geiriau eraill, diwinyddiaeth ddirfodol ydyw.

Fel y nodwyd eisoes, roedd F. C. Baur yn y bedwaredd ganrif ar bymtheg wedi codi'r cwestiwn, 'Sut mae'r Apostol Paul yn ei Epistolau'n ymddangos mor ddi-hid o'r ffeithiau hanesyddol am fywyd Iesu', gan gynnig yr ateb, bod 'holl ymwybyddiaeth Gristnogol Paul wedi'i thrawsnewid i ddarlun o berson Iesu nad oes angen hanes arno i'w egluro'.[51] Honnwyd, felly, mai darlun 'ysbrydol' o Grist a feddai Paul.

Diwinyddiaeth Paul

Yn sicr ni ategir safbwyntiau Baur a Bultmann gan y dystiolaeth o'r epistolau Paulaidd a amlinellwyd eisoes. At hynny, amheus yw'r esboniad o 2 Cor. 5.16 a ddefnyddiwyd yn aml i gefnogi'r fath syniadau.[52] Gwell inni felly ein hatgoffa'n hunain o'r hyn a ddywed yr apostol yn yr adnod dan sylw: 'O hyn allan, felly, nid ydym yn ystyried neb o safbwynt dynol [yn llythrennol, "yn ôl y cnawd"]. Hyd yn oed os buom yn ystyried Crist o safbwynt dynol, nid ydym yn ei ystyried felly mwyach'. Dylid cymryd yr ymadrodd 'yn ôl y cnawd' gyda'r ferf, ac nid gyda 'Crist'. Yn rhan gyntaf yr adnod mae Paul newydd ddatgan: 'O hyn allan, felly, nid ydym yn ystyried neb o safbwynt dynol'. Mewn geiriau eraill, o dan y drefn newydd ni ddylai Cristnogion mwyach farnu pobl eraill yn unig yn ôl ymddangosiad allanol, 'yn ôl y cnawd', hynny yw, 'o safbwynt dynol', neu 'o safbwynt buddiannau hunanol'.[53] Mae hynny'n awgrymu nad oedd gwrthwynebwyr Paul wedi amgyffred arwyddocâd y sefyllfa newydd – y 'greadigaeth newydd' y sonnir amdani yn yr adnod ddilynol – oherwydd iddynt ddal i fynnu ystyried Crist o'r hen safbwynt. Pe bai ail ran yr adnod yn golygu nad oedd gan Paul ddiddordeb mwyach yn Iesu fel person hanesyddol, yna byddai'n rhaid i'r rhan gyntaf, a ddefnyddia'r un ymadroddion, hefyd olygu nad oedd ganddo ddiddordeb mewn pobl yn gyffredinol, ac mae hynny'n amlwg yn gasgliad ffals i'w dynnu o'i eiriau.

Deuwn i'r casgliad felly na fwriadwyd i'r adnod hon roi unrhyw wybodaeth am yr arwyddocâd a roddai Paul i weinidogaeth Iesu. Does ganddi ddim oll i'w wneud â chwestiwn yr Iesu hanesyddol. Nid yw Paul yn gwrthgyferbynnu dau fath o Grist, y naill 'yn ôl y cnawd' a'r llall o ryw fath gwahanol. Yn hytrach, yr hyn a wna yn y cyd-destun hwn yw pwysleisio'r sefyllfa newydd a ddaeth i fod drwy farwolaeth ac atgyfodiad Crist. Mae'n pwysleisio nad yw perthynas Cristion â phobl eraill wedi'i sefydlu ar y cnawd, ond ar sail hollol wahanol, hynny yw ar *agape*, cariad.[54] Mae hyn i fod yn wir hefyd am berthynas y Cristion â'i Arglwydd.[55]

Nid yw'r adnod hon ychwaith yn awgrymu bod Paul (neu'n hytrach, Saul) erioed wedi gweld Iesu yn y cnawd, fel y dyfalwyd ar ei sail gan lond dwrn o ysgolheigion, megis Anderson Scott a van Unnik.[56]

Mae'n hawdd deall pam y talodd Paul ond ychydig o sylw yn ei epistolau i Iesu fel person hanesyddol am iddo wrth ysgrifennu at gynulleidfaoedd Cristnogol gredu eu bod eisoes yn cymryd yr Iesu hanesyddol yn ganiataol.[57] Wedi'r cyfan, 'llythyrau bugeiliol oeddynt wedi'u cyfeirio at Gristnogion a fyddai'n meddu ar wybodaeth o'r efengyl yn barod',[58] er mai, yn ôl Heitmüller, dyfaliad llwyr yw'r fath awgrym.[59]

Yn sicr, mae digon o dystiolaeth i arddangos diddordeb Paul yn Iesu fel ffigwr hanesyddol, ond peidiwn chwaith â gor-ddweud wrth honni hynny, fel rwy'n tybied y gwnaeth Dr John Williams yn ei ddarlith. Eithr, wedi dweud hyn i gyd, fe erys y cwestiwn: beth yn union yw'r ddolen gyswllt rhwng Iesu a Phaul? Cred amryw mai yn yr athrawiaeth am gyfiawnhad drwy ffydd y gorwedd yr ateb, ac yn wir dyna i bob pwrpas safbwynt R. M. Roberts yn ei Ddarlith Davies yntau, a draddododd yn 1951.[60] Gwêl gadarnhad i athrawiaeth Paul am gyfiawnhad drwy ffydd yn nysgeidiaeth Iesu, yn arbennig yn y damhegion, ac yn fwyaf neilltuol yn Nameg y Mab Afradlon (Luc 15).[61] Ac awgrymodd Bultmann fod yr athrawiaeth am gyfiawnder Duw yn Paul yn cyfateb i'r cysyniad o Deyrnas Dduw yn nysgeidiaeth Iesu,[62] ac efallai mai adleisio'r cysylltiad hwn y mae Paul pan ddywed: 'Nid bwyta ac yfed yw teyrnas Dduw, ond cyfiawnder a heddwch a llawenydd yn yr Ysbryd Glân' (Rhuf. 14.17). Eto, dylid sylwi mai dim ond cyfiawnder o'r nodweddion a enwir yma sy'n wir berthnasol i ddadl Bultmann a Jüngel.[63] Nodwn hefyd y ceir cyfeiriadau pellach at y deyrnas yn 1 Cor. 4.20; 6.9–10; 15.24, 50; Gal. 5.21; Col. 1.13; 4.11; 1 Thes. 2.12, a 2 Thes. 1.5.[64]

Ymhellach, gellir dadlau gydag argyhoeddiad fod y modd y mae Iesu yn gwahodd pawb i'r deyrnas a thrwy hynny'n torri'r gwahanfur rhwng pechaduriaid a rhai cyfiawn yn cyfateb yn union i'r ffordd y mae Paul yn cyhoeddi bod yr efengyl am gyfiawnhad drwy ffydd yn agored i Iddewon a'r Cenhedloedd fel ei gilydd: yn wir mae'n datgan[65] mai Crist, 'ein heddwch ni', a 'wnaeth y ddau, yr Iddewon a'r Cenhedloedd, yn un', drwy 'chwalu trwy ei gnawd ei hun y canolfur o elyniaeth oedd yn eu gwahanu'. Ac yn wir, 'dirymodd y Gyfraith, a'i gorchmynion a'i hordeiniadau' (Effes. 2.14–15). Ond rhoddwn sylw pellach i hyn yn nes ymlaen, gan gofio bod Paul yn ei amddiffyniad o'i bolisi o fynd â'r efengyl i'r Cenhedloedd yn pwyso'n drwm yn Galatiaid a Rhufeiniaid ar iaith cyfiawnhad.

Cyn symud ymlaen o'n trafodaeth ar y cysylltiad posibl rhwng dysgeidiaeth Paul ac Iesu, nodwn i Dodd gysylltu y ddysgeidiaeth yn Nameg y Mab Colledig yn Luc 15 am y brawd hynaf â chraidd efengyl a chenhadaeth Paul.[66] Felly hefyd y damhegion eraill yn yr un bennod yn Efengyl Luc am bethau colledig: y Ddafad Golledig a'r Darn Arian Colledig. Gras sy'n eu haros oll. Ac oni cheir neges gyffelyb mewn damhegion eraill, megis y Pharisead a'r Casglwr Trethi (Luc 18.9–14), a'r Gweithwyr yn y Winllan (Math. 20.1–16)? Y Casglwr Trethi a gafodd ei *gyfiawnhau* (Luc 18.14) – gair canolog yn nysgeidiaeth Paul ei hun.[67] Dywed Ernst Fuchs y gallai Iesu yn hawdd fod wedi traddodi pregeth ddi-ffrwt ar gyfiawnhad drwy ffydd, ond yn hytrach yr hyn a geir ganddo yw stori sy'n gorfodi pawb i deimlo'n wirioneddol sgandal cyfiawnhad drwy ras yn unig. Mae'r fath ras yn ymddangos yn annheg meddai'r gweithwyr a lafuriodd ar hyd y dydd yng ngwres yr haul (Math. 20.1–16). Eithr, onid hyn sy'n ymddangos yn 'dramgwydd i'r Iddewon ac yn ffolineb i'r Cenhedloedd?' (1 Cor. 1.23).[68]

Dyfodiad teyrnas Dduw, wrth gwrs, oedd testun canolog cyhoeddiad Iesu. Ceir crynhoad o'i neges yn yr hyn a gyhoeddodd ar ddechrau Efengyl Marc: 'Y mae'r amser wedi ei gyflawni ac y mae teyrnas Dduw wedi dod yn agos. Edifarhewch a chredwch yr Efengyl' (1.15). Onid yw hyn yn cyfateb i'r hyn a ddywed Paul yn Galatiaid: 'Pan ddaeth cyflawniad yr amser, anfonodd Duw ei Fab' (4.4)? Dyfodiad Iesu i'r byd sy'n dynodi'r 'amser cymeradwy' a 'dydd iachawdwriaeth' (2 Cor. 6.2). Dyma hefyd sylweddoli 'cynllun cyflawniad yr amseroedd, sef dwyn yr holl greadigaeth i undod yng Nghrist' (Effes. 1.10).

Cariad, meddai Paul, yw cynnwys cyfraith Crist (gw. Gal. 6.2), a chyda dyfodiad Crist, 'Y mae'r holl Gyfraith wedi ei mynegi'n gyflawn mewn un gair, sef yn y gorchymyn, "Câr dy gymydog fel ti dy hun"' (Gal. 5.14; gw. hefyd Rhuf. 13:8–10, ac, wrth gwrs, y Bregeth ar y Mynydd: Math. 7.12). Mae cariad yn un o ffrwythau pennaf yr Ysbryd (Gal. 5.22). Rhoddir mynegiant aruchel i gariad yn y gân fawr yn 1 Corinthiaid 13. Ac fel yr awgrymodd rhai fel W. D. Davies (gw. uchod), yr hyn a geir yma yw disgrifiad o fywyd ac ymarweddiad Iesu. Yn wir, dyfalodd rhai y gellid gosod enw Iesu i mewn yn y testun yn lle'r gair cariad bob tro yr ymddengys yn y bennod.

Paul ac Iesu

Felly, ffolineb yn fy marn i yw gosod Paul ac Iesu benben â'i gilydd gan geisio pwysleisio'r gwahaniaethau honedig rhyngddynt, yn hytrach na'r hyn sy'n eu huno, wrth gyflwyno holl gyfoeth yr efengyl a ddatguddir yn y Testament Newydd.

Nodiadau

1. Am ragolwg o'r holl gwestiwn gw. Furnish 1964/5. Gw. hefyd Y. Lee 2015, tt. 1–21.
2. Daniel 1933, t. 115.
3. Thiselton 2009, tt. 1–10.
4. Gw. Hughes 1929, t. 168.
5. John Morris-Jones, *Caniadau* (Rhydychen: Fox Jones & Co, Kemp Hall, 1907), t. 65.
6. Adams 1910, tt. 11–12.
7. Mor bell yn ôl, yn wir, â'r flwyddyn 1831, gyda honiad F. C. Baur o'r ysgol honno fod Paul wedi datblygu'i athrawiaeth yn hollol groes i un y gymuned Gristnogol wreiddiol. Yn nes ymlaen haerodd nad oedd ar ddealltwriaeth Paul o Iesu angen unrhyw hanes i'w hegluro. Gw. Furnish 1964/5, 342–3.
8. Yn ôl Wendt roedd Paul, 'y diwinydd Iddewig dysgedig', wedi mowldio dysgeidiaeth syml Iesu yn ddiwinyddiaeth, a thrwy wneud hynny wedi gwanhau ei heffeithiolrwydd. Gw. Furnish 1964/5, 345–6.
9. Wrede 1907, t. 179.
10. Wrede 1907, t. 165.
11. Wrede 1907, t. 180. Nodwn hefyd sylw yr anffyddiwr Almaenig Friedrich Nietzsche, a honnodd oni bai am y Paul ofergoelus a chyfrwys 'ni fyddai Cristnogaeth wedi bodoli; go brin y byddem wedi clywed am sect Iddewig bychan y bu eu meistr farw ar y groes'. Paul, felly, oedd 'y Cristion cyntaf, dyfeisiwr Cristnogaeth. Hyd hynny y cyfan a gafwyd oedd ychydig sectyddion Iddewig' (*Die Morgenröte* (1881), a ddyfynnir gan Furnish 1964/5, 350, n.7). Mewn cyfrol arall, *Der Antichrist*, dywedodd Nietzsche: 'Dilynwyd "y newyddion da" yn agos gan y newyddion gwaethaf posibl – eiddo Sant Paul. Ef yw ymgnawdoliad math sy'n hollol groes i'r hyn yw'r Gwaredwr; ef yw'r *genius* mewn casineb, yn safbwynt casineb, ac yn ymresymiad di-ildio casineb' (dyfynnir gan Betz 1979, t. xiv, sydd hefyd yn dyfynnu disgrifiad George

Diwinyddiaeth Paul

Bernard Shaw o Paul fel 'the monstrous imposition upon Jesus' (Betz 1979, t. xiv). Am feirniadaeth ar sylwadau diweddar sy'n adleisio'r farn mai Paul oedd gwir ddyfeisiwr Cristnogaeth, gw. Sumney 2017, tt. 1–4.

12 Gw. Rollmann 1984, tt. 23–45.
13 Adams 1910, t. 68; gw. hefyd ei ragair gwreiddiol yn Adams 1897, t. v.
14 Adams 1910, t. 70. Adleisir y math hwn o gwestiynu ynglŷn â pherthynas diwinyddiaeth Paul ag efengyl wreiddiol Iesu gan Paul Feine, *Der Apostol Paulus. Das Ringen um das geschichtliche Verständnis des Paulus* (BFCT, 2/2, Gütersloh, 1927, t. 1), a ddyfynnir gan Rengstorf 1969, tt. vii–viii.
15 Adams 1910, t. 71. Gw. hefyd t. 64.
16 Adams 1910, t.72.
17 Adams 1910, t. 239. Gwahanol iawn oedd safbwynt John Morgan Jones 1926, t. 1092.
18 Hughes 1929, t. 168.
19 John Williams 1955, t. 28.
20 Nodwn hefyd mai prin yw'r cyfeiriadau yn Llyfr yr Actau at y traddodiadau am Iesu: gw. Strange 2000, 59–74.
21 Ziesler 1990, t. 1. Gw. hefyd Dunn 1998, t. 187.
22 Hunter 1943, t. 22. Gw. Dodd 1944, tt. 7–35.
23 Dodd 1931/2, 396–400 (ailargraffwyd yn 1953, tt. 1–11).
24 Gw. Nineham 1955, tt. 223–39. Gw. hefyd Strange 2000, 65–6.
25 Dodd 1938, tt. 63–8.
26 Gw. S. E. Porter 2016, t. 235.
27 Gw. Allison 1982, 3; Dungan 1971, t. 93; Wilson 1984, tt. 1–21; Horrell 1997, 597–603. Ond mae Catchpole 1974/5, 106, yn anghytuno bod y fath groesddywediad yn digwydd yn 1 Cor. 7, ac atgoffa Sanders 1993, t. 108, ni fod Paul yn aml yn barod i dderbyn cynhaliaeth ymarferol: gw. 2 Cor. 11.8–9 (er nad yw, fe ddywed, am fod yn dreth ar y Corinthiaid eu hunain); Phil. 4.14–16; Rhuf. 16.2.
28 Y. Lee 2015, tt. 158–64.
29 Y. Lee 2015, tt.123–39. Gw. hefyd J. A. T. Robinson 1957, t. 25, n.1.
30 Am y manylion gw. J. A. T. Robinson 1957, tt. 106–11.
31 J. A. T. Robinson 1957, t. 107.
32 Dodd 1959, t. 214. Cefnogir y safbwynt hwn gan Stanton 1974, t. 97.
33 W. D. Davies 1980, tt. 138–9; gw. hefyd 1984a, tt. 285–6. Dadleua Y. Lee 2015, tt. 139–51, fod dysgeidiaeth Iesu yn Math. 24.43–4 a Luc 12.39–40 wedi'i defnyddio'n 'greadigol' gan Paul yn 1 Thes. 5.1–11. Ar y deunydd hwn, gw. hefyd J. A. T. Robinson 1957, tt. 113–17.

34 Yn y rhestr cyfeirir at enghreifftiau o Mathew o blith yr efengylau oni nodir yn wahanol, a dynoda ˣ yr ystyrir yr enghreifftiau hyn gan Furnish 1968, tt. 56–9, yn rhai llai tebygol.
35 W. D. Davies 1980, tt. 139–40.
36 W. D. Davies 1980, t.140; gw. hefyd W. D. Davies 1984a, t. 285.
37 Gw. Allison 1982, 10, a Stanton 1974, t. 97.
38 Gw. Wedderburn 1989, t. 100.
39 Cho 2018/19, 62–3.
40 Dodd 1968, tt.134–48; W. D. Davies 1980, tt. 144–5.
41 W. D. Davies 1980, t. 144.
42 Furnish 1968, tt. 59–65. Gw. hefyd Schweitzer 1931, t. 303, a Bultmann 1952, i, t. 268. Yn ddiweddar, mae Cho 2018/19, 62–71, wedi cynnig yr ystyr 'egwyddor yr oes newydd a grëwyd gan Grist'.
43 Matera 2007, 245.
44 Gw. Fraser 1971, 293–5.Gw. ymhellach n.56.
45 W. D. Davies 1984a, tt. 282–3.
46 Gw. N. A. Dahl 1954, 39; Morgan 1990, t. 94, a J. M. G. Barclay 1993, t. 495. Dyfynnir geiriau Bultmann ei hun o'i gyfrol gynnar *Jesus* (Tübingen, 1926), tt. 11–12, gan E. W. Davies 1987, tt. 33–4, er iddo liniaru ychydig ar ei agwedd tuag at yr hyn y gellir ei ddatgan am 'Iesu hanes' yn ddiweddarach: gw. J. M. Robinson 1959, tt. 19–21.
47 Bultmann 1960b, t. 233. Gw. hefyd ei draethodau ar 'Jesus and Paul' [1936)] yn 1960a, tt. 183–201, ac yn 1969, tt. 220–46.
48 Gw. Bultmann 1952, tt. 188–9.
49 Bultmann 1952, t. 35; gw. hefyd tt. 187–9.
50 Gw. Furnish 1964/5, 378. Gw. Bultmann 1952, t. 187. Am drafodaeth â chydymdeimlad â safbwynt Bultmann, gw. Wilson 1984, tt. 1–21.
51 F. C. Baur, *The Church History of the First Three Centuries* (1853; cyf. Saes., London, 1878), i, tt. 49–50, a ddyfynnir gan Furnish 1964/5, 343. Noder hefyd sylw Jung: 'A dweud y gwir, mae'n siomedig gweld sut y mae Paul bron byth yn caniatáu i'r gwir Iesu gael gair i mewn.'
52 Am drafodaeth drylwyr o'r adnod hon gw. ymdriniaeth Fraser 1971, 293–313, a'i gyfrol *Jesus and Paul* (1974). Pwysleisiai Daniel 1933, tt. 116–18, yntau mai drwy ffydd ac nid drwy ffeithiau hanesyddol amdano y daeth Paul i gredu yn Iesu.
53 F. C. Porter 1928, 257–75. Gw. hefyd W. D. Davies 1980, t. 195.
54 Gw. J. Dupont, *Gnosis: La connaissance religieuse dans les Épitres de Saint Paul* (Louvain: Nauwelarts, 1960), t. 180, a hefyd J. Murphy-

Diwinyddiaeth Paul

O'Connor, *Becoming Human Together: The Pastoral Anthropology of St. Paul* (Wilmington, Del.: Glazier, 1977), tt. 35–7, a ddyfynnir gan Pollard 1982, t. 64.

[55] Am y dehongliad hwn o 2 Cor. 5.16–17 gw. Fraser 1971, 297–300, 312, ac ar gyfer yr holl adran gw. Stanton 1974, tt. 90–2; Moule 1982b, tt. 37–40, a J. Tudno Williams 1988, tt. 184–6.
[56] Scott 1927, tt. 11–12; van Unnik 1962, t. 54.
[57] Gw. Moule 1982b, t. 41.
[58] Moule 1982b, t. 48.
[59] Dyfynnir gan Furnish 1964/5, 375.
[60] Gw. hefyd Jeremias 1954/5, 369–70.
[61] R. M. Roberts 1951, tt. 25–31.Gw. isod yr hyn a goledda Dodd hefyd.
[62] Bultmann 1969, t. 232. Datblygwyd y safbwynt hwn gan Jüngel 1967, tt. 266–7.
[63] Gw. Wedderburn 1989, t. 102.
[64] Gw. Thompson 2011, 435–6.
[65] Os, yn wir, mai ef yw awdur Effesiaid. Gw. pennod 11.
[66] Dodd 1958, t. 16.
[67] Jeremias 1954/5, 369–70. Gw. hefyd Dodd 1958, t. 127.
[68] Ar hyn i gyd gw. Thiselton 2009, tt. 4–6, ac yn benodol ar safbwynt Fuchs, gw. J. M. Robinson 1959, tt. 14–16.

2

Bywyd Cynnar yr Apostol Paul a'i Gefndir Meddyliol[1]

■ ■ ■

Gellir dweud mai eithaf annelwig yw'r wybodaeth sydd gennym am ddechrau ac am ddiwedd bywyd yr apostol. Ein dwy ffynhonnell o wybodaeth am fywyd cynnar Paul, neu Saul fel yr arferir sôn amdano cyn ei dröedigaeth, yw'r ychydig a ddywed wrthym amdano'i hun yn ei lythyrau a'r hyn a edrydd ei gydymaith Luc amdano yn Llyfr yr Actau. Pwnc dadleuol yw penderfynu pa mor ddibynadwy yw tystiolaeth Llyfr yr Actau. Yn wir, cyfyd hyn holl gwestiwn dilysrwydd hanesyddol gwaith Luc wrth iddo lunio'r ail gyfrol a briodolir iddo yn y Testament Newydd, ac yn sicr nid dyma'r man i drafod y cwestiwn pwysig hwn yn fanwl.[2] Digon rhesymol, felly, fydd rhoi blaenoriaeth i dystiolaeth llythyrau Paul, yn arbennig pan fo'r rheiny'n ymddangos eu bod yn gwrthddweud yr hyn a geir yn Llyfr yr Actau. John Knox, ysgolhaig o Unol Daleithiau America, a awgrymodd yr egwyddor ganlynol wrth ddyfarnu ar y deunydd am fywyd Paul: dylid rhoi mwy o goel ar ffeithiau sydd ond braidd wedi'u hawgrymu yn y llythyrau nag ar ddatganiadau hollol bendant yn Llyfr yr Actau, oni bai fod yr hyn a honnir yn yr Actau yn cael ei ategu o ffynhonnell arall. Felly, gallwn yn ochelgar ddefnyddio'r Actau i ychwanegu at wybodaeth hunangofiannol y llythyrau, ond ni all fyth ei chywiro.[3]

Y Dystiolaeth yn Actau am Paul

Yn y cyswllt hwn dylid codi hefyd y cwestiwn a yw Luc yn Actau'n cyflwyno adlewyrchiad teg ai peidio o ddysgeidiaeth yr apostol fel y'i ceir yn ei epistolau. 'Dim ond mewn dull elfennol', chwedl Jervell,[4] y ceir diwinyddiaeth Baulaidd yn Actau. Cyfeirir at gyfiawnhad drwy ffydd yn Act. 13.38–9, a marwolaeth iawnol Crist yn 20.28 (gw. hefyd Luc 22.20). Sylwn yn ogystal fod ei agwedd at y Gyfraith yn cael ei darlunio'n wahanol. Yn ôl Actau, cyhuddir Paul o wrthwynebu hanfodion y grefydd Iddewig, o danseilio'r Gyfraith, a dysgu 'pawb ym mhob man yn erbyn ein pobl a'r Gyfraith a'r lle hwn', hynny yw y deml (Act. 21.28; gw. hefyd 21.21). Yn ôl Luc, amddiffynnodd Paul ei hun yn erbyn y fath gyhuddiadau (Act. 25.8; 28.17; gw. hefyd 21.22–6), gan eu gwadu: yn wir, dywedir iddo geisio argyhoeddi pobl o wirionedd yr Efengyl 'ar sail Cyfraith Moses a'r proffwydi' (28.23), ac fe'i ceir yn cyhuddo Ananias yr archoffeiriad ei hun o dorri'r Gyfraith (23.3).[5] Darlunnir Paul yn cadw'n gyson, a hynny'n unol â'i gefndir Phariseaidd, at ofynion y Gyfraith Iddewig (Act. 16.3, 13; 17.1, 10; 18.4; 20.16; 21.21–6, 28; 23.1, 3, 5, 6; 24.14, 17, 18; 25.8; 26.4–5; 28.17),[6] ac yn 18.18 fe'i darlunnir yn cadw at adduned fel Nasaread (gw. Num. 6.1–21; gw. hefyd Act. 21.21–6).[7] 'Darlunia'r Actau Paul, y cenhadwr i'r Cenhedloedd, yn Gristion Iddewig sy'n hollol deyrngar i'r Gyfraith', meddai Vielhauer.[8]

Felly, dyfarniad amryw dros y blynyddoedd yw mai llyfr 'sy'n methu calon Cristnogaeth Baulaidd' yw'r Actau, gan gynnig ond gafael arwynebol ar feddwl yr apostol.[9] Adleisir drwy hyn farn F. C. Baur ac ysgol Tübingen ganol y bedwaredd ganrif ar bymtheg: 'Mae'n amlwg mai person gwahanol iawn yw Paul yr Actau i Paul yr Epistolau'.[10]

Nodwn yn awr yr hyn y gallwn ei gasglu o'r epistolau ac o'r Actau am gefndir Paul ei hun. Canfyddwn mai Saul fyddai ei enw Iddewig – enw a gofnodir yn unig yn Act. 7.58–8.3; 9.1–30; 11.25; 12.25 a 13.7, 9 – a hwnnw'n enw Palesteinaidd nad oedd yn arferedig ymhlith Iddewon y Diaspora, yr Iddewon alltud.[11] Yna Paul (*Paulus*) fyddai ei enw Rhufeinig. Wedi'r cyfan, ymfalchïai yn ei ddinasyddiaeth Rufeinig (Act. 16.37–8; 22.25; 23.27) ac roedd wedi'i eni iddi (Act. 22.28). Honnodd Hengel mai enw braidd yn anghyffredin ydoedd.¹² Mae hynny'n wir amdano fel enw cyntaf (*praenomen*), ond ymddengys ei fod yn ddigon cyffredin fel enw teuluol (*cognomen*), ac yn wir yr enw hwnnw a ddefnyddid fynychaf yn y byd Rhufeinig: cymharer Pontius Pilat: fel sy'n hysbys, wrth yr ail enw yr adnabyddid ef yn hytrach nag wrth yr enw cyntaf.¹³ Efallai mai Paul oedd enw'r noddwr (*patron*) a roddodd i'w dad neu'i daid ryddid o'u caethwasiaeth.¹⁴ Cymharer hefyd enw'r rhaglaw Rhufeinig ar ynys Cyprus, Sergius Pawlus (Act. 13.7). Ymddengys y ddau enw Saul a Paul ochr yn ochr â'i gilydd yn Actau 13.9, ac yn wir hyd at y fan hyn yn yr hanes a adroddir amdano yn Llyfr yr Actau, fel y nodwyd eisoes, 'Saul' yw'r enw a ddefnyddir, ond o hynny ymlaen 'Paul' a arferir, a dyma hefyd yr enw a ddefnyddia ef ei hun yn ei lythyrau; ni ymddengys yr enw Saul o gwbl yn y llythyrau eu hunain; Luc yn unig sy'n ei ddefnyddio. Camarweiniol felly fyddai honni mai Saul oedd ei enw Iddewig cyn ei dröedigaeth, a ddisgrifir gyntaf yn Actau 9, ac mai Paul oedd ei enw wedi iddo ddod yn Gristion. Nid ar achlysur ei dröedigaeth y digwydd y newid yn yr enw, ond pan fo'n symud o awyrgylch Iddewig-Cristnogol i un paganaidd fel cenhadwr i'r Cenhedloedd.¹⁵ Mae'n ddiddorol sylwi, pan sonia am ei brofiad ar y ffordd i Ddamascus, iddo ei gysylltu â'i gomisiwn i bregethu i'r Cenhedloedd (Gal. 1.15–16) yn hytrach nag â'i dröedigaeth fel y cyfryw.¹⁶

Tystiolaeth yr Epistolau am Fywyd Cynnar Paul

O ddychwelyd yn awr at y wybodaeth a geir am ei fywyd cynnar fel Iddew, casglwn o'r darnau hunangofiannol prin a feddwn yn ei lythyrau, sef Rhuf. 9.3b–5a; 11.1; 2 Cor. 11.22; Gal. 1.13–14, a Phil. 3.5–6, ei fod yn Hebrëwr o'r iawn ryw, o lwyth Benjamin, yn Pharisead, ac yn erlidiwr selog ar yr eglwys Gristnogol: yn wir yn blaenori ar ei gyfoedion Iddewig yn hyn o beth. Yn sicr, roedd ei sêl dros erlid yr Eglwys Fore yn ei osod yn llinach selogion y genedl Iddewig megis Phinees (Num. 25.1–9), Elias (1 Bren. 18.40; 19.20) a'r Macabeaid (1 Mac. 2.24–6),¹⁷ ac mae'n ddigon tebyg iddo ar un adeg fod yn genhadwr o blaid Iddewiaeth i'r Cenhedloedd.¹⁸ Eto, dim ond yn Act. 8.1 y dywedir iddo fod yn dyst i farwolaeth Steffan, ffaith na chrybwyllir ganddo mewn unrhyw ran o'i lythyrau, sy'n rhyfedd o gofio'r sylw a rydd ef ei hun i'w rôl fel erlidiwr.[19] Fel canlyniad, amheua rhai a oedd yn bresennol o gwbl ar yr achlysur hwnnw.[20] Casglwn o Lyfr yr Actau hefyd mai aelod o blaid y Phariseaid ydoedd (23.6; 26.5); ond nid oedd yn aelod o'r Sanhedrin.[21] Yn Act. 18.3 yn unig y cyfeirir at y ffaith mai gwneuthurwr pebyll ydoedd yn ôl ei alwedigaeth,[22] a chyfeiria yn 1 Cor. 4.12 at y ffaith iddo lafurio â'i ddwylo'i hun[23] (gw. hefyd 1 Thes. 2.9 a 2 Cor. 11.27). Luc yn unig a ddywed mai brodor o Darsus, dinas Roegaidd yn Cilicia, ydoedd (9.11; 21.39; 22.3; gw. hefyd 9.30; 11.25; 23.34); roedd hefyd yn ddinesydd ohoni (21.39),[24] er na ddywed ef ei hun yn ei lythyrau ei fod yn ddinesydd Rhufeinig.[25] Ar y llaw arall, oni bai iddo fod yn ddinesydd byddai ei achos wedi'i setlo yn Jwdea yn hytrach nag yn Rhufain.[26] Haerir hynny ymhellach yn Act. 22.25, 27, 28 (gw. hefyd 23.27; 25.10–12). Meddai dinas Tarsus ar gryn bwysigrwydd yn yr hen fyd a dywedodd yr awdur cyfoes Strabo fod ei phrifysgol mewn rhai agweddau'n rhagori ar rai Athen ac Alexandria.[27] Dinas ydoedd ar y ffin rhwng y dwyrain a'r gorllewin ac adlewyrchid hynny yn ei chymeriad.[28] Nodwn hefyd y bu cymuned o Iddewon ynddi am dros ddau gan mlynedd.

Ar y llaw arall, mewn araith gerbron tyrfa yn Jerwsalem adroddir i Paul ddatgan iddo gael 'ei godi' yn y ddinas honno. *Anatethrammenos* yw'r gair yn y Roeg wreiddiol (Act. 22.3) a gallai olygu ei fod wedi'i fagu o'i fachgendod yno.[29] Yn wir, yr adnod hon sy'n cynnig yr unig wybodaeth bendant sydd gennym am flynyddoedd ieuenctid Paul,[30] ac â van Unnik mor bell â honni mai Aramaeg oedd iaith ei fagwraeth yn Jerwsalem.[31] Y duedd gyffredinol, fodd bynnag, fu credu mai yn ddyn ifanc y daeth i'r ddinas i astudio'r gyfraith Iddewig wrth draed Gamaliel I (Act. 22.3; gw. hefyd 5.34), yr athro enwocaf yn ei ddydd[32] a fu'n weithgar rhwng tua OC 20 a 50,[33] ond roedd ei ŵyr, Gamaliel II (tua OC 90–100), yn llawer mwy adnabyddus.[34] Amhosibl yw penderfynu pa un ai i ysgol ryddfrydol Hillel,[35] ynteu i ysgol fwy ceidwadol Shammai[36] y perthynai Paul.[37]

Cefndir Meddyliol yr Apostol

Yng ngoleuni'r darlun hwn o'i fywyd cynnar, codwn ddau gwestiwn. Yn gyntaf, pa fath o gefndir meddyliol a ddylanwadodd fwyaf ar

Paul? Ac yn ail, beth oedd yr ysgogiad pennaf a barodd iddo droi
oddi wrth y grefydd Iddewig y magwyd ef ynddi a mabwysiadu'r
ffydd Gristnogol?

Ar dudalen gyntaf ei waith gorchestol *Paul and Palestinian Judaism*,
mae E. P. Sanders yn datgan mai perthynas Paul â'i amgylchfyd a
fu, ac a erys o hyd, yn un o dri neu bedwar prif bwnc trafod
ysgolheictod y Testament Newydd.[38] Bu'n ffasiwn ar un adeg
ddechrau'r ugeinfed ganrif i gyflwyno'r mater ar ffurf dewis syml
rhwng Paul y Groegwr a Phaul yr Iddew.[39] Gwelir bellach mai
hynod gamarweiniol yw'r fath raniad,[40] a gwnaeth W. D. Davies
gymaint â neb i'n goleuo ar y mater hwn.[41] Dengys astudiaethau
manwl diweddar o ddiwylliant gwledydd dwyreiniol Môr y Canoldir,
megis Palesteina, yn y cyfnod o ddwy neu dair canrif a arweiniodd
at amser y Testament Newydd, fod dylanwadau Helenistaidd wedi
treiddio i bob gwlad yn y rhan honno o'r byd, proses a gychwynnodd
yn sgil concwest Alexander Fawr o'r ardal.[42] Mae'n ddiddorol sylwi,
er enghraifft, ar y testunau Groeg a ddarganfuwyd ymhlith Sgroliau'r
Môr Marw: dengys hyn nad oedd sect mor genedlaethol gul â sect
Qumrân yn gwbl glir o ddylanwadau Groegaidd. Ffaith drawiadol
arall yw mai yn yr iaith Roeg y mae traean y ddau gant a hanner o
arysgrifau a ddarganfuwyd yn Jerwsalem a'r cyffiniau o gyfnod yr
Ail Deml, sef o 516 CC ymlaen.[43]

Mae'n rhaid inni sylweddoli, felly, mai sefyllfa gymhleth sydd
gennym wrth inni archwilio'r mater hwn o gefndir meddyliol a
diwylliannol yr apostol, ac yn ychwanegol at hynny, ni rydd Iddew-
iaeth y cyfnod ddarlun cwbl unffurf inni.[44] Rhaid felly yw bod yn
ochelgar rhag tynnu gwahaniaethau artiffisial rhwng Iddewiaeth
Helenistaidd y Diaspora, ar y naill law, ac Iddewiaeth Rabinaidd
Balesteinaidd, ar y llaw arall,[45] er mai'r disgrifiad olaf hwn, bid siŵr,
yw'r un a adlewyrchir yn nheitlau dwy o gyfrolau pwysicaf y saithdeg
mlynedd diwethaf yn yr astudiaethau hyn o feddwl a chefndir yr
apostol, sef *Paul and Rabbinic Judaism* W. D. Davies, a *Paul and
Palestinian Judaism* ei gyn-ddisgybl, E. P. Sanders.

Yn ei sylwadau agoriadol i'w gyfrol swmpus, manylodd Sanders
ar rai o'r dewisiadau ynglŷn â pha fath o Iddew neu Helenydd y
gallai Paul fod wedi bod. 'A yw', gofynna, 'i'w ystyried yn bennaf
yn apocalyptydd Iddewig, yn gyfrinydd Helenistaidd, yn Rabbi a
dderbyniodd Iesu yn Feseia, neu'n Iddew I Ielenistaidd? Ynteu, nad

oedd yn un o'r rhain neu efallai'n rhyw gyfuniad ohonynt?'[46] Darluniodd Schweitzer Paul, yn union fel yr oedd wedi darlunio Iesu o Nasareth, fel apocalyptydd Iddewig.[47] Portreadodd Bousset Paul fel cyfrinydd Helenistaidd, tra honnodd W. D. Davies ei hun y dylid priodoli i Paul feddwl Rabbi a gredodd fod y Meseia wedi cyrraedd: 'Ym mhrif fannau ei ddehongliad o'r drefn Gristnogol gwreiddiwyd Paul', meddai, 'mewn dull hanfodol Rabinaidd o feddwl ... mewn gair, Rabbi wedi dod yn Gristion oedd yr Apostol ac felly roedd ei fywyd a'i feddwl wedi'u llywodraethu'n bennaf gan syniadau Phariseaidd, a fedyddiodd "i mewn i Grist".'[48] I Paul, meddai, 'doedd derbyn yr Efengyl ddim yn gymaint yn fater o wrthod yr hen Iddewiaeth a darganfod crefydd newydd a oedd yn gwbl wrthwynebus iddi, fel y gallai ei bolemig yn ei herbyn yn hawdd ein harwain i gredu, ond yn hytrach roedd yn fater o gydnabod bod y gwir ffurf ar Iddewiaeth, a hwnnw'n ffurf derfynol, wedi cyrraedd: mewn geiriau eraill, roedd disgwyliadau'r Iddewon am Oes Feseianaidd wedi eu sylweddoli. Yn y goleuni hwn y mae'n rhaid deall tröedigaeth Paul.'[49] Ystyriai W. D. Davies mai arwyddocâd Iesu o Nasareth fel y Meseia sy'n ganolog i Paul.[50] Yn ôl Schoeps, ar y llaw arall, tarddai Paul o Iddewiaeth Helenistaidd a gynrychiolir, er enghraifft, gan Gyfieithiad y Deg a Thrigain a Philo,[51] ac ni allai fyth fod wedi bod yn Pharisead, yn ôl ei honiad ei hun, am fod ei brotest yn erbyn Iddewiaeth yn dangos anwybodaeth ddybryd o wir Iddewiaeth.[52]

Credaf y byddai'n deg dweud y byddai'r mwyafrif o ysgolheigion Paulaidd ein cyfnod ni am bwysleisio Iddewigrwydd Paul a bod yn rhaid ceisio ei ddehongli yn erbyn cefndir Iddewiaeth ei gyfnod, gan gynnwys yr Hen Destament hefyd, wrth gwrs.[53] Ar y llaw arall, er i'r glorian ymddangos ei bod yn gogwyddo'n drwm i'r cyfeiriad hwn, eto ni ddylid dibrisio'n llwyr o bell ffordd gyfraniad y diwylliant Helenistaidd at ei feddylfryd.[54] Ac ar dudalen gyntaf ei gyfrol *Paul and Rabbinic Judaism* haera W. D. Davies fod Helenistiaeth yn ogystal ag Iddewiaeth 'yn diwtoriaid yn ei arwain at Grist'; ychwanega yno fod elfennau yn ei feddwl a alwyd gynt yn Helenistaidd bellach i'w priodoli i brif ffrwd Iddewiaeth y ganrif gyntaf.[55] Gall drafod yr iaith Roeg yn fedrus a defnyddia'r Beibl Groeg (LXX) bron yn ddi-feth wrth ddyfynnu ysgrythurau ei dadau. Gwna hyn gryn naw deg o weithiau.[56]

Mae yna amwysedd yn ymwybyddiaeth Paul ohono'i hun a'i gefndir cenedlaethol ac ysbrydol. Ymddengys fod toriad pendant â'i orffennol, tra ar yr un pryd ceir ei awydd i'w ystyried ei hun o hyd yn 'Hebrëwr' ac yn arbennig yn 'Israeliad'. Mewn gair, mae ei hunaniaeth mewn *flux*, ac yntau'n dal yn rhwym wrth ei waddol Iddewig ond hefyd yn ymwybodol o'r rheidrwydd i bregethu'r Efengyl i genhedloedd eraill.[57]

Nodiadau

1. Am ei fywyd cynnar gw. yn arbennig Hengel 1991 a Légasse 1995.
2. Am farnau sy'n ategu gwerth hanesyddol ei adroddiadau gw. Bruce 1975/6, 282–305; Hengel 1979, tt. 60–2; Sherwin-White 1994, t. 189; Wright 2013, tt. 62–3. 'Nid yw Luc yn llai dibynadwy na haneswyr eraill yr hen fyd', meddai Hengel 1979, t. 60. Gw. hefyd arolwg diweddar Charlesworth 2019, tt. 151–66, sy'n mynnu bod yn rhaid defnyddio tystiolaeth o'r Actau am Paul. Am safbwynt mwy beirniadol ohoni gw. Haenchen 1971, tt. 14–15, 102–3, 115–16, a Kümmel 1975, tt. 181–5.
3. Knox 1989, t. 19. Ategir y safbwynt hwn gan Fredriksen 1986, 7–19, a Murphy-O'Connor 1996, t. vi; gw. hefyd Sanders 1977, tt. 431–2. Eithr dyfarniad Hengel 1991, t. 21, yw mai tebyg iawn yw'r dystiolaeth a rydd y naill ffynhonnell a'r llall. Awgoffir ni yn hyn oll o 'egwyddor annhebygrwydd' a ddefnyddir wrth ddyfarnu ar ddilysrwydd geiriau Iesu yn yr efengylau (gw. Fredriksen 1986, 18): 'Yn ôl yr egwyddor hon mae'r hyn sy'n annhebyg i gred yr Eglwys Fore a'i hymddygiad yn debyg o adlewyrchu'r gwir Iesu hanesyddol' (D. P. Davies 1978, t. 44).
4. Jervell 1996, tt. 2–3. Ac yn ôl Bornkamm 1971, t. xx, ni cheir yn Actau unrhyw ymwybyddiaeth o gynnwys epistolau Paul.
5. Jervell 1996, tt. 54–61.
6. Gw. yn ddiweddar Rudolph 2019, tt. 192–205, sy'n tynnu sylw arbennig at Act. 21.17–26, a Carras 2019, tt. 167–78, ac Oliver 2019, tt. 179–89. Gw. hefyd W. D. Davies 1980, t. 70.
7. Gw. Dunn 1996a, tt. 246–7, a awgryma y gall hyn fod yn gofnod hanesyddol dilys gan Luc.

8   Vielhauer 1966, t. 38; gw. hefyd Bornkamm 1971, n.18. Bellach defnyddir yr ymadrodd 'Y Persbectif Newydd Radical' i ddynodi'r farn i Baul barhau'n Iddew a fu'n driw i'r Tôrâ (Y Gyfraith Iddewig) hyd ddiwedd ei oes: gw. Oliver 2019, t. 179.
9   Ziesler 1990, tt. 133–6.Gw. hefyd Barrett 1976/7, 2–5, a Vielhauer 1966, tt. 33–50, a atebir yn Carson 1992, tt. 188–90.
10 Dyfynnir safbwynt Baur yn Kümmel 1973, tt. 133–6. Gw. hefyd Haenchen 1971, tt. 113–15.
11 Hengel 1991, t. 9.
12 Hengel 1991, tt. 8–9.
13 Murphy-O'Connor 1996, t. 42. Gw. hefyd Dodd 1958, t. 22.
14 Hengel 1991, t. 105, n.73. Ei dad a ryddhawyd yn ôl Murphy-O'Connor 1996, tt. 39, 41. Gw. hefyd Lentz 1993, tt. 46–9.
15 Gw. Hengel 1991, tt. 9–10, a Murphy-O'Connor 1996, t. 42.
16 Dunn 1987a, tt. 251–3. Gw. ymhellach y drafodaeth ar ei dröedigaeth ym mhennod 3.
17 Gw. Légasse 1995, t. 383, a Wright 2013, tt. 84–5, 87–9.
18 Bornkamm 1971, t. 12.
19 Fredriksen 1986, 17, n.49.
20 Bornkamm 1971, t. 15.
21 Légasse 1995, t. 382. Pwysleisia Bornkamm 1971, t. xviii, yr hyn a honna yw'r gwahaniaeth enfawr rhwng safbwynt Paul yr Actau ac un yr epistolau tuag at Phariseaeth.
22 Gw. ymhellach Murphy-O'Connor 1996, tt. 85–9.
23 Gw. J. Tudno Williams 1991, tt. 31–2.
24 Ond yn ôl J. M. G. Barclay 1995, 104, n.21, mae'n annhebygol ei fod yn ddinesydd (*polites*) yn yr ystyr technegol llawn. Yn wir, anarferol oedd i ddieithryn fod yn ddinesydd o'r ddinas.
25 Fredriksen 1986, 17. Cwyd Lentz 1993, tt. 1, 23–60, amheuaeth a allai Iddew o gefndir Phariseaidd ymfalchïo mewn dinasyddiaeth o'r fath. Gw. hefyd Roetzel 1999, tt. 2, 19–22. Sylwn hefyd mai peth anarferol oedd i Iddew fod yn ddinesydd Rhufeinig. Yn ychwanegol, nodwn fod Paul yn haeru iddo gael ei guro â ffyn (cosb Rhufeinig) (2 Cor. 11.25), a dywed Luc i Paul a Silas gael eu trin yn yr un modd yn Philipi (Act. 16.22) am nad oedd yr ynadon lleol yn sylweddoli eu bod yn ddinasyddion Rhufeinig (16.37–8), oherwydd ceid cyfraith ers 198 CC yn gwahardd fflangellu dinasyddion Rhufeinig. Gw. Légasse 1995, t. 370. Gw. hefyd Act. 22.25.

26 Légasse 1995, t. 371. Yn ddiweddar, dadleuodd Jeung 2018/19 y cyflwynir Paul yn yr Actau â hunaniaeth ddeublyg: yn Iddew mewn cyd-destunau crefyddol Iddewig, ond yn ddinesydd Rhufeinig mewn sefyllfaoedd gwleidyddol Rhufeinig.
27 Lentz 1993, tt. 30–2; Barrett 1994, t. 8, a Murphy-O'Connor 1996, t. 35. Gw. hefyd sylwadau John Williams 1955, t. 8.
28 Murphy-O'Connor 1996, tt. 33–5.
29 Dyna farn van Unnik 1962, tt. 44–5, 52, 55, a 1973a, tt. 267–306, a 1973b, tt. 321–7, a gefnogir gan N. A. Dahl 1977, t. 3, n.3, a Thrall 2003, tt. 106–7. Er ei gydymdeimlad â safbwynt van Unnik ar y cwestiwn, ni chred Hengel 1991, tt. 34–5, a 38–9, fod Paul wedi dechrau ei addysg yn Jerwsalem yn ifanc iawn, ac y mae'n debygol ei bod yn rhan o fwriad Luc i gysylltu Paul mor agos â phosibl â'r ddinas hon a fu'n fangre diwedd gweinidogaeth Iesu a dechrau'r teithiau cenhadol (gw. hefyd. Légasse 1995, t. 373, a Murphy-O'Connor 1996, tt. 32–3, 46).
30 Van Unnik 1962, t. 14; 1973a, t. 271, a 1973b, t. 325. Ond gw. hefyd dystiolaeth Act. 26.4–5 am adnabyddiaeth Iddewon Jerwsalem o'i fuchedd 'o'r dechrau' ac 'ers amser maith' (gw. van Unnik 1962, tt. 46–7).
31 Van Unnik 1962, tt. 55–6.
32 Hengel 1991, tt. 40–2. Gwedir hyn gan Roetzel 1999, tt. 2, 11–12.
33 Murphy-O'Connor 1996, t. 55.
34 Hengel 1991, t. 43.
35 Dyma safbwynt Jeremias 1969, tt. 88–94. Gw. hefyd Stewart 1935, tt. 37–8.
36 Dyma safbwynt Hübner 1984, t. 44, n.16, sy'n honni bod safbwynt Jeremias yn 'annaliadwy', a hefyd Wright 2009, t. 124, a 2013, t. 86.
37 Lührmann 1989, t. 75; Hengel 1991, t. 28.
38 Sanders 1977, t. 1. Gw. hefyd Bruce 1975/6, 285.
39 Gw. drafodaeth John Williams 1955, tt. 6–19, ar y mater. Crynhoir ei safbwynt yn y datganiad hwn: 'Ymddengys i mi yn bur glir mai dylanwad Iddewiaeth oedd y cryfaf o lawer ar Paul, ond iddo fanteisio ar y dylanwadau eraill yn fawr' (t. 16).
40 Gw. Engberg-Pedersen 1994, tt. xvi–xxi, a Wright 2013, t. 76.
41 Wright 2015, tt. 19–21; gw. hefyd 1997, tt. 15–17.
42 W. D. Davies 1980, tt. 5–8. Gw. ymhellach Hengel 1974 a Grabbe 1992.
43 Hengel 1991, t. 55.

44 W. D. Davies 1980, tt. 3–4. Er mwyn tynnu sylw at hyn, cyfeiria yn 1966, t. 181, n.13, at ei wlad enedigol: 'I can recall a time when I could detect not only from what county certain of my fellow countrymen came merely by their use of idioms and accents, but from what valleys in their various counties.' Nodwn hefyd sylw Momigliano 1970, 149–53, wrth adolygu cyfrolau Hengel 1974 mai cymharu dau beth digon annelwig ('two unknown quantities') a wnawn wrth gymharu Helenistiaeth ac Iddewiaeth.
45 J. M. G. Barclay 1995, 90–1.
46 Sanders 1977, t. 1.
47 Schweitzer 1912, tt. x–xi, 176–7, a 1931, tt. 26–40. Ceir beirniadaeth lawn o'i safbwynt gan W. D. Davies 1966, tt. 180–6. Gw. yn ddiweddar Wright 2015, t. 34.
48 W. D. Davies 1980, t. 16.
49 W. D. Davies 1980, t. 324.
50 Gw. W. D. Davies 1980, tt. xxxi, 324.
51 Schoeps 1961.
52 Gw. Wright 2015, t. 66.
53 Gw. W. D. Davies 1980, a 1999, tt. 680–91; gw. hefyd 1966, tt. 178–86, a Munck 1959; gw. yn ogystal Munck 1966, t. 174; Schoeps 1961; Ridderbos 1977, tt. 32–9; Dunn 1987a, tt. 251–3, a Horn 1995, tt. 30–1. Dyna hefyd oedd safbwynt John Morgan Jones yn 1926, tt. 1065–6. Gw. ymhellach y drafodaeth ar ei dröedigaeth.
54 Yn ôl van Unnik 1973a, tt. 305–6, gallai fod wedi derbyn y dylanwad hwnnw yn y cyfnod o ddeng mlynedd a dreuliodd yn Nharsus, Cilicia ac Antioch wedi'i dröedigaeth (gw. hefyd tt. 259–60, ac 1962, t. 57). Roedd John Morgan Jones 1926, t. 1065, wedi pwysleisio hyn hefyd. Gw. yn ogystal erbyn hyn y gyfrol *Paul in His Hellenistic Context* (gol. Engberg-Pedersen, 1994). Gw. hefyd Koester 1966, tt. 187–95, a Thrall 2003, tt. 97–107.
55 W. D. Davies 1980, t. 1.
56 Légasse 1995, tt. 374–5, a Fitzmyer 1967, t. 6. Gw. hefyd W. D. Davies 1980, t. 6, a Roetzel 1999, tt. 2 ac 16–19.
57 Dunn 1999, 174–93.

3

Tröedigaeth neu Alwad?

■ ■ ■

Pa un ai tröedigaeth ynteu alwad a gafodd Paul ar y ffordd i Ddamascus,[1] mae'n amlwg i'r digwyddiad newid cwrs ei fywyd, a chofnodir tri adroddiad ohono yn Llyfr yr Actau (9:1–19; 22:6–16; 26:12–18), sy'n awgrymu ei fod yng ngolwg Luc yn dra phwysig,[2] ac, mae'n siŵr, ym marn aelodau eraill yr Eglwys Fore hefyd. Os mai tröedigaeth ydoedd, dylem ofyn 'Tröedigaeth *oddi wrth beth?*' Ond os mai galwad ydoedd, yna galwad *i* beth?

Os dewiswn ddatgan mai tröedigaeth oedd, yna'n naturiol byddwn am bwysleisio'r gwrthgyferbyniad rhwng bywyd Paul cynt fel Iddew a'i fywyd newydd fel Cristion. Yn draddodiadol arferid darlunio Saul yr Iddew cyn ei dröedigaeth yn ddyn anesmwyth ynglŷn â chrefydd ei dadau a'i gydwybod yn ei ddwysbigo.[3] Ond a yw'r darlun hwnnw ohono cyn ei brofiad ar y ffordd i Ddamascus yn un cywir?[4]

Cyn inni symud ymlaen i ystyried y mater hwn yn ei gyd-destun ym mywyd Paul, buddiol fydd oedi am ychydig i drafod darn pwysig, o hunangofiant efallai, yn Rhuf. 7.7–25 – darn a rannodd farn yr esbonwyr ar hyd yr oesau.[5] Y cwestiwn i'w ystyried yw: ai edrych yn ôl ar ei ieuenctid cyn dod yn Gristion y mae'r apostol yma pan ddywed yn ad.9: 'Yr oeddwn i'n fyw, un adeg, heb gyfraith'? Ac yn benodol, ai at ei fachgendod cyn mynd drwy ddefod y *bar mitzva* y mae'n cyfeirio yma? Ond mae hynny'n amheus iawn:[6] defod a ddatblygodd yn llawer hwyrach yn y canoloesoedd ydoedd. Yna'n nes ymlaen, dywed: 'Ni allaf ddeall fy ngweithredoedd, oherwydd yr wyf yn gwneud, nid y peth yr wyf yn ei ewyllysio ond y peth yr wyf yn ei gasáu'(ad.15). Yma gwêl W. D. Davies ddylanwad yr athrawiaeth Rabinaidd am yr *yêtser hâ-râ*, sef ysgogydd y drwg mewn dyn.[7] Yn yr un modd, pwysleisia Dodd, y cyfeiria ei gyd-Gymro ato'n fynych wrth drafod yr adran hon, mai profiadau Paul cyn ei dröedigaeth a ddarlunnir yma.[8] Yn wir, beirniada Witherington Dodd am yr hyn a eilw'n 'seicolegu' agwedd Paul yn y cyfnod hwn o'i fywyd.[9]

Eto, mae'n amlwg bod y dehongliad hwn yn gwrthdaro yn erbyn yr hyn a ddywed yr apostol am ei brofiadau ei hun yn Phil. 3.6: 'Yn Hebrëwr o dras Hebrewyr; yn ôl y Gyfraith, yn Pharisead; o ran sêl, yn erlid yr eglwys; yn ôl y cyfiawnder sy'n perthyn i'r Gyfraith, yn ddi-fai.'[10] Yma mae'n datgan ei fodlonrwydd â'i waddol Iddewig. Gweler hefyd yr hyn a ddywed yn Gal. 1.13–14: 'Fe glywsoch am fy ymarweddiad gynt yn y grefydd Iddewig, imi fod yn erlid eglwys Dduw i'r eithaf ac yn ceisio'i difrodi hi, ac imi gael y blaen, fel crefyddwr Iddewig, ar gyfoedion lawer yn fy nghenedl, gan gymaint mwy fy sêl dros draddodiadau fy hynafiaid.'

Eglura Kümmel y 'myfi' yn Rhuf. 7 fel dyfais rethregol, ffuglennol yn wir, a sôn am Adda nid Paul ei hun y mae Rhuf. 7.9.[11] Ond efallai fod y gymhariaeth ag Adda wedi'i gorwneud yn yr achos hwn.[12] Y dehongliad o'r adnodau hyn a dderbyniodd fwyaf o gefnogaeth dros yr oesoedd yw'r un sy'n honni mai darlunio'r profiad Cristnogol gyda'i iselderau yn ogystal â'i uchelderau y mae (gw. hefyd Rhuf. 8.23 a Gal. 5.17).[13] Newidiodd Awstin ei farn ar y mater: dechreuodd gyda'r darlun o ddyn yn achwyn ei fod yn byw *sub lege* (dan gyfraith) (Rhuf. 7.22–4) cyn iddo dderbyn gras, ond er ei dderbyn deil yng nghyflwr *sub gratia* (dan ras) i ddioddef o chwant y cnawd. Ond dyma, meddai, oedd profiad yr apostol ei hun hyd yn oed wedi'i dröedigaeth.[14] A dyna'r hyn a fynegodd Luther yn ei ymadrodd adnabyddus i ddisgrifio cyflwr y credadun, *simul justus et peccator*.[15] Felly, cri o rwystredigaeth, ac nid o anobaith, a geir yn Rhuf. 7.24: 'Y dyn truan ag ydwyf! Pwy a'm gwared i o'r corff hwn a'i farwolaeth?' Daw'r cysur iddo yn y geiriau nesaf: 'Duw, diolch iddo, trwy Iesu Grist ein Harglwydd!', ac mae adnod olaf y bennod yn datgan yn glir beth yw ei sefyllfa: 'Dyma, felly,

Tröedigaeth neu Alwad?

sut y mae hi arnaf: yr wyf fi, y gwir fi, â'm deall yn gwasanaethu Cyfraith Duw, ond â'm cnawd yn gwasanaethu cyfraith pechod' (ad.25).[16] Sylw Luther ar yr adnod hon oedd: 'Dyma'r adnod fwyaf trawiadol ohonynt i gyd. Sylwch fod yr un un dyn yn gwasanaethu Cyfraith Duw a chyfraith pechod, ei fod yn gyfiawn a'r un pryd yn bechadur (*simul justus et peccator*)'.[17] Yn ail adran pennod 7 ceir berfau yn y modd presennol (adn.14–25) sy'n awgrymu profiad Paul ar y pryd, tra yn adnodau 7–13 berfau'n cyfeirio at y gorffennol a geir.[18]

Mae'r darlun traddodiadol o dröedigaeth Paul yn ei hegluro yn ôl ei brofiad o gael ei gyfiawnhau drwy ffydd.[19] Ac y mae crybwyll yr athrawiaeth am gyfiawnhad drwy ffydd yn rhwym o'n dwyn yn ôl at Luther. Cofiwn mai'r hyn a gynhyrfai David Adams oedd gormes y diwinyddion a'u dylanwad annerbyniol, yn ei farn ef, wrth ddehongli'r ymadrodd. 'Ond hwyrach', meddai, 'fod llawer o'r gwrthwynebiad a deimlir i rai arweddion o ddysgeidiaeth Paul yn codi oddiar [*sic*] y camddefnydd a wnaed ac a wneir ohonynt gan dduwinyddion [*sic*] cyfundrefnol diweddarach.'[20] A dyna pam y rhoddodd y teitl i'w bapur gwreiddiol i Frawdoliaeth Gweinidogion Lerpwl: 'A yw y ffurf a roddodd Paul i'w ddiwinyddiaeth i barhau?' Ac fe'i harweiniodd i awgrymu bod Paul yn dioddef oherwydd pechodau Awstin a Chalfin ac eraill. Ond yn y cyswllt hwn rydym yn rhwym o ofyn a gafodd Luther ormod o ddylanwad ar ein dealltwriaeth o'r apostol dros y bum can mlynedd diwethaf? Ac a fuom yn ei ystyried yn unig drwy sbectol a estynnodd Luther i ni?[21]

Y Persbectif Newydd ar Paul

Yn y cyswllt hwn, felly, awn ymlaen i ystyried yr hyn a alwyd yn 'Bersbectif Newydd ar Ddiwinyddiaeth Paul.'[22] Fe'n gorfodir yn sgil hyn i ofyn sut a phaham y bu i'r athrawiaeth am gyfiawnhad drwy ffydd godi yn y lle cyntaf yn niwinyddiaeth Paul a sut y bu iddi gymryd lle mor amlwg ynddi? Yr ateb cwta mewn astudiaethau Paulaidd diweddar i'r cwestiwn cyntaf yw mai'i genhadaeth i'r Cenhedloedd a roddodd fod iddi,[23] ac yn sgil yr ateb hwn codwyd amheuon gan amryw ynglŷn â dilysrwydd yr honiad adnabyddus ers adeg Luther o leiaf, mai cyfiawnhad drwy ffydd yw athrawiaeth ganolog yr apostol, ac yn wir gonglfaen holl athrawiaeth y Testament Newydd.[24]

Mae perygl, wrth gwrs, i'r ffurf gwta ar yr athrawiaeth awgrymu y gall y credadun haeddu cyfiawnder ar sail ei ffydd ei hun, hynny yw y byddai ei ffydd, pe bai ond yn gallu magu digon ohoni, yn ei achub. Ond, wrth gwrs, byddai hynny'n peri troi athrawiaeth Paul wyneb i waered.[25] Efallai i fersiwn Hen Destament yr adnod sy'n cyflwyno'r athrawiaeth yn Rhufeiniaid a Galatiaid gyfleu'r camargraff hwn: yn Hab. 2.4 ceir: 'Bydd y cyfiawn fyw trwy ei ffydd' (neu 'ffyddlondeb' yn ôl *BCN*). Dyna oedd yr hen gyfieithiad Cymraeg yn y dyfyniadau ohoni yn Rhuf. 1.17 a Gal. 3.11 hefyd. Yn hytrach, yn *BCN* cysylltir 'trwy ffydd' â 'cyfiawn' ac nid gyda 'byw', ac felly ceir: 'Y sawl sydd trwy ffydd yn gyfiawn a gaiff fyw'.[26] Yn Gal. mae'n amlwg mai'r gwrthgyferbyniad yw hwnnw rhwng bod yn gyfiawn drwy'r Gyfraith a bod yn gyfiawn drwy ffydd. Dim ond drwy ffydd y gall bywyd ddod, a chan nad 'trwy ffydd' yw egwyddor y Gyfraith (Gal. 3.12), ni all bywyd neu gyfiawnder ddod drwy'r Gyfraith.[27]

Dylem atgoffa'n gilydd mai'r fformiwla lawn sy'n mynegi'n glir oblygiadau 'cyfiawnhad drwy ffydd' yw *iustificatio impiorum, sola gratia, sola fide*, hynny yw cyfiawnhau'r annuwiol, drwy ras yn unig, drwy ffydd yn unig.[28] Felly, cyfiawnhad yw rhodd gras Duw i'w dderbyn drwy ffydd.[29] Gellir ei ddehongli hefyd fel ffurf arall ar *solus Christus* oherwydd mae'n golygu na all neb ond Iesu wneud daioni i bechaduriaid diymadferth ac mai iddo ef y dylid rhoddi pob gogoniant a chlod.[30] Ffydd wedyn yw'r ymateb personol i ras y mae gras ei hun yn ei greu yn enaid rhywun.[31] 'It describes the attitude of pure receptivity in which the soul appropriates what God has done', meddai Dodd.[32] A ffydd yw'r rhodfa (*avenue*) at gyfiawnder, meddai S. K. Williams,[33] neu, fel y datgan Cyffes Westminster, ffydd yw 'unig gyfrwng ein cyfiawnhad', nid ei achos.

Ysgolhaig o draddodiad Luther ei hun, Krister Stendahl, mewn ysgrif adnabyddus o'i eiddo a gyhoeddwyd gyntaf yn 1963, a barodd inni ailedrych ar yr agwedd hon ar ein dehongliad o'r apostol.[34] Haera Stendahl i Luther gyffelybu ei dröedigaeth ei hun ag un Paul, yn union fel y gwnaeth Awstin ganrifoedd ynghynt:[35] fel Paul, cafodd Luther ei ryddhau o hualau cyfundrefn haearnaidd i fwynhau rhyddid y ffydd newydd. Fel y symudodd Paul o ormes cyfiawnhad

Tröedigaeth neu Alwad?

drwy weithredoedd y gyfraith Iddewig, ymryddhawyd Luther yntau o ofergoeliaeth a chaethiwed yr Eglwys Babyddol. Yn wir, cysylltodd Luther yr eglwys honno yn ei gyfnod ag Iddewiaeth: 'Mae rheolau'r Pabyddion', meddai, 'yn f'atgoffa o'r Iddewon, ac mewn gwirionedd, benthyciwyd llawer ohonynt oddi wrth yr Iddewon.'[36] A gyda llaw, diddorol yw darllen y geiriau hyn yng nghyfrol David Adams: 'Yr oedd yna gryn debygrwydd rhwng perthynas Luther a'r Eglwys Babyddol ... a pherthynas Paul a'r Eglwys Iddewig ... yr ymdeimlad o ddrwghaeddiant pechod a'r awydd am gyfiawnhad Duw a chyfiawnhad eu cydwybodau oedd prif ysgogiad y ddau', meddai.[37] Uniaethai Luther ei brofiad o gydwybod euog fel mynach â phrofiad honedig yr apostol fel Pharisead, a phe bai wedi defnyddio hyn fel cydweddiad (*analogy*) yn unig, byddai wedi bod yn berffaith dderbyniol.[38]

Ond ysywaeth, a feddai Paul gydwybod euog ac a fu yntau fel Luther yn brwydro'n hir yn fewnol ac yn ysbrydol? Nid yw'r darnau hunangofiannol hynny yn ei epistolau lle disgrifia ei gyflwr fel Iddew cyn ei dröedigaeth yn awgrymu hynny o gwbl, fel y gwelsom yn barod, ac nid yw'n ymddiheuro am ei sêl dros grefydd ei dadau: i'r gwrthwyneb ymddengys ei fod yn ymfalchïo ynddi: 'Ai Hebrewyr ydynt? Minnau hefyd. Ai Israeliaid ydynt? Minnau hefyd. Ai disgynyddion Abraham ydynt? Minnau hefyd' (2 Cor. 11.22).

'Os oes rhywun arall', meddai ymhellach, 'yn tybio fod ganddo le i ymddiried yn y cnawd, yr wyf fi'n fwy felly', ac ystyr 'cnawd' yn y cyswllt hwn yn ddiau yw ei waddol Iddewig. Yna â ymlaen yn yr adran hon i restru ei 'gredentials' fel Iddew, gan ddiweddu â: 'Yn ôl y cyfiawnder sy'n perthyn i'r Gyfraith, yn ddi-fai' (Phil. 3:4–6; gw. hefyd Gal. 1.13–14 a ddyfynnir uchod). Felly, nid yw'n ymddangos ei fod am ymddiheuro o gwbl am ei ymgnawdoliad cynharach fel Iddew,[39] ar wahân, fe ddylid dweud, i'w ran yn erlid yr Eglwys Fore.[40] Ac fel y dadleuwyd yn barod, ni chredaf fod y seithfed bennod o Rhufeiniaid yn newid y sefyllfa un gronyn: nid Paul yr Iddew cyn ei dröedigaeth sy'n cyfaddef yn y fan honno: 'Yr wyf yn gwneud, nid y peth yr wyf yn ei ewyllysio, ond y peth yr wyf yn ei gasáu ... Yr wyf yn cyflawni, nid y daioni yr wyf yn ci ewyllysio, ond yr union ddrygioni sy'n groes i'm hewyllys' (7:15, 19). Yn hytrach, fel y cytunodd esbonwyr mwyaf yr oesoedd, Awstin, Thomas Acwin, Luther, a Calfin, ynghyd â Karl Barth yn ein dyddiau ni, Paul y Cristion sydd yma'n mynegi'i brofiad dirdynnol, ac sy'n cyfaddef bod rhyfel cartref yn digwydd o'i fewn hyd yn oed ar ôl ei dröedigaeth.[41] Delio'n bennaf â natur y Gyfraith, ei bod yn sanctaidd a da, yr oedd yr apostol yma, ac nid â chwestiwn yr hunan fel y cyfryw, er i ddehongliadau gorllewinol diweddarach, megis un Luther, roi'r pwyslais ar natur dyn a'i bechadurusrwydd.[42]

Dehongliad Sanders o Iddewiaeth y Cyfnod

Adeiladodd yr ysgolhaig Americanaidd Ed Sanders ar safbwynt chwyldroadol Stendahl yn ei gyfrol orchestol *Paul and Palestinian Judaism*, lle'r amlinellodd yn fanwl natur yr Iddewiaeth y magwyd yr apostol ynddi ac y daeth yn ddiweddarach i wrthdrawiad â hi. Mae'r darlun a rydd ef o'r Iddewiaeth hon yn bur wahanol i'r un traddodiadol a ddarluniodd Luther a phob ysgolhaig mwy neu lai wedi hynny hyd at ein dyddiau ni. Ond myn Sanders mai parodi yw hwnnw o'r hyn ydoedd mewn gwirionedd. Twyllwyd ysgolheigion (a phobl yn gyffredinol yn wir) gan yr hyn a ymddengys yn ddisgrifiad o Iddewiaeth y cyfnod gan Paul i gredu ei fod yn ei ddarlunio fel yr oedd mewn gwirionedd. Yna'n aml aethant ymlaen i hawlio bod eu hastudiaeth hwy eu hunain ohoni'n ategu darlun yr apostol ohoni. 'Yn wir', meddai Sanders, 'gellid dadlau: mae'n rhaid bod y fath Iddewiaeth wedi bodoli neu ni fyddai Paul wedi ymosod mor hallt arni, er nad yw hi'n bosibl ei hatgynhyrchu'n annibynnol ar sail ffynonellau Iddewig y cyfnod.'[43] Ac ychwanega: 'Ar waethaf ymdrechion yn sylfaenedig ar archwiliad o lenyddiaeth Iddewig i sefydlu'r darlun o'r Iddewiaeth a osodir benben ag athrawiaeth Paul, ni ellir osgoi'r amheuaeth mai polemig Paul ei hunan yn erbyn Iddewiaeth yw sail y diffiniad o'r Iddewiaeth a wrthgyferbynnir wedyn â meddwl yr apostol.'[44] Yn y cyswllt hwn, diddorol yw nodi barn David Adams eto: 'Nid oes neb yn ddiau wedi dangos rhagoriaeth Cristnogaeth ar Iuddewaeth [*sic*] yn well na Phaul. Ond wrth wneud hyn, teimlir ei fod yn colli mewn cydbwysedd syniadol, ac yn bychanu yn ormodol wasanaeth a gwerth Iuddewaeth [*sic*] fel trefniant, rhagbaratoawl.'[45]

Ni fyn Sanders honni ei fod yn arloeswr yn y modd y darluniodd Iddewiaeth cyfnod Paul. Roedd eraill o'i flaen, megis Claude

Tröedigaeth neu Alwad?

Montefiore (Iddew rhyddfrydol)[46] a'r Americanwr George Foot Moore, wedi dadlau'n gynharach yn yr ugeinfed ganrif nad oedd datganiadau beirniadol Paul am Iddewiaeth yn rhoi darlun teg o gwbl o'r math o Iddewiaeth a ddarlunnir gan ffynonellau Rabinaidd,[47] ac felly fe fyddai'n rhaid eu hesbonio fel cyfeiriadau at ryw ffurf neu ffurfiau gwahanol ar Iddewiaeth, ffurfiau nad oeddynt yn cynrychioli'n deg Iddewiaeth y cyfnod ar ei gorau.[48] Sylw crafog Moore oedd bod 'llawer o ysgolheigion Cristnogol, ar ôl colli'u ffydd yn y credoau, wedi ceisio gweld arbenigrwydd a rhagoriaeth Cristnogaeth mewn gwrthgyferbyniad rhwng Iesu ag Iddewiaeth, ac felly o orfod buont yn pardduo Iddewiaeth gymaint â phosibl.'[49] Ond ar faterion a oedd yn ganolog i Iddewiaeth Rabinaidd, megis y ffordd at iachawdwriaeth, mae'r disgrifiad o Iddewiaeth sydd ymhlyg yn ymosodiad Paul ar 'weithredoedd y Gyfraith' yn anghywir.[50] Yn sicr, nid cyfiawnhad drwy weithredoedd yn seiliedig ar ufudd-dod i'r Gyfraith Iddewig oedd hanfod y ffordd Iddewig gyfoes at achubiaeth. Yn ôl Sanders, ymddengys fod Paul wedi esgeuluso'r ddealltwriaeth Iddewig o'r iawn a maddeuant.[51]

Yn rhan gyntaf ei gyfrol gesyd ganlyniadau ei ymchwil manwl i destunau Iddewiaeth Palesteina rhwng 200 CC ac OC 200. Ynddynt oll, ar wahân i Bedwerydd Llyfr Esra, darganfu dystiolaeth o batrwm o grefydd. Galwodd y patrwm hwn yn *covenantal nomism* (a cheisiais ei gyfieithu i'r Gymraeg yn 'nomiaeth gyfamodol'). Beth a olygir wrth hyn? Wel, y canlynol:

> Dewisodd Duw Israel gan roi iddi'r gyfraith. Dynoda'r gyfraith addewid Duw y byddai'n diogelu etholedigaeth y genedl a golygai hynny fod disgwyl iddi ufuddhau iddi. Gwobrwya Duw ufudd-dod a chosbi troseddau. Darpara'r gyfraith foddion i wneud iawn, a chanlyniad yr iawn fyddai cadw neu ailsefydlu'r berthynas gyfamodol. Y mae pawb a gedwir oddi mewn i'r cyfamod drwy ufudd-dod, yr iawn a thosturi Duw'n perthyn i'r grŵp a achubir. Y mae'n bwysig pwysleisio mai drwy dosturi Duw yn hytrach na thrwy ymdrechion dynion y sicrheir etholedigaeth ac yn y diwedd iachawdwriaeth.[52]

Nid pwrpas cadw'r gyfraith oedd ceisio cael i mewn i'r cyfamod; yn hytrach, ei bwrpas oedd sicrhau arhosiad oddi mewn i'r cyfamod.[53] Casgliad Sanders yw bod 'Iddewiaeth y cyfnod cyn OC 70 wedi llwyddo i gadw gras a gweithredoedd yn y persbectif cywir, ac wedi peidio â bychanu (*trivialize* yw'r Saesneg) gorchmynion Duw, ac nid oedd ychwaith wedi'i nodweddu gan ragrith.'⁵⁴ Ychwanega mai'r cyhuddiad cyson yn erbyn Iddewiaeth o du Cristnogaeth yw nid yn gymaint bod rhai Iddewon unigol wedi camddeall, camddefnyddio ac amharchu eu crefydd, ond bod Iddewiaeth o'i hanfod yn tueddu at ddeddfyddiaeth (*legalism*), at gaswistiaeth hunanol yn llawn hunan-dwyll, ac at gymysgedd o falchder a diffyg ymddiriedaeth yn Nuw. A dyna'n arbennig drywydd beirniadaeth rhai o'r traddodiad Lwtheraidd fel Bultmann ar y Gyfraith Iddewig.⁵⁵ Eto, honna Sanders:

> Y mae'r llenyddiaeth Iddewig a oroesodd mor rhydd o'r nodweddion hyn ag unrhyw un a ddarllenais erioed. Drwy sicrhau'n gyson fod fframwaith sylfaenol *nomiaeth gyfamodol* yn aros, cadwyd rhodd a gofyn Duw mewn perthynas iachus â'i gilydd, cadwyd manylion y gyfraith yn unol ag egwyddorion mawr crefydd ac oherwydd ymlyniad wrth Dduw, ac anogwyd gostyngeiddrwydd gerbron y Duw a ddewisodd Israel ac a fyddai yn y diwedd yn eu hachub.⁵⁶

Eto, er yr ymdrech hon i dynnu gwahaniaeth pendant rhwng deddfyddiaeth a nomiaeth gyfamodol, gellir canfod tebygrwydd rhyngddynt yn gymaint â'u bod ill dwy wedi'u sylfaenu ar y syniad o gytundeb cyfreithiol neu gontract.⁵⁷ Yn wir, amhosibl yw gwahaniaethu rhwng y cyfamod a'r Gyfraith a chofier mai wrth gyflwyno'r Gyfraith ar Fynydd Sinai y mae Duw'n sefydlu'i berthynas â'r genedl: nid oes act o ethol dwyfol ar wahân i hyn. Mae'r gwahaniaeth y mae Paul yn ei dynnu yn Gal. 3.17 rhwng yr addewid i Abraham a'r rhodd o'r Gyfraith 430 o flynyddoedd yn ddiweddarach yn gwbl absennol o lenyddiaeth Iddewig y cyfnod. Y duedd ynddi oedd cywasgu'r ddau ddigwyddiad â'i gilydd fel y dengys Ecclus. 44.19–20:

> Abraham oedd cyndad mawr llu o genhedloedd,
> ac ni chafwyd ei debyg mewn bri.
> Cadwodd ef gyfraith y Goruchaf
> a dod i gyfamod ag ef,
> gan roi nod y cyfamod ar ei gnawd:
> ac yn y prawf fe'i cafwyd yn ffyddlon. (Gw. hefyd Ecclus. 17.11–14).⁵⁸

Tröedigaeth neu Alwad?

Yn ôl W. D. Davies, cyhoeddodd Sanders y sialens gryfaf eto i'r agwedd ddifrïol at Iddewiaeth a gynrychiolir yn fwyaf arbennig gan Lwtheriaeth.[59] Ni chredaf ei bod hi'n bosibl bellach dal at y darlun anghywir ac annheg o Iddewiaeth a frithodd lyfrau ysgolheigaidd a phregethau ar hyd y blynyddoedd heb anwybyddu toreth o dystiolaeth gyfoes oddi mewn i Iddewiaeth cyfnod Paul a rydd inni ddarlun gwahanol iawn ohoni.[60] Cydnabuwyd yn go gyffredinol â Sanders nad crefydd wedi'i chanoli ar haeddiant ac un yn brin o drugaredd a maddeuant oedd Iddewiaeth Palesteina y cyfnod hwn, er y gwelwyd rhai tueddiadau 'cul' ynddi: er enghraifft, credai mynachod Qumrân (os mai dyna oeddynt) mai cadw'r Gyfraith yn y ffordd gywir, uniongred (yn ôl eu dehongliad hwy o hynny) oedd y gwir lwybr at iachawdwriaeth, ac roeddynt yn ddigon parod i gau allan hyd yn oed eu cyd-Iddewon rhag gallu mwynhau breintiau iachawdwriaeth am nad oeddynt yn cadw'r Gyfraith yn yr union ffordd ag yr oedd y sect hwn yn argymell ei chadw.[61] At hynny, roedd glynu wrth aelodaeth o'u cymuned yn hanfodol i sicrhau y mwynhaent iachawdwriaeth: a defnyddio ymadrodd Cyprianus yn y drydedd ganrif OC am yr eglwys: *salus extra ecclesiam non est*: 'does dim iachawdwriaeth y tu allan i'r eglwys'.[62] Ond ar yr un pryd roeddynt yn hyn yn ddibynnol ar ras yn unig (gw. 1QS).[63]

Beth ym marn Sanders oedd craidd anfodlonrwydd Paul â'r grefydd Iddewig os nad ei barnu yr oedd am gynnig cyfiawnhad drwy weithredoedd? Etyb: sylfaen polemig yr apostol yn erbyn y Gyfraith, ac felly yn erbyn cyflawni gofynion y Gyfraith, oedd ei gred mai drwy Grist yn unig yr oedd iachawdwriaeth, ac felly byddai dilyn unrhyw ffordd arall ati'n gwbl gyfeiliornus.[64] 'Ynddi ei hun', meddai, 'y mae'r Gyfraith yn iawn; mae hyd yn oed cyflawni'r Gyfraith yn iawn; eithr drwy Grist yn unig y daw iachawdwriaeth. Felly, y mae'r holl gyfundrefn a gynrychiolir gan y Gyfraith yn ddiwerth cyn belled ag y mae iachawdwriaeth yn y cwestiwn.'[65] Gellir crynhoi'r gwahaniaeth sylfaenol rhyngddynt fel a ganlyn: nomocentrig (hynny yw, wedi'i ganoli ar y Gyfraith) yw Iddewiaeth, tra bod safbwynt Paul yn gristocentrig (hynny yw, wedi'i ganoli ar Grist).[66] Gwelir, felly, mai'r hyn sydd o'i le ar y Gyfraith yw nid yn gymaint ei bod yn annog ufudd-dod i bethau dibwys gan fychanu pethau o bwys, nac ychwaith ei bod yn arwain yn ddifeth at restru pwyntiau'n dynodi haeddiant gerbron Duw, ond yn hytrach ei bod

35

yn ddiwerth mewn cymhariaeth â bod yng Nghrist: 'Yr wyf yn dal i gyfrif y cwbl [hynny yw, o'i waddol Iddewig cyfoethog] yn ysbwriel, er mwyn imi ennill Crist', meddai Paul (Phil. 3.8). Y feirniadaeth sylfaenol ar y Gyfraith, felly, yw nad oedd ei dilyn yn arwain at fod yng Nghrist, oherwydd mai'n unig drwy ffydd ynddo y daw iachawdwriaeth a rhodd yr Ysbryd: 'A dyma'r gair yr ydym yn ei bregethu, gair ffydd, sef, "Os cyffesi Iesu yn Arglwydd â'th enau, ac os credi yn dy galon fod Duw wedi ei gyfodi ef oddi wrth y meirw, cei dy achub." Oherwydd credu â'r galon sy'n ein dwyn i gyfiawnder, a chyffesu â'r genau sy'n ein dwyn i iachawdwriaeth' (Rhuf. 10.8–10; gw. hefyd Gal. 3.1–5). Mewn gair, y mae cyflawni'r Gyfraith yn anghywir am nad yw'n ffydd. Ynddo'i hun y mae ufudd-dod i'r Gyfraith yn beth da yn ôl Paul (Rhuf. 2.13) yn union fel y mae enwaediad ynddo'i hun yn beth da (Rhuf. 2.25–3:2); yr hyn a welir o'i le ag ef yw pan ymddengys ei fod yn peryglu'r egwyddor o iachawdwriaeth yn unig drwy ffydd yng Nghrist, fel y dadleuodd yr apostol mor gryf yn ei Lythyr at y Galatiaid. Ymosodai ar yr Iddeweiddwyr ar fater etholedigaeth Israel: cwestiynai a oedd yn ddigonol ar gyfer cynnig iachawdwriaeth i bawb yn ddiwahân. Ymosodai arnynt hefyd am eu bod yn gorfodi cadw cyfraith Moses ar y Cenhedloedd yn ogystal ag ar Iddewon. Dyma'n wir ddau o'r prif elfennau mewn nomiaeth gyfamodol.[67]

Beirniadaethau o Safbwynt Sanders

Eto, onid rhy rhwydd yw ateb Sanders, sef mai bai mawr Iddewiaeth oedd yn syml nad oedd Crist ganddi?[68] Onid oedd yna rywbeth sylfaenol o'i le â'i chyfundrefn gyfreithiol a defodol, neu paham fel arall yr aeth yr apostol i'r fath eithafion i'w beirniadu? A beth oedd yr hyn a eilw Paul yn 'weithredoedd y Gyfraith' (*erga nomou*)? Onid nodau Iddewiaeth ydynt (*badges* yw gair Dunn amdanynt)? Y rhain a ddynodai p'un oedd yn Iddewon a ph'un oedd yn aelodau o'r Cenhedloedd.[69] Roeddynt yn faen tramgwydd i Paul am eu bod yn cyfyngu ar bwrpas gwaredigol Duw, gan fynnu bod yn rhaid enwaedu ar Genedl-ddynion a'u gorfodi i fwyta bwydydd a oedd yn ddefodol lân a chadw'r Saboth. Y nodweddion hyn a amlygai i'r byd pwy yn union oedd pobl y cyfamod. Ac roedd Phariseaid ac Eseniaid fel ei

Tröedigaeth neu Alwad?

gilydd yn cytuno â'r angen i gadw'n gaeth at y deddfau ynglŷn â phurdeb defodol, yn arbennig wrth fwrdd bwyd. Fel y byddai Cristion heddiw'n credu bod y ddau sacrament o fedydd a'r cymun yn nodau amgen aelodaeth o'r eglwys, felly y byddai Iddew yng nghyfnod yr apostol yn credu bod y defodau hyn yn gwbl angenrheidiol i bob un a ddymunai fod yn aelod o bobl y cyfamod.

Ond roedd 'gweithredoedd y Gyfraith' yn rhwystr i ledaeniad yr efengyl ymhlith y Cenhedloedd, a dyna pam roedd Paul mor hallt ei feirniadaeth ohonynt. Sylwer, yr un pryd, fod Dunn am gynnwys yr holl Tôrâ o dan y pennawd 'gweithredoedd y Gyfraith', ac nid y rhai a ddynodwyd uchod yn unig.[70] Dylid pwysleisio hefyd, yn sgil darlun diwygiedig Sanders o Iddewiaeth y cyfnod, nad moddion ennill ffafr Duw oeddynt i Paul, eithr arwyddion yn dynodi pobl y cyfamod Iddewig.[71] Ond disodlwyd y rhain i gyd gan yr angen am ffydd yng Nghrist, sef yr unig ymateb priodol i weithgarwch Duw drwyddo. Felly, rhaid oedd lledaenu'r cyfamod i gynnwys pawb yn ddiwahân: 'Oherwydd yng Nghrist Iesu nid enwaediad sy'n cyfrif, na dienwaediad ond ffydd yn gweithredu trwy gariad' (Gal. 5.6). Er tegwch i safbwynt Sanders, dylid dweud ei fod yn cydnabod mai bai mawr Iddewiaeth oedd ei bod yn mynnu pwysleisio safle breintiedig yr Iddew: ond mae'r iachawdwriaeth yng Nghrist i fod i bawb, yn Iddewon ac aelodau o'r Cenhedloedd fel ei gilydd.[72] Ac mae hyn yn ein harwain yn ddi-feth at bwysleisio'r elfen gymunedol yn yr athrawiaeth am gyfiawnhad drwy ffydd, a gwneir hynny yn helaethach ym mhennod 5 y gyfrol hon. Ond cyn hynny, byddwn yn canolbwyntio ymhellach ym mhennod 4 ar syniadau Paul am y Gyfraith Iddewig.

Beirniadaeth bellach ar safbwynt Sanders yw iddo dueddu i anwybyddu rhai gwahaniaethau amlwg rhwng gwahanol haenau yn Iddewiaeth y cyfnod ar fater gras a haeddiant: mewn gair, nid oedd mor unffurf ag y darluniodd ef hi.[73] Nodwyd eisoes nad yw 4 Esra'n cydymffurfio â'r patrwm athrawiaethol sy'n canoli ar y 'nomiaeth gyfamodol' a ddarganfu Sanders mewn Iddewiaeth gyfoes, gan haeru nad yw'n mynnu bod iachawdwriaeth Duw'n gwbl ddibynnol ar ras Duw, ond yn hytrach yn hyrwyddo crefydd wedi'i chanoli ar hunangyfiawnder unigolyddol: mewn gair, cyfiawnhad drwy gadw gweithredoedd y Gyfraith a gynrychiolir yn y llyfr hwn.[74] Gwelir hyn yn y darlun a geir ynddo o'r 'cyfalaf' neu 'drysor' o weithredoedd da a gasglwyd ynghyd gan y rhai cyfiawn yn Israel (6.5; 7.77; 8.33, 36). Ac mae llyfrau eraill o gyfnod yr Ail Deml (hynny yw, y cyfnod, fwy neu lai, rhwng y ddau Destament) yn dangos bod gweithredoedd cyfiawn yn hytrach na defodau'r Deml yn gallu sicrhau iawn am bechodau (gw. Llyfr Tobit ac Ecclus., a thystiolaeth o Qumrân).[75] Yn Salmau Solomon, a gyfansoddwyd yng nghanol y ganrif gyntaf cyn Crist,[76] cysylltir trugaredd Duw'n gyson â'r cyfiawn: mater y mae Sanders yn ceisio'i ddibrisio.[77] Dadl Sanders ar y mater hwn yw bod rhodd Duw o ras yn gwbl rad, ac mewn un ystyr yn ddi-alw-amdano. 'Totally gratuitous' yw ei ddisgrifiad o etholedigaeth, ac yn arbennig ethol Israel i ffafr Duw.[78] Mewn gair, nid oes unrhyw gysylltiad rhwng haeddiant a'r hyn a dderbynia wrthrychau'r gras hwn. Ac eto, wedi dweud hyn, dangosir fod y Rabiniaid wedi cynnig tri rheswm pam y dewisodd Duw eu cenedl hwy yn hytrach nag unrhyw genedl arall: yn gyntaf, haerir mai hon yn unig a dderbyniodd gyfamod a gynigiwyd i ddechrau i'r holl genhedloedd; yna'n ail, fe'i dewiswyd oherwydd ryw haeddiant naill ai yn y patriarchiaid neu yng nghenhedlaeth yr exodus neu ar sail addewid o ufudd-dod yn y dyfodol. Yna'r rheswm olaf a roddwyd yw bod Duw wedi mynegi ei ewyllys ei hun ac wedi'i dewis 'er mwyn fy enw', chwedl Esec. 20.9.[79] Felly, ymddengys nad oes modd i Sanders osgoi crybwyll y cysylltiad rhwng rhodd rad gras a haeddiant.[80]

Cyfyd hyn y cwestiwn: a yw rhodd gras yn anghymarus? Dyma'r hyn a eilw John Barclay 'the incongruity of grace',[81] ac â ymlaen i archwilio'n fanwl y berthynas rhwng gras a haeddiant yn Paul a hefyd mewn Iddewiaeth gyfoes.[82] Canlyniad ei astudiaeth fanwl o'r cysyniad o 'rodd' (*gift*) yn y byd Groegaidd-Rufeinig yw mai cysyniad modern yw'r ddelwedd o rodd hollol ddigymell. I'r gwrthwyneb, cred fod elfen o roi i bobl o werth yn anochel ynghlwm wrth y cysyniad yn yr hen fyd,[83] ac nid oedd y Rabiniaid yn eithriad i'r meddylfryd hwn.[84] Felly, gwêl wendid yn narlun Sanders o 'nomiaeth gyfamodol' gan iddo ei gyfyngu i ras blaenorol, cwbl anghymarus, a methu â chynnwys y dystiolaeth o Iddewiaeth y cyfnod am agweddau eraill ar ras, megis yr ymatebion gwahanol iddo.[85] Yn wir, diffiniodd Barclay y rhodd o Grist i'r byd yn ôl Paul yn un diamod (*unconditional*), hynny yw heb unrhyw amodau o flaenllaw, yn hytrach na'i bod yn ddigymell (*unconditioned*), hynny yw yn

Tröedigaeth neu Alwad?

disgwyl dim yn ôl.[86] Felly, yr ymateb angenrheidiol i ras Duw yng Nghrist fyddai ufudd-dod,[87] sef yr hyn a eilw'n 'ufudd-dod ffydd' (Rhuf. 1.5; 16.26 – BC).[88]

Gwêl W. D. Davies debygrwydd rhyfeddol rhwng safbwynt Sanders ac eiddo Marcion yn yr ail ganrif, yn gymaint â'u bod ill dau'n pwysleisio'r diffyg dilyniant rhwng Cristnogaeth ac Iddewiaeth.[89] Wedi'r cyfan, fe gofiwn honiad Sanders mai drwy Grist yn unig y mae iachawdwriaeth a bod yn rhaid ystyried y Gyfraith Iddewig yn gwbl ddiwerth cyn belled ag y mae iachawdwriaeth yn y cwestiwn. Gwelir, felly, ei fod mewn perygl o hybu'r safbwynt a elwir yn Saesneg yn *supersessionist*, sef y safbwynt sy'n datgan bod Iddewiaeth wedi'i disodli'n llwyr gan Gristnogaeth.[90] Mae hyn yn hollol groes, wrth gwrs, i ymdrechion Davies i ddiogelu'r dilyniant o'r naill grefydd i'r llall. Yr hyn a gynrychiola Cristnogaeth iddo ef yw ecsodus newydd yn arwain at gyfamod newydd, sy'n golygu cyfraith newydd a hawlia ufudd-dod iddi.[91] Eto, fe'i beirniadwyd am fethu â chydnabod bod dŵr clir i'w ganfod rhwng Paul y Cristion a Phaul yr Iddew cyn ei dröedigaeth. Haerir na roddodd ddigon o sylw i adrannau megis Rhuf. 2.17–29; Phil. 3.2–11, a Gal.[92] Y gwir yw bod mesur o ddeuoliaeth yn ymagwedd Paul at grefydd ei dadau: ar y naill law, mae'n sicr yn meddwl yn nhermau toriad clir â'i orffennol (gw. Gal. 1.13–14; 2.19; Phil. 3.7–8), ond, ar y llaw arall, fel y pwysleisiwyd yn barod yn y bennod hon, cydnabyddir ei fod yn dal yn Hebrëwr, yn Israeliad (gw., er enghraifft, Rhuf. 11.1; 2 Cor. 11.22), ac mae'n cofnodi ei gysylltiad parhaol â synagogau'r gwasgariad a'i fod yn dal yn ddarostyngedig i'w disgyblaeth (2 Cor. 11.24).[93] Ni ellir derbyn, felly, ei fod am droi ei gefn ar ogoniant a mawredd y cyfamod mewn Iddewiaeth a'i gwrthod am nad yw'n Gristnogaeth: gallai rhai o ddatganiadau Sanders awgrymu hynny.[94] Eithr y mae adnodau fel Rhuf. 11.28–9 yn cynnig darlun gwahanol: deil y cyfamod ag Israel a roddwyd i'r patriarchiaid mewn grym.[95] Mae Sanders yn mynegi safbwynt mwy derbyniol mewn cyfrol ddiweddarach pan ddywed: 'Yr hyn sydd o'i le â'r Gyfraith . . . yw nad yw'n darparu ar gyfer pwrpas eithaf Duw, sef achub yr holl fyd drwy ffydd yng Nghrist, a hynny heb y rhagorfraint a roddwyd i'r Iddewon drwy'r addewidion, y cyfamodau, a'r Gyfraith.'[96] Dywed hefyd: 'Mae'n rhaid i'r Iddew a'r aelod o'r Cenhedloedd ddod yn bobl Dduw yn hollol gyfartal â'i gilydd ac ar yr un telerau.'[97]

Gwelwyd eisoes mai safbwynt Sanders ar Iddewiaeth yw nad oedd yn meddu ar Grist, ond ynddi ei hun roedd yn ddi-fai. Er mwyn deall ei safbwynt yn iawn mae'n rhaid ystyried ei farn nad dilyn proses o ddod at Grist o gyflwr anghenus a thruenus yr oedd Paul fel yr awgryma'r darlun traddodiadol ohono, ac felly hefyd yn achos Awstin a Luther ar ei ôl, er mwyn cyrraedd at waredigaeth; yn hytrach, pwysleisia mai ateb i'r broblem ddynol a ganfyddir gan Paul yn gyntaf, sef mai yng Nghrist yn unig y mae iachawdwriaeth. Gweithio'n ôl, megis, o'r fan honno a wna yn ei ddiwinyddiaeth, hynny yw 'from solution to plight', fel y dywed, ac nid i'r gwrthwyneb.[98] Yn ôl Wright, gallai Sanders fod wedi rhoi mwy o bwyslais ar yr angen i drosglwyddo'r Efengyl i'r Cenhedloedd a'r cyfyngiadau ar hynny a osodid gan Iddewiaeth y cyfnod.[99] A dyna'n union yw pwyslais Stendahl a Dunn, fel y dangosir yn yr adran nesaf,[100] er bod yr hyn a ddyfynnwyd yn awr o waith diweddarach Sanders yn lliniaru dipyn ar y feirniadaeth hon o'i safbwynt.

Cyfraniad Stendahl a'i Bwyslais ar y Genhadaeth i'r Cenhedloedd

A oedd Stendahl yn gywir, felly, yn yr ail o'i haeriadau, sef mai penodau 9–11 y Llythyr at y Rhufeiniaid yw'r allwedd i ddeall diwinyddiaeth Paul, am mai yno'n arbennig y mae'n ymhél â'r cwestiwn o'r genhadaeth i'r Cenhedloedd? Hynny, haera, ac nid pryder am gyfiawnhad drwy ffydd, yw pwnc canolog ei ddiwinyddiaeth, ac nid am fod ganddo gydwybod euog y datblygodd yr athrawiaeth honno. Yn hytrach, ei bryder am safle'r Cenhedloedd o fewn yr eglwys ac yng nghynllun gwaredigol Duw oedd y peth canolog yn ei fywyd fel apostol.[101] Nid mater o dröedigaeth oddi wrth un grefydd (Iddewiaeth) at un arall (Cristnogaeth) oedd y profiad a gafodd Paul ar y ffordd i Ddamascus, ond yn hytrach alwad oddi wrth yr un Duw a oedd yn awr yn ei gomisiynu i bregethu i'r Cenhedloedd (Gal. 1.15–16; gw. hefyd Rhuf. 1.5).[102] Cysyllta'i alwad i fod yn apostol â'r profiad o weld y Crist atgyfodedig (1 Cor. 9.1; 15.8).[103] Mae ymadrodd bachog Barrett amdano'n briodol yma: 'Conversion is vocation.'[104]

Tröedigaeth neu Alwad?

Pwysleisia Stendahl, felly, barhad y naill grefydd yn y llall.[105] Eto, wedi dweud hyn, gellir honni bod Paul wedi cael profiad o dröedigaeth yn ogystal â chael ei alw. Ni ddylid, felly, wrthgyferbynnu galwad a thröedigaeth, fel y gwna Stendahl.[106] Wedi'r cyfan trodd o fod yn erlidiwr ar Gristnogion i fod yn brif ladmerydd eu ffydd (gw. Gal. 1.23).[107] Mynega hyn yn drawiadol yn Rhuf. 6 wrth sôn am y profiad o farw gyda Christ drwy gyfrwng y bedydd ac atgyfodi gydag ef i fywyd newydd (gw. hefyd Gal. 2.19–20).[108]

Ar ddiwedd y drafodaeth hon dychwelwn at y dewis a amlinellwyd ar ddechrau'r bennod: ai galwad, neu'n wir gomisiwn, yn hytrach na thröedigaeth a gafodd Paul ar y ffordd i Ddamascus, fel y cred nifer sylweddol o ysgolheigion cyfoes, yn arbennig y rhai a gafodd eu dylanwadu gan ysgrif nodedig Stendahl? Dyna'n sicr farn Dunn, er enghraifft:

> Ni feddyliodd Paul ei hun fod yr ymgyfarfyddiad a gafodd ar y ffordd i Ddamascus yn *dröedigaeth*, ac yn sicr ddim yn dröedigaeth *oddi wrth* Iddewiaeth; yn hytrach, *comisiwn* ydoedd oddi mewn i'r traddodiad proffwydol yn ymestyn o Eseia hyd Jeremeia. I Paul byddai efengyl Crist yn amhosibl ei hamgyffred ar wahân iddi fod yn foddion i gyflawni'r addewid i Abraham a'i bod yn nodi llinell parhad a phwrpas achubol Duw ar gyfer Israel.[109]

Myn bwysleisio hefyd fod yr athrawiaeth am gyfiawnhad drwy ffydd yn ymosodiad ar feddylfryd cenedlaethol a hiliol yr Iddewon:[110] nid genedigaeth-fraint sy'n estyn gwaredigaeth iddynt, ond gras Duw:

> Felly hefyd yn yr amser presennol hwn, y mae gweddill ar gael, gweddill sydd wedi ei ethol gan ras Duw. Ond os trwy ras y bu hyn, ni all fod yn tarddu o gadw gofynion cyfraith; petai felly, byddai gras yn peidio â bod yn ras. Mewn gair, y peth y mae Israel yn ei geisio, nid Israel a'i cafodd, ond y rhai a etholodd Duw. (Rhuf. 11.5–7; gw. hefyd 9.6–11; 11.30–2)

Crynhoir y cyfan yn y datganiad ac yna'r cwestiynau yn Rhuf. 3.28–9:

Diwinyddiaeth Paul

Ein dadl yw y cyfiawnheir rhywun trwy gyfrwng ffydd yn annibynnol ar gadw gofynion cyfraith. Ai Duw'r Iddewon yn unig yw Duw? Onid yw'n Dduw'r Cenhedloedd hefyd?

Hwn, felly, yw gwir gyd-destun yr athrawiaeth am gyfiawnhad drwy ffydd; fel y pwysleisia Tom Wright yn gyson: i Paul roedd cyfiawnhad yn golygu bob amser gyhoeddiad Duw o aelodaeth o'r teulu Cristnogol, ac yn arbennig bod Iddewon ac aelodau o'r Cenhedloedd yn dod ynghyd yn y teulu hwnnw.[111]

Nodiadau

[1] Dylid dal i ddefnyddio'r term 'tröedigaeth' yn ôl Hurtado 2003a, tt. 93–5. Gw. hefyd Segal 1990, tt. 5–7; Hagner 1993, 123; a R. N. Longenecker 1997b, tt. 27–9. Awgryma Wright 2015, tt. 119–20, fod gormod wedi'i wneud o'r cwestiwn hwn.

[2] Haenchen 1971, t. 327, a R. N. Longenecker 1997b, t. 26. Pwysleisia Oliver 2019, t. 188, mai adroddiadau cyffelyb i'r rhai yn yr Hen Destament am alw'r proffwydi ydynt ac mai 'galwad' ac 'ethol' yw'r geiriau allweddol a gysylltir â hwy, ac nid 'tröedigaeth'.

[3] Dyma'r darlun a rydd John Williams 1955, tt. 20–2.

[4] Gw. ymhellach Espy 1985, 161–88, a Barrett 1995, tt. 36–48.

[5] Gw. Mitton 1953/4, 78–81, 99–103 ac 132–5.

[6] Fitzmyer 1993, t. 464.

[7] W. D. Davies 1980, tt. 23–7.

[8] Dodd 1958, tt. 76–7, 87–8, ac 1959, tt. 123–6, 132–3. Fel y gwelir isod, nid yw'r safbwynt hwn yn dderbyniol iawn erbyn hyn: gw. Sanders 1977, t. 443.

[9] Witherington 1998, t. 105. Gw. Dodd 1953, tt. 72–80.

[10] Yn y cyfnod modern Kümmel 1929, tt. 111–17, a dynnodd sylw gyntaf at y gwrthdaro hwn. Gw. Sanders 1977, t. 443, n.4, a t. 479, n.23.

[11] Gw. Dunn 1998, tt. 98–100. Ceir disgrifiad llawn o safbwynt Kümmel yn Westerholm 1988, tt. 52–65.

[12] Fitzmyer 1993, t. 464.

[13] Felly, er enghraifft, D. G. Davies 1984, tt. 120–4.

[14] Fredriksen 1986, 25–7.

Tröedigaeth neu Alwad?

15 Gw. Dunn 1975b, 268.
16 Gw. Cranfield 1985, tt. 169–72. Gw. hefyd Dunn 1998, tt. 477–82.
17 Dyfynnir gan Dunn 1975a, t. 314. Gw. hefyd Barrett 1995, t. 46, a J. M. G. Barclay 2015, t. 501, n.13.
18 Gw. Seifrid 1992, tt. 230–1, a Dunn 1998, tt. 474–7. Mae W. B. Griffiths 1955, tt. 67–9, yn crynhoi'r dadleuon o'r ddeutu ac yn ochri â Luther.
19 Theissen 1987, tt. 177–265. Gw. hefyd Gager 1981, 702.
20 Adams 1910, t. 209; gw. hefyd 1897, t. 186.
21 Dyna a awgrymodd Schweitzer ym mharagraff agoriadol ei arolwg o hanes astudio Paul: Schweitzer 1912, t. 2.
22 Gw. hefyd J. Tudno Williams 1995, 62–72, a Thompson 2002. Dunn 1982/3, 95–122, a fathodd yr ymadrodd hwn gyntaf, ond roedd Deidun 1992, 79–84, yn amau a oedd Dunn yntau wedi cael tröedigaeth lwyr mewn perthynas â darlun Sanders o Iddewiaeth. Am arolwg diweddar o'r 'Persbectif Newydd', gw. Ehrensperger 2013, tt. 191–219.
23 Dunn 1992, 8–9. Mewn gwirionedd, roedd Wrede 1973, t. 100, wedi mynegi hyn mor bell yn ôl ag 1897.
24 Ar y safbwynt hwn gw. Conzelmann 1968, t. 173; Reumann 1982, tt. 119–20 ac 185; a Käsemann a ddyfynnir gan Way 1991, t. 13; gw. hefyd tt. 17 a 20–6.
25 Lampe 1954, t. 62; N. M. Watson 1983b, t. 386, a J. Tudno Williams 2001, tt. 33–4.
26 Yn ddiweddar ailagorodd Hooker 2016, 55–7, y ddadl hon drwy awgrymu bod y ddau gyfieithiad yn bosibl.
27 Sanders 1977, t. 484, a n.38. Gw. hefyd S. K. Williams 1980, 257, n.49.
28 Barrett 1983, t. 16.
29 N. M. Watson 1983b, t. 386. Gw. hefyd Hooker 2016, 59.
30 Barrett 1981, t. 11, a 1983, t. 16. Gw. hefyd Taylor 1941, tt. 56–7.
31 Lampe 1954, t. 62.
32 Dodd 1959, tt. 79–80. Gw. hefyd N. M. Watson 1983b, t. 387.
33 S. K. Williams 1980, 257, n. 49.
34 Stendahl 1976, tt. 78–96. Gw. hefyd Westerholm 2004, tt. 146–9, a D. A. Campbell 2009, tt. 125, 127.
35 Gw. Fredriksen 1986, 27.
36 Gw. Dunn 1992, 7, n.19. Gw. hefyd Sanders 1977, t. 57.
37 Adams 1910, t. 67.
38 Ziesler 1991, 193–4.

39 Gw. ymhellach ysgrif Stendahl, 'The Apostle Paul and the Introspective Conscience of the West', 1976, tt. 78–96. Ond nid yw D. A. Campbell 2009, tt. 139 a 150, yn hollol hapus â'r dehongliad hwn o'r gair a gyfieithir 'yn ddi-fai'.
40 Oliver 2019, tt. 186–7: gw. Gal. 1.13; Phil. 3.6; 1 Cor. 15.9, a chymharer Actau 8.3; 9.1–2.
41 Gw. Cranfield 1985, tt. 156–8.
42 Stendahl 1976, tt. 92–4.
43 Sanders 1977, t. 4, n.7.
44 Sanders 1977, t. 7.
45 Adams 1910, t. 98.
46 Montefiore 1914, t. 65.
47 Yn wir, gras Duw oedd hanfod trefn y cadw i'w bobl etholedig, yn union fel yn achos Cristnogaeth, yn ôl Moore 1971, tt. 94–5.
48 Ar safbwynt Montefiore, gw. Westerholm 2004, tt. 118–22. Gw. hefyd Wright 2015, t. 66.
49 Moore 1921, 242–3, a ddyfynnir gan Sanders 1985a, t. 25.
50 Sanders 1977, t. 7. Gellir synhwyro bod egin y safbwynt hwn eisoes yn W. D. Davies 1980, tt. 221–2.
51 Sanders 1977, t. 12. Ar safbwynt Sanders, gw. ymhellach Westerholm 2004, tt. 341–51. Cred Quarles 1996, 185–95, fod mwy yn gyffredin rhwng Paul a'r Rabiniaid ar y materion hyn nag a ganiatâ Sanders.
52 Sanders 1977, t. 422; gw. hefyd tt. 75, 180–1, 420 a 544. Gw. ymhellach ar ddarlun Sanders o athrawiaethau'r Rabiniaid Westerholm 2004, tt. 129–33, a Wright 2015, tt. 71–2. Deifiol yw beirniadaeth Neusner 1980, tt. 43–63, o ddisgrifiad Sanders o Iddewiaeth Rabinaidd. Ceir ymateb Sanders yn 1980, tt. 65–79. Gw. hefyd Seifrid 1992, t. 57. Dylid cofio hefyd fod dyddiadau'r deunydd Rabinaidd yn llawer mwy diweddar na chyfnod y Testament Newydd: gw. Fitzmyer 1982, tt. 217–18, a Seifrid 1992, t. 78.
53 Sanders 1977, tt. 141, 146–7, 178–80 ac 189–90. Gw. hefyd Gundry 1985, 35. Gw. ymhellach Wright 2015, tt. 71–2, a J. M. G. Barclay 2015, tt. 152–3, 318.
54 Sanders 1977, tt. 426–7.
55 Gw. ymhellach bennod 4.
56 Sanders 1977, t. 427. Efallai mai gormodiaith yw honni bod Iddewiaeth gyfan yn dilyn y patrwm hwn: gw. D. A. Campbell 2009, t. 110. Beirniadaeth Hengel a Deines 1995, 2, a nn. 2 a 3, ar y cysyniad o

Tröedigaeth neu Alwad?

nomiaeth gyfamodol oedd ei bod yn cynrychioli 'a lowest common denominator form of Judaism.' Ceir barn hollol i'r gwrthwyneb gan Dunn 1991b, t. 127. Gwêl Hooker 1982, tt. 49–50, debygrwydd rhwng y patrwm Iddewig a ddarlunia Sanders a'r patrwm Paulaidd o'r profiad Cristnogol. Gw.hefyd W. S. Campbell 2018, t. 300.

57 D. A. Campbell 2009, tt. 103–5.
58 F. Watson 2001, 7–9. Gw. hefyd Ziesler 1992, t. 44.
59 W. D. Davies 1980, t. xxix, yn ei ragair i bedwerydd argraffiad ei gampwaith yntau, *Paul and Rabbinic Judaism*.
60 Dywed Hooker 1982, t. 47, yr oedd yn rhaid adfer cydbwysedd i'r darlun, er iddi amau fod Sanders wedi mynd ychydig yn rhy bell i'r cyfeiriad arall. Gw. hefyd D. A. Campbell 2009, tt. 97–100. Credai Caird 1978, 540, fod angen cydnabod bod peth gwirionedd yn y cyhuddiadau yn erbyn y Rabiniaid.
61 Gw. adolygiad N. A. Dahl ar gyfrol Sanders yn *RelSRev*, 4 (1978), 153–7, a ddyfynnir gan Thielman 1989, t. 18. Gw. hefyd Seifrid 1992, t. 94.
62 Cyprianus, *Epistol*, 73, 21: gw. Kelly 1958, t. 206.
63 Gw. Seifrid 1992, tt. 83, 89–90.
64 Sanders 1977, t. 550.
65 Sanders 1977, t. 550; gw. hefyd t. 551.
66 Hagner 1993, 125. Gw. hefyd Hooker 1982, tt. 52–5. Dyna'n wir yw safbwynt sylfaenol Sanders hefyd: gw. 1977, tt. 514–15, a gweddill y paragraff hwn. Gw. hefyd W. S. Campbell 2018, t. 301.
67 Sanders 1980, t. 73.
68 Geilw Caird 1978, 542, hwn yn 'lame conclusion'.
69 Dunn 1998, tt. 354–71. Beirniedir safbwynt Dunn gan Matlock 1998, 73–82.
70 Dunn 1998, t. 358, n.97. Gw. Garlington 2005, 21.
71 Dunn 1998, tt. 354–9. Gw. hefyd Westerholm 2004, tt. 189–92.
72 Sanders 1977, tt. 489–90, 497, ac 1985b, tt. 5, 18, 27, 30–4 a 38. Gw. hefyd Wright 1992, t. 240.
73 J. M. G. Barclay 2015, t. 158. Gw. hefyd Quarles 2005, 40. Condemnia Neusner 1996, 167–78, yr hyn a eilw'n 'homogeneiddio' (*homogenization*) Iddewiaeth i greu Iddewiaeth unffurf. Gw. hefyd Chilton a Neusner 1995.
74 Sanders 1977, tt. 409–18. Honna Hengel a Deines 1995, 4, n.6, nad yw Sanders yn gwneud cyfiawnder â'r 'gwaith nodedig hwn'.

75 Quarles 2005, 42–56. Felly, mae mwy o le i 'weithredoedd' yn Iddewiaeth y cyfnod nag y caniatâ Sanders yn ôl Hagner 1993, 117–19. Gw. hefyd Gundry 1985, 1–38. Mae W. D. Davies 1980, tt. 268–73, yn dangos bod yr athrawiaeth am haeddiannau (*merits*) y cyfiawn yn Israel a ddeuai'n fuddiol i'r rhelyw o'r Iddewon yn cael eu dysgu gan y Rabiniaid. Awgryma Rhuf. 11.28 fod Paul yn gyfarwydd â hi hefyd (W. D. Davies 1980, t. 272).
76 Gw. Sanders 1977, tt. 387–8.
77 Sanders 1977, tt. 393, 396. Ond gw. Seifrid 1992, t. 133, a J. M. G. Barclay 2015, t. 156.
78 Sanders 1977, t. 87.
79 Sanders 1977, tt. 87–107.
80 Gw. Sanders 1977, t. 106.
81 J. M. G. Barclay 2015, tt. 154–5.
82 J. M. G. Barclay 2015, tt. 189–328. Mynega Marcus 2017, 324–30, ei anfodlonrwydd â'i ddehongliad o 4 Esra yn arbennig. Am feirniadaeth bellach ar ei safbwynt, gw. Mitchell 2017, 304–23.
83 J. M. G. Barclay 2015, tt. 11–65. Gw. hefyd t. 156.
84 J. M. G. Barclay 2015, t. 155. Gw. ymhellach Avemarie 1999, 108–26, lle dangosir fod iachawdwriaeth Israel yn ddibynnol ar etholedigaeth ddiamod ond hefyd ar ei hufudd-dod.
85 J. M. G. Barclay 2015, tt. 318–21. Gw. hefyd Westerholm 2004, tt. 343–5; Quarles 2005, 41–2, a Marcus 2017, 325.
86 J. M. G. Barclay 2015, t. 500, a 2017, 332. Gw. hefyd Marcus 2017, 326.
87 J. M. G. Barclay 2017, 332–3. Gw. hefyd 2015, tt. 492 a 518–19.
88 J. M. G. Barclay 2015, tt. 139, 492. Dylid nodi nad yw J. M. G. Barclay 2015 yn cyfeirio yn unman yn ei gyfrol swmpus at gyfraniad W. D. Davies, nac ychwaith at Dodd, o ran hynny.
89 W. D. Davies 1980, t. xxxvi. Gw. hefyd W. S. Campbell 2018, t. 307.
90 Wright 2016, t. 67. Am drafodaeth lawn ar y cysyniad hwn, gw. Wright 2013, tt. 805–11.
91 W. D. Davies 1980, tt. 216f., 225, 250, 259f., 323. Gw. hefyd ei ymateb i feirniadaeth Sanders ohono yn y rhagair i argraffiad newydd ei waith, tt. xxxi–xxxviii.
92 Wright 2016, t. 69. Gw. hefyd Wright yn Neill a Wright 1988, t. 414, a Sanders 1977, tt. 496–7.
93 Dunn 1999, 178.

Tröedigaeth neu Alwad?

94 Gw. W. S. Campbell 2018, tt. 82–3 a 107.
95 Dunn 1982/3, 101; Seifrid 1992, tt. 50–1, 62.
96 Sanders 1985b, t. 47. Gw. ymhellach drafodaethau ar y pwnc ym mhennod 4, adrannau 1(iv) a 4, a phennod 9 yn y gyfrol hon.
97 Sanders 1985b, t. 29.
98 Sanders 1977, tt. 442–7. Gw. Wright 2015, tt. 77–9.
99 Wright 2015, tt. 78–9.
100 Gw. hefyd J. M. G. Barclay 2015, tt. 159–60.
101 Stendahl 1976. Gw. hefyd J. M. G. Barclay 2015, tt. 159–62.
102 Munck 1959, *passim*.
103 Gw. hefyd D. A. Campbell 2009, t. 153, a Wright 2013, t. 1421.
104 Barrett 1994, t. 10.
105 Gw. Wright 2013, tt. 1420–1.
106 Gw. Chester 2003, tt. 153–9.
107 Segal 1990, tt. 5–7. Gw. Chester 2003, tt. 27–31, a Wright 2013, t. 1423.
108 Wright 2013, tt. 1423–6.
109 Dunn 1993a, t. 41; gw. hefyd t. 68, ac 1992, 6, a Segal 1990, pennod 4 yn arbennig. Ond myn Witherington 1998, tt. 110, 112–14, ddatgan mai tröedigaeth a brofodd, a chydnebydd Dunn yntau 2001, tt. 313–14, fod Paul wedi profi tröedigaeth oddi wrth genedlaetholdeb cul a sêl at y traddodiad hwnnw er mwyn cyfeirio ei egnïon tuag at y genhadaeth i'r Cenhedloedd. Gw. yn llawnach Dunn 1996b, tt. 77–93.
110 Dunn 1992, 11, 14–15: gw. hefyd 1985, 523–42; 1991a, tt. 122–4, a 1997, tt. 85–101.
111 Wright 2009, t. 96.

4

Paul a'r Gyfraith

■ ■ ■

Yn ddiau, un o'r problemau mwyaf anodd ei datrys mewn astudiaethau Paulaidd yw penderfynu beth yn union oedd agwedd Paul tuag at y Gyfraith Iddewig, ac yn wir, bu llawer iawn o drafod ar y mater yn ystod y blynyddoedd diwethaf.[1] Gellir gofyn yn syth a oedd Paul am ddiddymu'r Gyfraith wedi'i dröedigaeth, neu a gredai ei bod yn dal yn arwyddbost pwysig ar ffordd iachawdwriaeth? 'Y mae'n ddiarhebol anodd cael gafael clir ar agwedd Paul tuag at y Gyfraith', meddai F. F. Bruce, 'a chwyd yr anhawster i raddau oherwydd amwysedd ei feddyliau a'i iaith ar y pwnc.'[2]

Gadewch inni ystyried i ddechrau pa bethau a ddywed Paul yn uniongyrchol am y Gyfraith, cyn symud ymlaen i ofyn a yw'n gyson neu beidio yn ei ddatganiadau amdani. Eithr cyn gwneud hynny mae'n rhaid inni nodi nad oes ystyr unffurf i'r gair *nomos* (cyfraith) yn ei lythyrau: nid yw'n golygu gorchmynion y ddeddf Iddewig yn benodol ymhob enghraifft lle mae'n amlwg i'w gysylltu â'r traddodiad Iddewig,[3] ac yn sicr hefyd dylid nodi ar y cychwyn enghreifftiau o ddefnydd trosiadol o'r gair yn Rhuf. 3.27; 7.21–3, 25; 8.2, a Gal. 6.2. Yn yr enghreifftiau hyn golyga rywbeth tebyg i 'egwyddor',[4] ac yn wir dyna'r gair a ddefnyddir i'w gyfieithu yn *BCN* yn Rhuf. 3.27.[5] Ac oni fyddai'n well defnyddio cyfieithiad gwahanol yn lle 'cyfraith' ar gyfer rhai o'r enghreifftiau eraill yn Rhufeiniaid hefyd? Er enghraifft, byddai 'trefn' yn well trosiad na 'cyfraith' yn Rhuf. 8.2.

Diwinyddiaeth Paul

1. *Beirniadaeth Paul o'r Gyfraith*

Trown yn awr at yr hyn a ddywed Paul yn benodol am y Gyfraith Iddewig, ac ystyriwn i ddechrau y pethau difrïol a ddywed amdani:[6]

(i) Fe'i darlunnir fel pŵer neu feistr y mae'n rhaid i bobl, gan gynnwys aelodau o'r Cenhedloedd yn ogystal ag Iddewon, gael eu rhyddhau a'u gwaredu rhagddi (Rhuf. 6.14; 7.6; Gal. 3.23; 5.1). Cyfraith pechod a marwolaeth ydyw (Rhuf. 7.23, 25; 8.2),[7] ac yn wir gall weinyddu marwolaeth (2 Cor. 3.7). Yr hyn sy'n allweddol mewn rhyddhau pobl o afael y Gyfraith yw marwolaeth Crist ar y groes (Gal. 2.21; 3.13–14; 4.4–5; 5.1; Rhuf. 7.4), ac felly fe ryddheir Cristnogion o fywyd o gaethiwed dan y Gyfraith fel y rhyddhawyd caethweision o ormes eu meistriaid yn yr hen fyd (Rhuf. 7.6; Gal. 4.8–10, 21–31). Mynega Paul ei brofiad ei hun o fod wedi marw i'r Gyfraith (Gal. 6.14): yn wir, meddai, 'Trwy gyfraith bûm farw i gyfraith' (Gal. 2.19).[8] Y mae hefyd goblygiadau moesol i gredinwyr yn deillio o brofiad o'r fath: trwy ddod yn Gristnogion wrth brofi bedydd trochiad golygir eu bod yr un pryd yn marw i bechod ac yn dod i fwynhau bendithion y bywyd newydd yng Nghrist (Rhuf. 6.2–11; Gal. 2.19b–20).[9]

(ii) Sonia Paul am y Gyfraith yn 'cynyddu' pechod (Rhuf. 5.20) ac yn wir yn ei ysgogi (Rhuf. 7.5, 8–11), ac yn gyffredinol rhydd lawer o sylw i'r cysylltiad rhwng y Gyfraith a phechod (Rhuf. 4.15; 5.13; 6.14; 7.23; 1 Cor. 15.56). Sieryd hefyd am felltith y Gyfraith (Gal. 3.13; gw. hefyd ad.10). Eto gwrthoda'r awgrym mai pechod yw'r Gyfraith (Rhuf. 7.7), er iddo ddod yn agos iawn at ddatgan hynny yn y cyd-destun hwn ac yn Rhuf. 6.14.[10] Ni ddywed yn benodol yn unman ychwaith mai'r Gyfraith a *achosodd* farwolaeth Crist, er i'r Gyfraith fod â rhan yng nghroeshoeliad Crist (Gal. 2.19; 3.13).[11] Mae'n cydnabod bod 'pechod yn y byd cyn bod y Gyfraith' (Rhuf. 5.13), ac yn wir ei fod yn 'beth marw' heb gyfraith (Rhuf. 7.9) (gw. hefyd o dan 2 isod). I ba raddau, felly, y gellir priodoli grym pechod yn y byd i'r Gyfraith (Rhuf. 7), neu a ddylid ei gysylltu'n unig â chwymp Adda (Rhuf. 5)?[12]

(iii) Dros dro'n unig yr oedd y Gyfraith hyd nes y byddai'r had, hynny yw Crist, yn dod (Gal. 3.19; gw. hefyd 4.3–7).[13] Gwarchod trosom dros dro oedd ei swyddogaeth: hi oedd y *paidagôgos*, y caethwas a hebryngai'r plentyn i'r ysgol a hefyd ei warchod;[14] eithr nid hyfforddwr mohono,[15] fel yr awgrymir ar waelod y ddalen yn *BCN* (Gal. 3.23–5), er i'r Tadau Eglwysig ddarlunio'r ddelwedd hon o'r Gyfraith yn ysgolfeistr i'n dwyn at Grist.[16] *Disciplinarian* ydoedd yn ôl Marxsen,[17] a dyna hefyd a geir yn *NRSV*. Ond darlun difrïol o'r Gyfraith a rydd y ddelwedd hon yn ôl Räisänen,[18] a thrafodir agweddau negyddol ar swyddogaeth y *paidagôgos* gan Belleville hefyd.[19]

(iv) Honnir nad oedd y Gyfraith yn rhan hanfodol o ffordd iachawdwriaeth, yn wir ei bod yn amherthnasol i'r ffordd honno, neu o leiaf â rhan eilradd ynddi (Rhuf. 3.21; Gal. 6.15; 1 Cor. 7.19).[20] Dyna hefyd a olygir, mae'n siŵr, yn Gal. 3.19–20 wrth ddarlunio'r modd anuniongyrchol y daeth i'r Iddewon gynt oddi wrth Dduw, sef drwy angylion a chanolwr fel Moses.[21] Yn aml, yn wir, darlunnir y Gyfraith yn egwyddor sy'n cystadlu ag egwyddor iachawdwriaeth (Rhuf. 3.27–8; 4.2–5, 14; 6.14; 10.5–13; Gal. 2.16, 21; 3.2–12, 18, 21–2; 5.4; Phil. 3.6, 9), ond nid oedd yn gallu cyfrannu bywyd (Rhuf. 8.3; Gal. 3.21) am na allai gyfiawnhau (Rhuf. 3.21; 9.31; Gal. 3.11). Gwrthgyferbynnir y Gyfraith â ffydd: Crist a ffydd ynddo, yn hytrach na'r Gyfraith, yw sylfaen iachawdwriaeth. Felly, ceir, ar y naill law, y Gyfraith a'i gweithredoedd, ac, ar y llaw arall, Crist, gras, yr Ysbryd, ffydd a'r addewid.[22] Dywed Hickling fod penodau 3 a 4 Galatiaid yn rhoi

> dyfarniad sydd bron yn gwbl negyddol [ar hanes Israel ers Abraham]: parenthesis[23] oedd holl brofiad Israel oddi mewn i bwrpas dwyfol a ragwelai eisoes yn yr addewid i Abraham efengyleiddio llwyddiannus ymhlith y Cenhedloedd. Y mae'r datganiad (3.7) mai meibion Abraham yw'r rhai sy'n credu (hynny yw, mae'n amlwg, yn Iesu) eisoes yn rhagdybio bychanu sylweddol ar yr Israel hanesyddol. Defnyddia 3.23–4.2 drosiadau sy'n mynegi gorfodaeth a gwarchodaeth annerbyniol er mwyn darlunio holl arwyddocâd y cyfnod sy'n ymestyn o Sinai hyd at ddyfodiad Iesu . . .Yma, o leiaf, y mae'n rhaid dweud bod Paul yn gwrthod 'hanes-achub' fel y deellir y term yn arferol.[24]

Yna mae'r alegori am Hagar a Sara sy'n dilyn ym mhennod 4:21–31 yn cyflwyno darlun hollol negyddol o Iddewiaeth yr hen gyfamod.[25] Yn y cyd-destun hwn dylid hefyd gynnwys Rhuf. 7.1–6[26] a 2 Cor. 3, ac yn arbennig ad.11, sy'n dilyn yr un trywydd.[27]

2. Datganiadau o Eiddo'r Apostol am y Gyfraith y Gellir eu Hystyried yn Rhai Mwy Amwys

Pan ddywed fod y Gyfraith yn datguddio'n union beth yw natur pechod (Rhuf. 2.12–13; 3.20; 4.15; 5.13; 7.7, 13), a yw hyn i'w gyfrif yn ddatganiad o blaid neu yn erbyn y Gyfraith? Rhoddwyd pwyslais ar yr elfen ddatguddiadol hon gan amryw: yn wir, byddai'n elfen a gymerai Paul yn ganiataol o gofio'i fagwraeth Iddewig, a disgwyliai, felly, ufudd-dod iddi.[28] Fel canlyniad, honnir y dysg ddyn yng ngoleuni'r Gyfraith pa mor rymus yw pechod a pheri iddo sylweddoli mai pechadur ydyw.[29] Oni bai am hynny byddai pechod yn aros yn beth marw (Rhuf. 7.9). Fe'i disgrifiwyd fel pe bai'n cyflawni swyddogaeth powltis yn tynnu'r gwenwyn i'r wyneb fel bod modd ei adnabod a delio'n effeithiol ag ef.[30] Datguddia'r Gyfraith bechod yn ei wir lifrau: o'i ganfod, felly, fe'i gelwir yn 'drosedd', am ei fod mewn gwirionedd yn herio ewyllys datguddiedig Duw ei hun, ac felly'n bechu bwriadol yn ei erbyn. Drwy hynny hefyd mae'n deffro'r ymdeimlad o euogrwydd mewn pobl (Rhuf. 5.20)[31] gan greu ynddynt yr awydd am fywyd (Gal. 3.22).[32] Gellir, felly, gysylltu gogwydd mwy cadarnhaol â'r hyn a ddywed yn Gal. 2.19: 'Trwy gyfraith bûm farw i gyfraith, er mwyn byw i Dduw'.[33]

3. Beth a Olygai Paul wrth Ddatgan mai Crist yw 'Diwedd' y Gyfraith?

Bu llawer o drafod[34] ar y datganiad hwn o eiddo'r apostol yn Rhuf. 10.4 a allai dorri'r ddadl y naill ffordd neu'r llall: 'Oherwydd y mae Crist yn ddiwedd ar y Gyfraith' sydd yn *BCN*,[35] ond fe rydd ystyr posibl arall ar waelod y ddalen i'r gair Groeg *telos*, sef 'Crist yw diben y Gyfraith'. Felly, a yw Crist yn ddiwedd ar y Gyfraith yn yr ystyr mai ef sy'n ei dwyn i ben? Golygai hyn doriad pendant rhwng yr hen drefn a'r un newydd. Neu ai ef yw ei diwedd yn yr ystyr mai ef sy'n ei chyflawni,[36] ynteu mai ef yw ei diben yn yr ystyr mai ato ef y mae'r Gyfraith yn cyfeirio?[37] Byddai hyn yn dynodi dilyniant rhwng yr hen a'r newydd. Yn wir, fe gred rhai fod y ddau ystyr yn gywir ac i'w cymryd ochr yn ochr â'i gilydd.[38]

Er mor argyhoeddiadol yw dadl Badenas cyn belled ag y mae ystyr cynhenid y gair *telos* yn y cwestiwn,[39] erys problemau gyda'i safbwynt sy'n cefnogi ystyr positif i'r gair. Er enghraifft, sut y gellir cysoni'r darlun cadarnhaol hwn o'r Gyfraith â'r gwrthgyferbynnu yn y cyd-destun yn Rhuf. 10.5–6 rhwng 'y cyfiawnder sy'n seiliedig ar y Gyfraith' a'r 'cyfiawnder sy'n seiliedig ar ffydd'?[40] Ac yn ogystal, mae'n rhaid dwyn y cyd-destun ehangach yn Rhuf. 9–11 i'r cyfrif (gw. yn arbennig 9.30–3; 11.7; a gw. hefyd Gal. 3.10–12 a 2 Cor. 3.13).[41] Yn ychwanegol, wrth gwrs, y mae'n rhaid dwyn i mewn i'r ddadl yr holl rannau hynny o ddysgeidiaeth Paul lle mae'n ddifrïol o'r Gyfraith.

4. Datganiadau Cadarnhaol Paul am y Gyfraith

Eithr mae'n rhaid ystyried yn ogystal y pethau cadarnhaol a ddywed Paul am y Gyfraith Iddewig.[42] Dywed ei bod yn 'sanctaidd a'r gorchymyn yn sanctaidd a chyfiawn a da' (Rhuf. 7.12; gw. hefyd ad.16) a'i bod yn perthyn i fyd yr Ysbryd (7.14; gw. hefyd 8.4). Gellir crynhoi holl neges y Gyfraith yn y cymal o'r Gyfraith: 'Câr dy gymydog fel ti dy hun' (Rhuf. 13.8–10; Gal. 5.14), ac mewn datganiad sydd ar lawer cyfrif yn mynd yn groes i'r hyn a arferai ddweud am y Gyfraith dywed yn 1 Cor. 7.19 fod yn rhaid i'r Cristion gadw gorchmynion Duw sy'n gynwysedig ynddi (gw. hefyd Gal. 6.2).[43] Eithr 'gwelir ei bod yn bosibl eu cadw heb fod yn ddarostyngedig i holl ofynion y Gyfraith Iddewig. Mewn gwirionedd ymateb i ras Duw y mae'r Cristion wrth eu cadw a byw y bywyd da.'[44] Felly, y mae modd cadw'r Gyfraith pa un a yw dyn wedi'i enwaedu ai peidio (gw. hefyd Rhuf. 2.25–9).[45]

Awgrymir hefyd mewn mannau, fel y crybwyllwyd yn barod, fod y Gyfraith yn fath ar baratoad ar gyfer dyfodiad Crist, ac y mae hanes Abraham a'i ffydd yn arbennig – hanes sydd wedi'r cyfan yn rhan annatod o'r Gyfraith – yn broffwydol, yn gymaint â'i fod yn

dangos pwysigrwydd ffydd, yn wir yn benllanw'r ffydd honno
(Rhuf. 3.31). Wrth gyfieithu Gal. 3.19 i ddynodi mai 'er mwyn
delio â throseddau' yr ychwanegwyd y Gyfraith, awgryma Dunn
ei bod wedi chwarae rhan mewn hyrwyddo bywyd ysbrydol y
genedl gynt hyd nes y deuai Crist, 'yr had'.[46] Mae'r cyfeiriadau
cadarnhaol hyn at y Gyfraith, ac yn arbennig y rhai sy'n cynnwys
cyfeiriadau at foesoldeb, yn awgrymu bod Paul yn credu mewn
'cyfraith greiddiol' sy'n dal i hawlio ufudd-dod y Cristion.[47]

Ac yn olaf, awgrymir yn benodol, neu o leiaf, fe gymerir yn
ganiataol ganddo nifer o weithiau, fod y Gyfraith o ddwyfol ordeiniad
ac yn dal yn werthfawr i'r Cristion (Rhuf. 9.4; gw. hefyd 2.17–18,
23; 3.2, 31; 7.22, 25; 8.4, 7; 1 Cor. 9.8–9).[48]

Eto, ar y llaw arall, ceir datganiadau sy'n awgrymu mai rhywbeth
eilradd yw'r gyfraith: 'atodiad' (Rhuf. 5.20) ydyw, a 430 o flynydd-
oedd wedi'r addewid a'r cyfamod ag Abraham y'i rhoddwyd, a
hynny'n anuniongyrchol drwy ganolwr (Gal. 3.15–20), ond nid
oedd, serch hynny, yn ddemonig ei tharddiad[49] (gw. Gal. 3.21). Ar
ôl dweud hyn oll, mae'n rhaid derbyn ei fod yn credu mai'r un un
oedd awdur yr addewidion a'r Gyfraith.

Pa Mor Gyson oedd Paul yn ei Ymdriniaeth o'r Gyfraith?

Mae'n rhaid yn awr gofyn a yw Paul yn arddangos cysondeb yn y
pethau a ddywed am y Gyfraith? I'm tyb i, mae'r dystiolaeth uchod
yn awgrymu na ellir darganfod trywydd unffurf yn natganiadau Paul
am y Gyfraith. Pwysleisiodd Räisänen yn arbennig yr hyn a wêl yn
amwysedd ac yn anghysonderau yn natganiadau'r apostol am y
Gyfraith.[50] Un o blith nifer o arwyddion o'r nodwedd hon yw'r
ffaith ei bod yn cael ei darlunio fel Cyfraith sy'n caethiwo'r Cenhed-
loedd yn ogystal ag Iddewon (gw. 1(i) uchod) yn ôl Räisänen.[51] Yma,
fe honna, mae'n ymestyn o'r syniad hanesyddol Iddewig am y
Tôrâ at y syniad o bŵer cyffredinol byd-eang.[52] Eithr ni rwystrodd
y trafferthion hyn nifer o ysgolheigion rhag cyhoeddi ei fod yn
hollol gyson ei ddatganiadau ar y pwnc. Er i Cranfield a Käsemann
ddod i gasgliadau am y pegwn â'i gilydd ynglŷn ag agwedd terfynol
Paul at y Gyfraith, defnyddiant yr un fethodoleg, sef awgrymu bod
y gair *nomos* yn golygu rhywbeth heblaw'r Gyfraith mewn datganiadau

'anodd' o'i eiddo.[53] Daw Cranfield i'r casgliad nad y Gyfraith fel y cyfryw a wrthwynebai Paul, ond camddefnydd yr Iddewon ohoni, sef yr hyn a elwir yn 'ddeddfyddiaeth' (*legalism*),[54] a diau i ddeddfyddiaeth beri problemau i Paul.[55] Yn wir, bu'n ffasiynol ar un adeg i gyfystyru'r pechod a achoswyd gan y Gyfraith â deddfyddiaeth (*legalism*) a *hwbris* (balchder),[56] neu eu hystyried fel gweithredoedd aflan (gw. yn arbennig Rhuf. 7.5; Gal. 3.19; 1 Cor. 15.56).[57] Mae hyn yn wir am Galatiaid (gw. 3.19) yn ôl Hübner, ond rhydd Rhufeiniaid ddehongliad llawer mwy cadarnhaol o swyddogaeth y Gyfraith.[58] Anodd, serch hynny, yw cysoni'r safbwynt hwn â beirniadaeth lem Paul arni ar brydiau (gw. yn arbennig Rhuf. 6.14; 7.1–6; 2 Cor. 3, yn arbennig adn.6 a 7; a Gal. 3.15–20).[59] Bellach, yng ngoleuni'r darlun newydd, mwy cywir, o Iddewiaeth cyfnod yr apostol, ni ruthrir i ddisgrifio'r hyn a wrthwyneba yn nhermau dadl Luther ynglŷn â Phabyddiaeth ei ddydd, ac felly tynnwn sylw eto at y cwestiynu a leisiwyd yn ddiweddar am y syniad 'traddodiadol' difrïol mai crefydd gweithredoedd yn bennaf oedd Iddewiaeth y cyfnod.[60]

Ar eithaf arall, wrth ddilyn safbwynt Lwtheraidd traddodiadol, pwysleisia Käsemann mai negyddol hollol oedd dyfarniad Paul ar y Gyfraith,[61] ac nad yw unrhyw ddatganiadau cadarnhaol yn ei epistolau i'w priodoli iddo ef ei hun, ond yn hytrach i'w ffynonellau Iddewig-Cristnogol a amlygai agwedd geidwadol tuag at y Gyfraith.[62] Ceisiodd rhai ysgolheigion fel Bultmann liniaru ychydig ar y feirniadaeth lem hon drwy awgrymu bod Paul yn credu bod y Gyfraith yn dal i fynegi ewyllys moesol Duw er iddi gael ei dirymu fel ffordd at iachawdwriaeth.[63] Gwrthbrofir y ddadl hon drwy inni gyfeirio eto at yr hyn a ddywed Paul yn 2 Cor. 3.6f.[64]

Ceisiodd rhai hefyd wahaniaethu rhwng y ddeddf foesol a'r ddeddf ddefodol er mwyn arbed peth ar y Gyfraith yng ngolwg Paul.[65] Gwelir hyn wrth gymharu ei agwedd tuag at orchmynion pwysfawr y Gyfraith megis y gwaharddiadau rhag godinebu, lladd, lladrata a chwennych nad ellir eu gwahanu oddi wrth gariad a'r gorchmynion (Rhuf. 13.8–10) ac, ar y llaw arall, y gorchmynion sy'n ymwneud â defodau Iddewig megis enwaedu (Rhuf. 2.25–9; 4.9–12; Gal. 2.3; 5.2–5, 6, 11; 6.12–13, 15; Phil. 3.2–4), cadw dyddiau arbennig (Rhuf. 14.5–6; Gal. 4.10; Col. 2.16), neu barchu deddfau ynglŷn â bwyta bwydydd arbennig (Rhuf. 14.1–23; Gal. 1.4; 4.8–10). Ond y mae'n amheus a geid y fath wahaniaeth rhwng y ddau fath o gyfraith mewn Iddewiaeth gyfoes.[66]

Fel y trafodwyd eisoes yn y bennod flaenorol, rhoddodd Dunn sylw arbennig i'r hyn a eilw yn *badges* Iddewiaeth a ddynodai'r ffiniau rhwng Iddewon ac aelodau o'r Cenhedloedd. Y ddealltwriaeth Brotestannaidd draddodiadol o'r ymadrodd 'gweithredoedd y Gyfraith'(*erga nomou*) (neu 'gofynion cyfraith' yw cyfieithiad *BCN*: Rhuf. 3.20; Gal. 2.16) yw eu bod yn cynrychioli ymgais Iddewon i geisio cyfiawnder drwy ymarfer gweithredoedd da yn seiliedig ar ddeddfau'r Gyfraith. Yn anochel, byddai hynny'n arwain at felltith oherwydd eu hanallu i gyflawni holl ofynion y Gyfraith (Gal. 3.10; gw. hefyd Rhuf. 4.4).[67] Ond gwelsom eisoes nad hyn oedd craidd Iddewiaeth y cyfnod, ond yn hytrach 'nomiaeth gyfamodol',[68] ac i Dunn mae 'gweithredoedd y Gyfraith' yn cyfateb yn union i nomiaeth gyfamodol.[69] Gweithredent fel elfennau positif yn cadw Iddewon oddi mewn i'r cyfamod, ond, ar y llaw arall, roedd iddynt yr ochr negyddol o greu ffin rhyngddynt ag aelodau o'r Cenhedloedd, gan beri i'r rheiny golli allan ar fendithion y cyfamod. Hon, felly, oedd y felltith a syrthiai ar yr Iddewon.[70] Adlewyrchir y perygl o fynnu cadw'r ffiniau hyn yn yr hanes am ddadl Paul â Phedr yn Antiochia (Gal. 2.11–14).[71] Byddai mynnu mai dim ond y defodau traddodiadol a gysylltid â'r cyfamod, megis enwaedu, cadw'r Saboth, bwyta bwydydd arbennig, a chadw gwyliau Iddewig, a fodlonai amodau cyfiawnder i bawb yn ddiwahân yn wadiad ar yr efengyl a gyhoeddai'r apostol. Y rhain, felly, a bwysleisiwyd fel 'gweithredoedd neu ofynion y Gyfraith',[72] er, fel y nodwyd eisoes ym mhennod 3, cynrychiolent mewn gwirionedd yr holl Gyfraith Iddewig.[73] Ategir hyn gan y ffaith y ceir nifer o enghreifftiau lle y gellir cyfnewid y naill derm am y llall, 'gweithredoedd y Gyfraith' a'r ' Gyfraith' (cymharer Gal. 2.16 â 21; 2.16 â 3.11; 2.16 â 5.4; Rhuf. 3.20 â 28). Mae'n amlwg, felly, eu bod yn cyfateb i'w gilydd.[74]

Ond cyn terfynu'r drafodaeth hon, dychwelwn at y cwestiwn a godwyd ynglŷn â chysondeb ac unffurfiaeth yn natganiadau'r apostol am y Gyfraith Iddewig. Wrth gwrs, efallai mai datblygu a wnaeth ei feddwl yn y mater hwn fel mewn materion eraill, megis eschatoleg (gw. pennod 10). Dyna yw safbwynt Hübner, fel y gwelsom eisoes, a wêl Paul yn Galatiaid yn gwrthod y Gyfraith yn llwyr, ond erbyn iddo gyfansoddi Rhufeiniaid gwrthoda'r Gyfraith yn unig oherwydd camddefnydd ohoni.[75] Prin, fodd bynnag, y bu digon o amser i'w feddwl allu datblygu ar y pwnc i'r graddau hynny:[76] yn wir, ceir, fel y sylwyd eisoes, ddatganiadau arni sy'n groes i'w gilydd hyd yn oed oddi mewn i'r un llythyr.[77] Yn ddiau, gellir egluro safbwynt mwy negyddol Paul yn Galatiaid am ei fod yn gwrthwynebu'n chwyrn yr Iddeweiddwyr a oedd yn bygwth yr eglwys yno; yn Rhufeiniaid, ar y llaw arall, nid oedd neb tebyg iddynt i beri problemau yn yr eglwys honno.[78] Gellir cytuno, felly, â safbwynt Sanders fod agwedd Paul tuag at y Gyfraith yn cael ei benderfynu gan yr amgylchiadau a wynebai ar y pryd.[79] Tebyg hefyd yw ateb Snodgrass i'r broblem hon. Dywed ei bod yn dibynnu'n union ar faes dylanwad y Gyfraith ar y pryd: ceir agwedd negyddol tuag ati pan ystyrir y modd y'i camddefnyddiwyd yn wyneb pechod, y cnawd a marwolaeth, ond yn un gadarnhaol yng nghylch ffydd, yr Ysbryd a Christ.[80]

Efallai mai'r ffordd orau i ddatrys y broblem hon fyddai drwy honni bod Paul yn credu bod y Gyfraith wedi'i dirymu fel norm neu safon, ond ei bod yn dal mewn grym fel rhagfynegiant, fel addewid, fel *graphe* (ysgrythur).[81] Nodwn ar ddiwedd y drafodaeth hon ei ddatganiad cadarnhaol amdani: 'A yw'r Gyfraith, ynteu, yn groes i addewidion Duw? Nac ydyw, ddim o gwbl' (Gal. 3.21a).[82] Fel y dangoswyd eisoes, ei diffyg oedd na allai ddwyn yr addewid i'w gyflawniad, a dyna a ddywedir yng ngweddill yr adnod hon: 'Oherwydd pe bai cyfraith wedi ei rhoi â'r gallu ganddi i gyfrannu bywyd, yna, yn wir, fe fyddai cyfiawnder trwy gyfraith'(Gal. 3.21b).[83]

Nodiadau

1 Gweler yn arbennig Hübner 1984; Sanders 1985b, a Räisänen 1986. Gweler hefyd Ziesler 1990, tt. 107–15, a Kruse 1997, tt. 278–80, 283–96. Ceir adolygiadau ac arolygon defnyddiol gan Wedderburn 1985b, 613–22; J. M. G. Barclay 1986/7, 5–15; Moo 1987, 287–307; Snodgrass 1988, 93–6; a Kruse 1997, tt. 27–53.

2 Bruce 1974/5, 260.

3 Gweler yr ystyron gwahanol a restrir gan W. D. Davies 1984b, tt. 92–3: (i) gorchmynion y mae'n rhaid ufuddhau iddynt; (ii) adroddiadau am hanes Israel a'r llenyddiaethau proffwydol a doethineb; (iii) swyddogaeth gosmig y Tôrâ yn creu ac yn achub: cymharer gweithgarwch

Doethineb fel person; a (iv) y Tôrâ fel mynegiant o ddiwylliant cyfan, o holl ewyllys Duw wedi'i ddatguddio yn y bydysawd, natur a chymdeithas. Yn draddodiadol, wrth gwrs, dim ond yr ystyr cyntaf a ddenodd sylw esbonwyr Protestannaidd yr oesau. Gw. hefyd Whiteley 1964, tt. 76–8, a Dunn 1998, tt. 634–58.

4   Myn Cho 2018/19, 66–71, ychwanegu 1 Cor. 9.21 at y rhestr uchod o fannau lle golyga 'egwyddor'.
5   Ond nid felly *NRSV*: glyna hwnnw wrth 'law'. Nodwn yma nad ar hyd y llinellau hyn y mae pob ysgolhaig am esbonio'r cyfeiriadau arbennig hyn at *nomos*: gw. adolygiad o'r sefyllfa gan Moo 1987, 298–302.
6   Mynega Witherington 1998, t. 342, ei anfodlonrwydd â'r syniad bod agwedd Paul at y Gyfraith yn un negyddol.
7   Bruce 1977a, t. 197.
8   Ond a yw hyn yn fynegiant o'i brofiadau diflas honedig fel Iddew Phariseaidd cyn ei dröedigaeth? Dyna a gredai Duncan 1934, tt. 70–2. Ond gw. y drafodaeth ar hyn ym mhennod 3. Ar ddehongliadau posibl o'r adnod hon gw. Dunn 1993a, t. 80.
9   Tannehill 1966, tt. 59–61; Räisänen 1986, tt. 58–9.
10 Sanders 1991, tt. 85, 96–7. Gw. hefyd Wilkens 1982, t. 24.
11 Gw. Tannehill 1966, tt. 58–9; Martyn 1998, t. 257.
12 Räisänen 1986, t. 147. Dadleuodd Sanders 1977, t. 484, fodd bynnag, fod yr ateb i broblem pechod ym marwolaeth ac atgyfodiad Crist a rhodd yr Ysbryd yn rhagflaenu'r broblem ei hun.
13 Dunn 1998, tt. 143–4. Gw. hefyd Sanders 1977, tt. 483, 497. Gwêl Räisänen 1986, t. 59, awgrym o dyndra rhwng Gal. 3.13 ac 19, gan ofyn: 'Os mai trefniant dros dro oedd y gyfraith i fod o'r cychwyn, onid yw'n rhyfedd bod angen gweithred mor ddramatig â marwolaeth Crist i ryddhau dynion oddi wrthi?'
14 Gordon 1989, 153.
15 Bultmann 1952, t. 266; Käsemann 1980, t. 282; a Barrett 1985, tt. 35–6.
16 Wiles 1967, tt. 60, 133.
17 Marxsen 1993, tt. 164–5.
18 Räisänen 1986, t. 44: 'No flattering image', meddai.
19 Belleville 1986, 58–60. Am farn i'r gwrthwyneb gw. Lull 1986, 481–98, a hefyd Gordon 1989, 150–4, a Dunn 1993a, tt. 89–90, a 1998, tt. 141–2.
20 Wilkens 1982, t. 22.
21 J. Tudno Williams 2001, tt. 36–7. Dywed Barrett 1962b, t. 61, mai

22 Räisänen 1986, tt. 162–4. Gw. hefyd Bultmann 1952, t. 266; Conzelmann 1969, tt. 226–7; Bornkamm 1971, tt. 120–9; a Beker 1980, tt. 54–5, 246.
23 Defnyddir yr un gair gan Bruce 1974/5, 262, a 1977a, t. 190.
24 Hickling 1980, t. 200. Gw. hefyd Schreiner 1989, 50–1, 55–6, a J. M. G. Barclay 2015, tt. 390, 404, 412 a 445. Beirniadir Barclay ar y mater hwn gan Mitchell 2017, 317–20. Ceir ymateb J. M. G Barclay 2017, 341–3, lle mae'n gwadu iddo awgrymu iddo wneud y Gyfraith yn ddarfodedig (*obsolete*); yn hytrach, ei gymaroli (*relativize*) a wnaeth: hynny yw, nid yw mwyach yn awdurdod terfynol. Gw. hefyd J. M. G. Barclay 2015, t. 566. Am ddehongliad o Gal. 3 a 4 mwy pleidiol i rôl y Gyfraith yn Israel, gw. Dunn 1998, tt. 139–43. Pwysleisia W. S. Campbell 2018, tt. 153–92, hefyd mai ymgais i ddangos rhagoriaeth y newydd ar yr hen drefn, ac nid ei dirymu'n llwyr, a geir yn y bennod hon.
25 J. Tudno Williams 2001, tt. 43–6. Ar bennod 3, gw. J. Tudno Williams 2001, tt. 31–41.
26 Räisänen 1986, tt. 46–7; Tuckett 1991, 311–12.
27 Räisänen 1986, tt. 44–6; Schreiner 1989, 68, n.22; Dunn 1998, tt. 147–50, a 2001, tt. 319–20. Gw. Sanders 1985b, tt. 137–41.
28 Dunn 1998, tt. 134–7.
29 Gw. Cranfield 1970, tt. 149–50, 154; Wilkens 1982, t. 24.
30 Ziesler 1990, t. 108; gw. hefyd Whiteley 1964, t. 80.
31 Gw. Barrett 1962a, t. 118; Whiteley 1964, tt. 80–1; Cranfield 1970, tt. 149–50, a 1979, t. 847. Gw. hefyd Gal. 3.19 a gyfieithir gan *NEB*: 'Then what of the Law? It was added to make wrong-doing a legal offence' (yn llythrennol, 'ar gyfrif troseddau', fel yn *BCN*). Felly, rhydd y cymal hwn ddarlun mwy cadarnhaol o'r Gyfraith yn ôl Dunn 1993a, t. 89, a 1998, t. 139.
32 Ziesler 1990, t. 110.
33 Lietzmann 1910, t. 239.
34 Badenas 1985. Gw. hefyd Dunn 1987b, tt. 221–3, a Moo 1987, 302–4.
35 Felly hefyd *JB*, MOFFATT, *NAB*, *NRSV*, *NEB*, *REB*: gw. Hills 1993, 585, n.1.
36 Barrett 1962a, tt. 197–8.

37 Dyma ddyfarniad Badenas 1985 ei hun, t. 118. Gw. hefyd Barth 1959, t. 126; Cranfield 1970, tt. 152–5; Howard 1969, 331–7, a Snodgrass 1988, t. 107.
38 Gw., er enghraifft, Bruce 1974/5, 264, a 1977a, t. 191; Beker 1980, tt. 91, 106–7; W. S. Campbell 1980, tt. 73–81, a Hagner 1993, 125. Gwrthoda Räisänen 1986, t. 53, y ffordd hon o dorri'r ddadl.
39 Gw. Wedderburn 1991, 377.
40 Käsemann 1980, tt. 282–3; S. K. Williams 1980, 284, a Dunn 1987b, tt. 221–3.
41 Gw. Reumann 1982, t. 88; Räisänen 1986, tt. 53–6, a J. M. G. Barclay 1986/7, 13, n.24. Am agweddau beirniadol o'r Gyfraith yn 2 Cor. 3.7–11, gw. Hickling 1974/5, 387–9.
42 Am drafodaeth arnynt, gw. Cranfield 1970, tt. 153–7, a Räisänen 1986, tt. 62–73. Am y rhai yn 1 Cor., gw. Thielman 1992, 237–48.
43 Gw. Schreiner 1989, 52–6, yn groes i Westerholm 1984, 242–8. Gw. hefyd Sanders 1985b, t. 102, a J. M. G. Barclay 1986/7, 9. Gw. yn ogystal Thielman 1992, 238–9.
44 J. Tudno Williams 1991, tt. 57–8.
45 Thielman 1992, 239.
46 Dunn 1993a, t. 89.
47 Räisänen 1986, t. 64.
48 Gw. Cranfield 1970, t. 149; Räisänen 1986, t. 128, a Thielman 1992, 242–3.
49 *Pace* Schweitzer 1931, tt. 70–4. Gw. ymhellach Räisänen 1986, tt. 128–33. Ond, yn ôl Hickling 1980, t. 201, fe â Gal. 3.19 mor bell ag sy'n bosibl i ddatgysylltu'r Gyfraith yn llwyr oddi wrth unrhyw darddiad dwyfol. Gw. hefyd n.24 uchod.
50 Räisänen 1986, *passim*: gw. hefyd 1980, tt. 301–20.
51 Räisänen 1986, tt. 18–23.
52 Räisänen 1986, t. 21. Am anghytundeb llwyr â safbwynt cyffredinol Räisänen, gw. Cranfield 1990, 77–85.
53 Gw. Räisänen 1986, t. 66.
54 Cranfield 1964, 43–68, a 1979, tt. 853, 857–61. Gw. hefyd Moule 1967, tt. 391–3; Sanders 1985b, tt. 104, 113 ymlaen, a Dunn 1990, tt. 210, 238. Fe'u beirniadwyd gan Westerholm 1988, t. 117 ymlaen, a 2004, tt. 330–3, a Tuckett 1991, 312–13, a n.21. Gellir cymharu hefyd â hyn safbwynt proffwydi'r Hen Destament at y cwlt yn Israel: gw. J. Tudno Williams 1967.

Paul a'r Gyfraith

55 Schreiner 1989, 50.
56 Käsemann 1980, tt. 89–90, 158.
57 Y ddau yn ôl Bultmann 1952, tt. 264–7.
58 Hübner 1984. I gyfeiriad tebyg yr â Sanders 1977, t. 432, n.9, a hynny o dan ddylanwad W. D. Davies, yn ôl ei gyfaddefiad ei hun. Gw. W. D. Davies 1984b, t. 107.
59 Gw. Räisänen 1986, tt. 43–7, a Tuckett 1991, 312. Noda Räisänen 1986, tt. 43–4, 133, mai tuedd Cranfield yw osgoi beirniadaeth gref y Llythyr at y Galatiaid ar y Gyfraith; ond cred Cranfield mai annoeth yw sylfaenu darlun o safbwynt Paul ar y Gyfraith ar Galatiaid (1970, t. 169, a 1979, t. 858.). Gw. hefyd Schreiner 1989, 50–1.
60 Gw. Sanders 1977, a Dunn 1982/3. Gw. hefyd J. Tudno Williams 1995, 62–72, a Matera 2007, 242, a gw. yn llawnach y drafodaeth ym mhennod 3.
61 Käsemann 1980, tt. 282–3. Gw. Westerholm 1984, 229–48, a Belleville 1986, 70–1. Gwrthwynebir safbwynt Westerholm gan Cranfield 1993, 50–64.
62 Gw. beirniadaeth Räisänen 1986, tt. 4, 65–7, o'r safbwynt hwn.
63 Bultmann 1952, tt. 268–9, a hefyd Conzelmann 1969, t. 224. Ymddengys fod Bultmann yn ei wrthddweud ei hun wrth honni hefyd na fwriadwyd i'r Gyfraith fod yn ffordd iachawdwriaeth erioed! Gw. Bultmann 1952, tt. 263, 267. Ar safbwyntiau Bultmann ar y Gyfraith, gw. Seifrid 1992, tt. 35–6, a Westerholm 2004, tt. 150–4.
64 Räisänen 1986, t. 83.
65 Schreiner 1989, 59–66. Gw. hefyd Cranfield 1993, 57. Tynnwyd yr un gwahaniaeth gan y Tadau Eglwysig: gw. Wiles 1967, tt. 66–9, 133, a hefyd gan Calfin, *Institutio* ii.7–17 (gw. Bruce 1977a, t. 192, n.13). Ond yn ôl Bruce 1977a, tt. 192–3, nid yw'n un sydd yn Paul.
66 Whiteley 1964, t. 86; Käsemann 1980, t. 215; Guthrie 1981, t. 696; Hengel 1986, tt. 65–6, n.123; J. M. G. Barclay 1986/7, 12, a Sanders 1991, tt. 86–91
67 Bruce 1982, tt. 159–60; Hübner 1984, tt. 18–19, a Räisänen 1986, tt. 94–5.
68 Dunn 1998, t. 354.
69 Dunn 1998, t. 355.
70 Dunn 1993a, tt. 85–6. Cytuna Wright 2009, tt. 96, 100–1, â'r safbwynt hwn, ond anghytuna Westerholm 2004, tt. 315–19, yn llwyr ag ef.
71 Ar hyn gw. J. Tudno Williams 2001, tt. 25–7.

Diwinyddiaeth Paul

72 Dunn 1998, tt. 354–66. Gwrthoda Hagner 1993, 126–7, 129–30, safbwynt Dunn yn llwyr.
73 Dunn 1990, t. 223, ac 1998, t. 355.
74 Westerholm 2004, tt. 314–15.
75 Hübner 1984, tt. 78–81, 148–9. Gw. hefyd W. S. Campbell 1980, t. 73, a W. D. Davies 1984b, tt. 106–7. Gw. yn ogystal drafodaethau de Lacey 1978, a J. M. G. Barclay 1986 ar gyfrol Hübner.
76 Räisänen 1986, tt. 7–10, a Schreiner 1989, 49.
77 Räisänen 1986, t. 9.
78 Gw. J. M. G. Barclay 1986/7, 11.
79 Sanders 1991, t. 84.
80 Snodgrass 1988, 107–8.
81 D'Angelo 1979, t. 194. Gw. hefyd Räisänen 1986, t. 83.
82 Gw. Mitchell 2017, 318.
83 Gw. J. M. G. Barclay 2015, t. 407.

5

Soterioleg Paul

■ ■ ■

Rhannodd Bultmann ei ymdriniaeth o Ddiwinyddiaeth Paul yng nghyfrol gyntaf ei Ddiwinyddiaeth y Testament Newydd yn ddwy ran: 'Dyn cyn y Datguddiad o Ffydd' a 'Dyn o dan Ffydd',[1] ac, yn wir, yn ôl Sanders, dadansoddiad Paul o'r cyflwr dynol (ei anthropoleg) yw ei bennaf gyfraniad i feddwl diwinyddol.[2] Cytuna Sanders â Bultmann mai mewn anthropoleg (hynny yw, yn ei athrawiaeth am y cyflwr dynol) y mynegir Diwinyddiaeth Paul orau,[3] ond ni all gytuno ag ef mai o gyflwr truenus dyn y mae'n cychwyn.[4] Adlewyrcha dealltwriaeth Bultmann o'r pwnc ei awydd i gadarnhau mai cyfiawnhad drwy ffydd yw ei thema ganolog, ac i ganolbwyntio'r sylw i gyd ar dynged yr unigolyn, hynny yw ei ddirfodaeth sy'n llywio ei gyflwyniad o Ddiwinyddiaeth Paul.[5] Byddwn yn dychwelyd at yr adwaith i'r farn hon yn nes ymlaen.

Eisoes ym mhennod 3 cyfeiriwyd at safbwynt Sanders nad â chyflwr truenus dyn y dylid cychwyn ond gyda'r ateb a rydd yr efengyl i'w gyflwr.[6] Ategwyd y farn hon yn ddiweddar gan Douglas Campbell mewn cyfrol y byddwn hefyd yn ei thrafod isod. Gesyd ef ddwy system benben â'i gilydd. Mae'r naill yn gweithio ymlaen i'r dyfodol, a hynny yng ngoleuni datguddiadau cyffredinol o gyflwr dynoliaeth gwympiedig, er nad yw'n hollol analluog. Mae hyn yn ei dro'n arwain at greu delwedd o Dduw sy'n sylfaenol yn addaliadol. Mae'r darlun hwn yn rhwym o wrthdaro ar bob lefel â system sy'n gweithio'n ôl yn adolygol, a hynny yng ngoleuni y datguddiad neilltuol i Paul o Grist ac o Dduw sy'n sylfaenol gariadlon, yn ddisgwyliedig gan Israel, ac sy'n trawsffurfio dynoliaeth hollol analluog.[7]

A Oedd Paul yn Credu mewn Pechod Gwreiddiol?

Priodol yw holi fan hyn a oedd Paul yn credu mewn pechod gwreiddiol. Credaf nad yw'r Hen Destament, ac yn arbennig Genesis 2 a 3, a gysylltwyd yn ddraddodiadol â'r hyn a elwir yn 'gwymp Adda', yn cynnig eglurhad am darddiad pechod mewn pobl.[8] Ategir y farn hon gan Gwilym H. Jones:

> Y peth trawiadol yw nad oes llawer o ddiddordeb yng nghwestiwn tarddiad pechod yn nhraddodiadau Israel yn gyffredinol; ymddengys bod gan yr Hen Destament lawer mwy o ddiddordeb yn y mynegiant cyfoes o bechod ac yn ei ganlyniadau ymarferol nac mewn olrhain ei gychwyn.[9]

Eto, wedi dweud hyn, beth a wnawn o rai datganiadau yn yr Hen Destament sy'n ymddangos eu bod yn gwrthddweud hyn, megis: 'Wele, mewn drygioni y'm ganwyd, / ac mewn pechod y beichiogodd fy mam' (Salm 51.5)? Pwyswn unwaith eto ar farn Gwilym H. Jones:

> Bu llawer o ddadlau ynghylch ystyr yr adnod hon oherwydd i rai ei chymryd (gydag adnodau eraill fel Gen. 8.21; Job 14.4; 15.4–5; 25.4; Salm 143.2 [a gw. hefyd Diar. 20.9]) fel sail i athrawiaeth pechod gwreiddiol. Nid yw'r adnod hon, fodd bynnag, yn dysgu bod holl natur dyn yn gwbl bechadurus . . . Dweud y mae yn hytrach fod pechod mor gyffredinol trwy'r byd nes bod dyn yn cael ei eni i awyrgylch pechod, a'i fod o'r cychwyn wedi'i glymu wrth bechod ei gymdeithas.[10]

Arwyddocaol, yn fy marn i, yw casgliad P. Wayne Townsend, ysgolhaig hynod geidwadol (a hynny'n ôl ei gyfaddefiad ei hun): 'The Fall narrative fades quickly from Scripture's discussion of sin, even inside Genesis, and does not arise again until Romans 5, and then only indirectly as a foil to Christ's role in salvation.'[11] Datblygiad llawer diweddarach yn hanes Iddewiaeth oedd y drafodaeth ar darddiad pechod yn sgil yr hyn a geir yn Genesis. Dim ond ar ôl 300 CC yr uniaethwyd y sarff â'r diafol (Doeth. 2.24; a gw. Datg. 12.9; 20.2) ac y darluniwyd y wraig yn hudoles (Ecclus. 25.21–6).[12] Ceir hefyd nifer o gyfeiriadau at bechod Adda a'i ganlyniadau yn 2 Esdras, megis y datganiad hwn: 'O Adda, beth a wnaethost? Oherwydd os tydi a bechodd, nid i ti yn unig y bu'r cwymp, ond i ninnau hefyd sydd yn ddisgynyddion i ti' (7.118; gw. hefyd 3.21; 4.30–2; 7.48, 116–17; 2 Baruch 48.–3). Ond go brin fod y dystiolaeth o'r llyfr hwn yn yr Apocryffa wedi dylanwadu'n uniongyrchol ar yr apostol, gan mai wedi ei gyfnod ef y'i cyfansoddwyd.[13] Eto, datblygiadau o'r math hwn yn ddiau yw'r cefndir i'w drafodaeth yntau o'r pwnc dan sylw, er enghraifft yn Rhuf. 5; 2 Cor. 11.3; a gw. hefyd 1 Tim. 2.11–14.[14] Ac onid ar Adda (Rhuf. 5.12) yn hytrach nag ar Efa (1 Tim. 2.14) y dylid bwrw'r bai am fodolaeth pechod yn y ddynolryw?[15]

Bu dylanwad Awstin o Hippo (354–430) yn drwm ar ddatblygiad yr athrawiaeth am y cwymp, ac ef a fathodd y term 'pechod gwreiddiol'. Golygai wrth yr ymadrodd hwn: elfen bechadurus a enir ynom ac sy'n gynhenid yn ein cyfansoddiad. Mewn gwirionedd, i Awstin dynodai'r ymadrodd 'euogrwydd gwreiddiol' o'r cychwyn. Dywed yn y ddogfen *Ad Simplicianum*, lle'r ymddengys y cyfeiriad hwn, fod pechod yn gyfystyr â chwant ac wedi tarddu o drosedd Adda. Fe'i trosglwyddir o genhedlaeth i genhedlaeth drwy'r weithred rywiol. Yn lle cyfieithiad modern fel un *BCN* o Rhuf. 5.12: 'Daeth pechod i'r byd trwy un dyn, a thrwy bechod farwolaeth, ac yn y modd hwn ymledodd marwolaeth i'r ddynolryw i gyd, yn gymaint ag i bawb bechu', cyfieithodd Awstin y cymal olaf, yn dilyn yr Hen Ladin a'r Fwlgat, gyda'r rhagenw perthynol *in quo*: hynny yw, 'yn hwnnw [y dyn hwnnw] y pechodd pawb.'[16] Fodd bynnag, cytunir yn gyffredinol bellach y dylid cyfieithu'r ymadrodd cyfatebol yn y Groeg gwreiddiol *eph' hô* yn 'oherwydd', neu, fel yn *BCN*, 'yn gymaint ag'.[17]

Â Paul ymlaen i ddweud: 'Y mae'n wir fod pechod yn y byd cyn bod y Gyfraith, ond yn niffyg cyfraith, nid yw pechod yn cael ei gyfrif' (5.13).[18] Yna, yn yr adnod nesaf mae'n symud ymlaen i sôn am farwolaeth yn effeithio'r ddynoliaeth gyfan yn y cyfnod hwn oedd yn ymestyn o ddyddiau Adda hyd rhai Moses, cyfryngwr y Gyfraith i'r hen genedl, a hyd yn oed yn effeithio ar y rhai nad oedd wedi pechu 'ar batrwm pechod Adda',[19] cyn mynd ymlaen i wrthgyferbynnu Adda a'r 'Dyn oedd i ddod', sef Crist (5.14). Mynegir y gwrthgyferbyniad hwn rhwng y ddau ffigwr hyd yn oed yn gliriach yn 1 Cor. 15.21–2, sef yr unig bennod arall yn Paul lle'r ymddengys yn echblyg (gw. hefyd 15.45–9): 'Gan mai trwy ddyn y daeth marwolaeth, trwy ddyn hefyd y daeth atgyfodiad y meirw. Oherwydd fel y mae pawb yn marw yn Adda, felly hefyd y gwneir pawb yn fyw yng Nghrist.'

Yn fy esboniad ar 1 Corinthiaid 15 ysgrifennais:

Fel yr oedd Adda'n cynrychioli'r hen drefn lle'r oedd marwolaeth yn llywodraethu, cynrychiola Crist y drefn newydd. Credai Paul fod pob person yn Adda, h.y. wedi'i eni i'r un hil ddynol ac yn cyfrannu o'r pechod a'r farwolaeth a ddaeth yn sgil ei anufudd-dod yng ngardd Eden (Gen. 3). Fel yr effeithiodd yr hyn a wnaeth Adda ar y ddynoliaeth gyfan, felly y bydd atgyfodiad Iesu'n cynnig bywyd newydd i'r rhai sydd yng Nghrist (ad.22). Sylwer mai drwy'r 'dyn' Iesu y daeth atgyfodiad y meirw (ad.21), h.y. drwy'r ymgnawdoliad a bywyd dynol perffaith y dewisodd Duw weithredu ac yn sgil hynny gynnig iachawdwriaeth i blant dynion. Gallant hwythau bellach gyfranogi o'r ddynoliaeth newydd sydd trwy Grist.[20]

Ac, wrth gwrs, y Crist atgyfodedig yw'r sawl a ddarlunnir yn yr adran hon,[21] ond cyn iddo ddod yn 'Adda diwethaf' (adn.45) roedd wedi rhannu dynoliaeth â'r Adda cyntaf.[22]

Yn wir, honna W. D. Davies fod y cysyniad hwn o Grist fel yr Ail Adda wedi chwarae rhan bwysicach ym meddwl Paul nag y mae'r ychydig gyfeiriadau ato yn Rhuf. a 1 Cor. yn awgrymu,[23] ac, unwaith yn rhagor, mae'n olrhain dylanwad llenyddiaeth Rabinaidd arno.[24] Aeth Matthew Black ymhellach wrth gynnig y sylw bod yr athrawiaeth am yr Ail Adda wedi cyflwyno'r sgaffaldau, onid y strwythur sylfaenol, ar gyfer ei ddysgeidiaeth Gristolegol am waredigaeth ac atgyfodiad.[25]

Wrth drafod ymdriniaeth Paul o'r pwnc hwn, sydd, mae'n rhaid cyfaddef, yn bur gymhleth mewn mannau,[26] credaf y byddai'n fuddiol i wahaniaethu rhwng bodolaeth pechod ymhlith pobl ers dyddiau Adda a chyfrifoldeb pob unigolyn am ei bechod ei hun ynghyd â'i duedd i droseddu (gw. Rhuf. 5.12, 15–21),[27] fel yn wir y gwnaeth Adda ei hun (gw. Gen. 2.17; 3.1–6). Eto, mae tuedd iddynt ymdoddi i'w gilydd.[28] Ceir ymdrech i gysylltu pechod Adda a chyfrifoldeb pob unigolyn am ei bechod ei hun yn 2 Baruch (*The Syriac Apocalypse of Baruch*, tua OC 100), sy'n awgrymu trywydd tebyg i Paul ei hun: 'Thus Adam is not the cause, but of his own soul only; each one of us is his own Adam' (54.19; gw. hefyd ad.15),[29] ac yn Gymraeg: 'Y mae pob un ohonom wedi bod yn Adda ei enaid ei hun.'[30] Sylw Barrett ar yr adnod hon oedd bod synnwyr mewn datgan bod pob un yn Adda i'w enaid ei hun, eithr nid yn union yn yr ystyr a fwriadodd Baruch, gan nad yw'r un meidrolyn yn cychwyn gyda llechen lân.[31] Cais Whiteley dynnu gwahaniaeth rhwng 'pechod gwreiddiol' ac 'euogrwydd gwreiddiol': y cyntaf mae pobl yn ei etifeddu oddi wrth Adda, mae'r ail yn gyfrifoldeb yr unigolyn ei hunan.[32] Y gwir yw nad oedd gan Paul, mwy na gweddill Iddewiaeth ei gyfnod, ddim un eglurhad systematig a chydlynol o ddechreuadau pechod dynol:[33] yn wir, â Ziesler mor bell â honni nad oes ganddo athrawiaeth am y cwymp na phatrwm adferiad ohono am ei fod yn canoli'i sylw'n bennaf ar yr Adda diwethaf ac yn defnyddio'r Adda cyntaf yn unig i gyferbynnu â Christ.[34]

Felly, cyn inni adael y drafodaeth hon am Adda, dylid tanlinellu pwysigrwydd yr hanes amdano yn Gen. 2–3 ar gyfer disgrifiad Paul o gyflwr yr hil ddynol, yn arbennig yn Rhuf.: gw. 1.18–32; 3.23; 5.12–21; 7.7–13; ac 8.19–22.[35]

Y Prif Ddelweddau a Ddefnyddir i Fynegi'r Profiad o Waredigaeth

(1) *Cyfiawnder, cyfiawnhau.*
O blith y delweddau a'r ymadroddion a ddefnyddiai Paul i fynegi'r profiad o waredigaeth, dyma'r un a ymddengys amlaf o ddigon yn ei lythyrau,[36] a'r un hefyd, wrth gwrs, a fu'n fwyaf dylanwadol yn hanes diwinyddiaeth Gristnogol: yn wir, gellid honni mai hon yw'r athrawiaeth sylfaenol y mae'r eglwys wedi'i hadeiladu arni.[37] Wele'r ystadegau canlynol:

Diwinyddiaeth Paul

dikaiosunē (cyfiawnder): 57 gwaith i gyd: 33 gwaith yn Rhuf.; Gal (4); 1 Cor. (1); 2 Cor. (7); Effes. (3); Phil. (4); Epistolau Bugeiliol (5).
dikaioun (cyfiawnhau): 27 gwaith i gyd: 15 gwaith yn Rhuf.; Gal. (8); 1 Cor. (2); Epistolau Bugeiliol (2).
dikaiôma (gorchymyn cyfiawn): 5 gwaith yn Rhuf.
dikaiôs (yr adferf): 1 Cor. (1); 1 Thes. (1); Epistolau Bugeiliol (1).
dikaiôsis (enw yn golygu'r broses o gyfiawnhau): Rhuf. (2).
dikaiokrisia (barn gyfiawn): Rhuf. (1).
dikaios (yr ansoddair): 17 gwaith i gyd: Rhuf. (7); Gal. (1); Effes. (1); Phil. (2); Col. (1); 2 Thes. (2); Epistolau Bugeiliol (3).

Ymddengys 'Cyfiawnder Duw' ddeg gwaith yn Paul: Rhuf. 1.17; 3.5, 21, 22, 25–6; 10.3; 2 Cor. 5.21; Phil. 3.9. Ni cheir yr union ymadrodd 'cyfiawnder Duw' (*tsedeq 'el*) yn yr Hen Destament ei hun er i'r gyfrol honno bwysleisio digon ar gyfiawnder Duw; ond fe'i ceir yn Sgroliau'r Môr Marw (gw. 1QM 4:6).[38]

Ceir o leiaf pedair ffordd o ddehongli'r genidol yn yr ymadrodd 'cyfiawnder Duw' (*dikaiosynē Theou*):[39]

(i) Ystyriai Luther mai genidol gwrthrychol ydoedd yn cyfleu'r ystyr o'r 'cyfiawnder sy'n cyfrif gerbron Duw': cyfiawnder ydyw a feddai rhywun yn rhodd gan Dduw.[40] Mae'n tarddu o'r undeb â Christ a gynhyrchir gan ffydd, sy'n arwain Paul i ddatgan: 'A mwyach, nid myfi sy'n byw, ond Crist sy'n byw ynof fi' (Gal. 2.20).[41] Dyma a olygai wrth gyfiawnder wedi'i gyfrif iddo gan Dduw: cyfiawnder a olygai bod y pechadur yn gallu ymddangos yn gyfiawn yng ngolwg Duw, er nad yw'n gyfiawn fel y cyfryw. Crynodeb o'r safbwynt hwn a geir yn ymadrodd bachog Luther: *simul justus et peccator*, sy'n dynodi bod y credadun, er wedi'i gyfiawnhau, eto'n dal yn bechadur.[42] Ategir darlun Luther o gyflwr y pechadur sydd eisoes wedi'i gyfiawnhau gan y mynegiant o brofiad y Cristion (os mai dyna ydyw)[43] a geir yn Rhuf. 7, er enghraifft ad.21: 'Yr wyf yn cael y ddeddf hon ar waith: pan wyf yn ewyllysio gwneud daioni, drygioni sy'n ei gynnig ei hun imi' (gw. hefyd ad.25b). Ond ni ddylai ymadrodd Luther ddarlunio'r credadun fel un sy'n rhannol wedi'i drawsffurfio ac eto'n dal yn rhannol bechadurus, fel petai'n hofran hanner ffordd drwy broses o ddod yn gyfiawn fel canlyniad i adnewyddiad mewnol.

Mae'r cyfiawnder a roddir iddo mewn cyfiawnhad yn real, ac nid yn ffuglennol.[44] Ar y llaw arall, mae ei brofi'n ymarferol yn dibynnu a yw Crist wedi'i ddirnad mewn ffydd ganddo o ddydd i ddydd.[45] Brwydro parhaus, felly, sy'n nodweddu bywyd y gwir Gristion, ac fe'n hatgoffir o hynny yng ngeiriau'r Pêr Ganiedydd:

> Cnawd ac ysbryd yn rhyfela,
> weithiau cariad, weithiau cas,
> ton ar don sydd yn gorchuddio
> egwyddorion nefol ras.

O fyd y gyfraith y deillia'r ddelwedd hon o gyfiawnder: dyna pam y defnyddir yr ansoddair 'fforensig', sy'n dod o'r gair Lladin *forum* (safle marchnad neu fuarth) i ddisgrifio'r dehongliad hwn o'r broses o gyfiawnhau.[46] Gan mai'r iaith Ladin a ddefnyddid yn yr eglwys ganoloesol, nid yw'n syndod, felly, i'r gair *iustitia* o'r iaith honno, sy'n golygu cyfiawnder mewn llys barn, ddylanwadu'n drwm ar y modd yr ystyrid y mater dan sylw.

Yr adnod allweddol yn Paul sy'n sail i'r ddadl dros gyfrifiad (*imputing*) yw Rhuf. 4.5: 'Pan na fydd rhywun yn gweithio, ond yn rhoi ei ffydd yn yr hwn sy'n cyfiawnhau'r annuwiol, cyfrifir (*logizomai*) ei ffydd i un felly yn gyfiawnder.' Ategir y dehongliad hwn gan yr ymadrodd yn Gen. 15.6 a ddyfynnir ychydig adnodau'n ddiweddarach: 'Cyfrifwyd ei ffydd i Abraham yn gyfiawnder' (Rhuf. 4.9; gw. hefyd 4.3, 22; Gal. 3.6).[47] Yn y modd hwn gwelir mai peth cyfreithiol yw cyfiawnder, cyhoeddiad o ddiffyg euogrwydd, ac eto fe'i ystyrir gan rai'n ffuglennol, oherwydd fe'i priodolir i Gristnogion drwy gyfrifiad yn unig (*by mere imputation*) (gw. Rhuf. 4.5);[48] ond fe wrthodir y dehongliad hwn gan amryw am ei fod yn cyfleu darlun o gyfiawnder wedi'i ffugio.[49] Pwysleisir gan ei gefnogwyr, fodd bynnag, mai ar sail ffydd yn y cyfnod presennol y cyfrifir y cyfiawnder hwn i'r credadun ac nad cyflwr dibechod a olygir yn yr ystyr ei fod wedi cyrraedd at berffeithrwydd moesol; yn hytrach, nid oedd Duw bellach yn 'cyfrif troseddau dynion yn eu herbyn' (*BCN* (1988) 2 Cor. 5,19):[50] dyfarniad Duw arno yw ei fod yn ddieuog a'i fod yn ei ddwyn i berthynas newydd ag ef ei hun.[51] Mewn gair, fel y sylweddolodd Luther, y mae Duw yn ein caru a'n derbyn fel ag yr ydym.[52] Dynoda'r un pryd gychwyn y bywyd Cristnogol.[53] Rhydd hyn hefyd symbyliad i'r Cristion ymdrechu i fyw bywyd Crist-debyg:[54] goblygedig yn hyn yw'r ffaith bod y credadun bellach yng Nghrist.[55] Bid siŵr, ni chyrhaeddodd gyflwr o berffeithrwydd eto fel y rhybuddia Paul yn Phil. 3.12–21.

Ni allwn, felly, anghofio'r dimensiwn eschatolegol. Yn wir, haera Bultmann, er ei bwyslais ar y ffaith i'r berthynas newydd hon gael ei sefydlu yn y byd a'r bywyd hwn, nad oes modd i rywun wybod pa un a yw'n gyfiawn ai peidio hyd ddydd y farn: yr adeg hynny y bydd Duw'n asesu'i weithredoedd ac yn cyhoeddi a yw'n gyfiawn neu beidio[56] (gw. Rhuf. 5.9, ac 8.33).[57] Felly, rhagamod i fywyd yw cyfiawnder yn ôl Bultmann.[58] Tra cyhoeddai Cyngor Trent fod Duw wedi plannu cyfiawnder mewnol yn y credadun ei hun,[59] yn ôl Luther ar sail ffydd Crist y cyfrifir cyfiawnder i'r credadun (ei ymadrodd am hyn oedd *iustitia aliena Christi*). Felly'n unig drwy Grist ac ar sail ei gyfiawnder ef y mae inni gyfiawnder: 'Ond trwy ei weithred ef yr ydych chwi yng Nghrist Iesu, yr hwn a wnaed yn ddoethineb i ni oddi wrth Dduw, yn gyfiawnder a sancteiddhad a phrynedigaeth' (1 Cor. 1.30; gw. hefyd Rhuf. 10.3; 2 Cor. 5.21; Phil. 3.9).[60] Cred Wright fod perygl cyfeiliorni yma o ran categori, sef tybio bod Iesu wedi ufuddhau i'r Gyfraith ac ennill cyfiawnder oherwydd hynny, y cyfiawnder a gyfrifid wedyn i'r sawl a gredo ynddo. Nid ei gyfiawnder fel y cyfryw a gyfrifir i'r credadun, ond marwolaeth ac atgyfodiad Iesu Grist, fel y dengys Rhuf. 6.[61]

Fel yr awgrymwyd eisoes ym mhennod 3, mae'r talfyriad arferol o'r disgrifiad o hanfod Diwinyddiaeth Paul yn ôl Luther, sef cyfiawn-had drwy ffydd, yn gallu bod yn gamarweiniol: gallai olygu, ond i rywun gael digon o ffydd, y bydd yn gadwedig. Gosodwyd yr ym-adrodd allan yn llawn eisoes gan mai perygl y ffurf gwta yw troi ffydd yn fath o weithred. Yn sicr, nid dyna oedd bwriad yr Apostol wrth ddyfynnu Hab. 2.4 yn Rhuf. 1.17 a Gal. 3.11; yn hytrach, pwysleisiai mai drwy ffydd yn unig y gellid dod yn gyfiawn, a bod hynny drachefn yn ddibynnol ar ras Duw. O gyrraedd y cyflwr hwnnw, fel y nodwyd eisoes, gellid dechrau byw y bywyd Cristnogol, ac ar hynny y rhydd y pwyslais.[62] Mae'n arwyddocaol hefyd nad yw Paul fyth yn defnyddio'r ymadrodd *dia ten pistin* (oherwydd ein ffydd).[63]

(ii) Dadleuwyd gan Käsemann[64] mai genidol goddrychol sydd yma, sef un sy'n pwysleisio mai un o rinweddau Duw ei hun yw'r

Soterioleg Paul

cyfiawnder hwn, ac yn arbennig un sy'n ei ddangos yn weithredol mewn achub a gwaredu. Deillia'r darlun hwn yn ei hanfod o Deut. 33.21, yr unig le yn yr Hen Destament lle'r ymddengys yr union ymadrodd 'cyfiawnder yr Arglwydd', a lle dywedir am Gad:

> Gweithredodd gyfiawnder yr Arglwydd,
> a'i ddeddfau ynglŷn ag Israel.

Fe'i datblygwyd ymhellach gan broffwyd mawr y gaethglud:

> Dymunodd yr Arglwydd, er mwyn ei gyfiawnder,
> fawrhau'r gyfraith, a'i gwneud yn anrhydeddus (Eseia 42.21).

Yn y proffwydoliaethau hyn uniaethir 'cyfiawnder' ag 'iachawdwriaeth' (Eseia 46.13; a hefyd 51.5–8; 62.11–12). Ceir cyfeiriadau cyffelyb yn y Salmau hefyd: 51.14; 65.5; 71.15.[65]

I Käsemann, cyd-destun yr ymadrodd hwn yw Iddewiaeth apocalyptaidd, ac yn arbennig yr enghraifft ohoni a geir yn Qumrân (gw. 1QS 11.12): 'Cynrychiola i Paul sofraniaeth Duw dros y byd yn ei ddatguddio'i hun yn eschatolegol yn Iesu.'[66] Geilw gwaith achubol Duw, sy'n rhodd ganddo, am ymateb, sef ufudd-dod gan bobl: 'Yn wir, nid yw'r rhodd a gyflwynir yma i'w wahanu ar unrhyw adeg oddi wrth y Rhoddwr ei hun': yn wir, cyfranna ym mhŵer Duw gan iddo gamu'i hunan i'r llwyfan yn y rhodd.[67] Yr allwedd i ddeall dehongliad Käsemann yw ei bwyslais ar 'y cysylltiad annatod rhwng pŵer a rhodd oddi mewn i'r cysyniad o gyfiawnder dwyfol'.[68] Mewn adnodau allweddol ar ddechrau'r Llythyr at y Rhufeiniaid, mae Paul yn cyhoeddi'n groch mai 'gallu' (*dunamis*) Duw sydd ar waith yma (Rhuf. 1.16–17). Dylid ychwanegu bod yr ymadrodd 'cyfiawnder Duw' hefyd yn dynodi'r ffaith iddo gyflawni'r amodau a fabwysiadodd wrth greu'r ddynoliaeth, wrth alw Abraham, ac wrth ddewis Israel yn bobl y cyfamod.[69]

(iii) Ceisiodd Bultmann gyfuno'r ddwy wedd uchod drwy awgrymu mai'r genidol yn dynodi tarddiad neu awduriaeth a geir yma. Yn ôl y dehongliad hwn, cyfiawnder Duw yw'r cyfiawnder sy'n tarddu oddi wrth Dduw, ac o'i roi i bobl ffurfia'r sylfaen ar gyfer eu perthynas â Duw: gw. Rhuf. 1.17; 3.21f, 26; 10.3; Phil. 3.9.[70]

Beirniadodd Käsemann safbwynt Bultmann gan honni iddo greu hollt rhwng y Duw sy'n rhoi a'r rhodd a gyflwynir. Dywed ymhellach i Bultmann ganolbwyntio ar y rhodd ei hun yn hytrach nag ar Dduw ei hun.[71] Fe'i cyhuddo o gyfyngu'r efengyl yn ormodol i'r unigolyn, gan golli golwg ar hanes ehangach yr iachawdwriaeth.[72] Y gwir yw bod cyfiawnder Duw yn gallu ymddangos yn ymadrodd anodd i ni ei amgyffred, oherwydd nad yw'n unig yn cyfeirio at gymeriad Duw ei hun (gw. Rhuf. 3.5, 25–6), ond hefyd mae'n gallu bod yn rhodd oddi wrth Dduw i feddiant pobl (gw. Phil. 3.9). Canfyddir felly bendiliad rhwng gweithgarwch Duw a chanlyniadau'r gweithgarwch hwnnw.[73]

(iv) Eglura Cranfield y genidol hefyd yn nhermau tarddiad, eithr rhydd y pwyslais ar safle cyfiawn dyn sy'n gynnyrch gweithred Duw yn ei gyfiawnhau, a chyfeiria'n benodol at yr adnodau canlynol yn Rhufeiniaid 2.13; 3.20, 24, 28; 4.2, 13; 5.1, 9, 19, 21, ac 8.10.[74]

(2) Ystyr y ferf 'cyfiawnhau'
Gofynnwn yn awr beth yw'r cysylltiad rhwng 'cyfiawnder Duw' a'r enw 'cyfiawnhad' a'r ferf 'cyfiawnhau'? Nodwn, wrth fynd heibio, ein bod yn y Gymraeg o leiaf yn osgoi'r anhawster a gaiff y Sais wrth geisio cysoni dau air gwahanol a ddefnyddir i drosi'r Roeg, y naill, *righteousness* sy'n Eingl-Sacsonaidd ei darddiad, a'r llall, *justification*, sy'n tarddu o'r Lladin, ac, wrth gwrs, nid oes berf mewn Saesneg cyfoes sy'n cyfateb yn union i *righteousness*.[75] Felly, cynigiodd cyfieithydd cyfrolau Bultmann ar Ddiwinyddiaeth y Testament Newydd y ferf gwneud *rightwise*.[76] O leiaf ni chawn ein poeni yn y Gymraeg gan drafferthion o'r fath!

Ystyr arferol y ferf *dikaioo* yw 'ystyried rhywun sy'n uniawn yn gyfiawn', hynny yw ystyried neu gyhoeddi'r sawl sy'n ddi-fai'n ddieuog.[77] Dyma'r hyn a elwir yn ystyr 'cyfreithiol' neu 'fforensig' (gw. Rhuf. 5.18).[78] Pwysleisia Wright mai mater o statws yw.[79] Yn y cyswllt hwn y penderfynodd Luther gyfieithu'r ferf i olygu 'cyhoeddi'n gyfiawn'. Rhydd Rhuf. 2.13 enghraifft glir o'r ystyr fforensig hwn: 'Y rhai sy'n cadw'r Gyfraith a ddyfernir yn gyfiawn ganddo ef [hynny yw, gan Dduw]'.[80] Nodwn hefyd mai yn Rhufeiniaid yn unig y mae natur fforensig cyfiawnhau yn hollol ddiamwys.[81]

Gan ddilyn safbwynt Awstin o Hippo, tuedd Pabyddion fu dal mai 'gwneud yn gyfiawn'[82] mewn ystyr foesol yw arwyddocâd *dikaioo*, ac fel canlyniad pwysleisiwyd mannau lle y digwydd yr enw 'cyfiawnder' yn hytrach na'r ferf 'cyfiawnhau' gan i'r enw gyfeirio at y bywyd newydd a fedd Cristnogion: er enghraifft 1 Cor. 1.30 a 2 Cor. 5.21. Felly, y mae'r enw'n dehongli'r ferf. Cyflwynwyd y safbwynt Pabyddol yn aml yn y fath fodd ag i ddarlunio *dikaiosynē* yn rhywbeth a gyfrennir i bobl er mwyn i gyfiawnder Duw eu gwneud yn gyfiawn.[83] Pwysleisia Pabyddion Rhuf. 2.6, lle cyhoedda Paul y bydd Duw 'yn talu i bawb yn ôl eu gweithredoedd', a dweud y rhydd 'fywyd tragwyddol ... gogoniant ac anrhydedd a thangnefedd ... i bob un sy'n gwneud daioni' (2.7, 10). Y dealltwriaeth canoloesol o *iustitia Christi* oedd o arllwysiad o *gratia* (gras) neu *caritas* (cariad) yn yr act o gyfiawnhad: mae Duw felly'n derbyn y pechadur oherwydd bod cyfiawnder Crist wedi achosi adnewyddiad ynddo (gw. Gal. 5.6). Ond gwrthododd Luther y safbwynt hwn.[84] Yn ei farn ef, nid gras oedd yn achosi cyfiawnder gweithredol ond agwedd Duw tuag at y credadun a thrwy hynny y cyfrennir cyfiawnder drwy ffydd.[85] Ceisia Protestaniaid osgoi rhoi unrhyw awgrym o 'gyfiawnhad drwy weithredoedd',[86] ac, yn sicr, roedd Luther yn milwrio'n barhaus yn erbyn safbwynt felly. Nid gweithred neu waith oedd ffydd iddo.[87] Gwrthgyferbynnai ddau fath o gyfiawnder: cyfiawnder y Gyfraith a chyfiawnder ffydd (gw. Phil. 3.6, 9): roedd y naill, sef cyfiawnder drwy weithredoedd y Gyfraith o reidrwydd yn weithredol, ond cyfiawnder goddefol oedd y wir gyfiawnder oherwydd rydym ni'n hunain yn cyflawni dim, meddai Luther, ac mae ffydd yn golygu anghofio'r hunan yn llwyr: mae *sola fide* (drwy ffydd yn unig) yn cyfateb i 'the great negation', chwedl Karl Barth.[88]

Dehongliad traddodiadol Pabyddion, un yn tarddu o Gyngor Trent, yw bod rhyddfarniad a gwneud yn gyfiawn yn yr ystyr foesol lawn yn cyfateb i sancteiddhad, a'r naill fel y llall yn oblygedig mewn cyfiawnhad, tra bo'r Protestant yn gwahaniaethu rhwng cyfiawnhad a sancteiddhad.[89] Dengys Dodd, fodd bynnag, nad yw Paul yn gwneud gwahaniaeth rhwng cyfiawnhad, sef y weithred enydol (*momentary*) o waredigaeth, a sancteiddhad, sef y broses o gyrraedd at berffeithrwydd. Gwelir hyn yn glir yn 1 Cor. 6.11: 'Yr ydych wedi'ch golchi, a'ch sancteiddio, a'ch cyfiawnhau trwy enw'r Arglwydd Iesu Grist a thrwy Ysbryd ein Duw ni'. Agweddau gwahanol ar yr un weithred ydynt.⁹⁰ Wele'n wir 'dri gair sydd yma yn mynegi effaith yr iachawdwriaeth sydd yng Nghrist ar y crediniwr (gw. hefyd 1.30)'.⁹¹

Fel y nodwyd eisoes, cyfyd y safbwynt Pabyddol yn arbennig gwestiwn canolog mewn unrhyw ymdriniaeth o'r athrawiaeth am 'gyfiawnhad drwy ffydd', sef sut y gellir cysoni'r athrawiaeth hon â'r datganiad y bernir pobl yn ôl eu gweithredoedd? Haera dehonglwyr Catholig erbyn hyn nad yw'r egwyddor a geir yn Rhuf. 2.6, sef: 'Bydd ef yn talu i bawb yn ôl eu gweithredoedd', yn gwrthddweud syniadau'r apostol am gyfiawnhad drwy ffydd. A bellach cydnabyddir mewn cylchoedd ehangach y dylid canfod gweithgarwch Duw'n barnu yn rhan o'i waith yn cyfiawnhau.⁹² Casgliad Yinger,⁹³ wedi iddo archwilio'n fanwl yr adnodau yn llythyrau Paul sy'n trafod y modd yr ymdrinia Duw â gweithredoedd pobl y ffydd yn arbennig, yw bod eu gweithredoedd yn bwysig, ond nid, wrth gwrs, gweithredoedd y Gyfraith a olygir, a'u bod i arddangos ufudd-dod i ewyllys Duw oddi mewn i broses iachawdwriaeth. Cyplysa â hyn y gred eu bod yn gweithredu'n unol â darlun Sanders o 'nomiaeth gyfamodol', gan i Paul ddisgwyl y byddai'r rhai a oedd wedi'u hymgorffori ym mhobl Dduw drwy ras yn parhau'n ufudd iddo. Ni allai ufudd-dod ennill bywyd neu iachawdwriaeth, ond fe erys yn sylfaen neu'n norm gweladwy ar gyfer y dyfarniad eithaf. A nodwn fod Paul yn pwysleisio yn Rhuf. 2 y deil swyddogaeth bwysig hefyd mewn cadw'r Gyfraith, a hynny o ran y Cenhedloedd yn ogystal â'r Iddewon (Rhuf. 2.13–15). Mewn gair, ufudd-dod nid cenedligrwydd sy'n bwysig.⁹⁴ O reidrwydd, mae elfen eschatolegol i'r broses hon, boed yn arwain at fywyd tragwyddol neu'n ennyn llid Duw (gw. Rhuf. 2.6–11; 14.10–12; 2 Cor. 5.10; 11.15b; Col. 3.24–5).⁹⁵ Ac fe'n hatgoffir hefyd gan Tom Wright yn y gweddnewidiad sy'n digwydd na ellir diystyru gweithgarwch yr Ysbryd Glân (gw. Rhuf. 8.9–11):⁹⁶ yn wir, yr Ysbryd, wedi disodli'r Tôrâ Iddewig, sy'n galluogi'r credadun i ddwyn ffrwyth.⁹⁷ Y casgliad y gallwn ddod iddo, felly, yw nad oes unrhyw densiwn yn Paul rhwng cyfiawnhad drwy ffydd yn unig a barnu yn ôl gweithredoedd.⁹⁸ Tyner, yn wir, yw'r cydbwysedd rhwng ymddygiad dynol a gras dwyfol.⁹⁹ Mae N. M. Watson yn taflu goleuni pellach ar y mater wrth ddadlau bod i'r ddwy elfen hyn, a ymddengys ar yr wyneb yn wrthgyferbyniol, eu priod le gan eu bod wedi eu hanelu at wrandawyr gwahanol, mewn amgylchiadau ac ar achlysuron gwahanol.¹⁰⁰

Soterioleg Paul

Priodol yn y cyswllt hwn yw cyfeirio at hen ddadl a godwyd ynglŷn â pherthynas ffydd a gweithredoedd ar sail y gwrthgyferbyniad honedig rhwng dysgeidiaeth Epistol Iago ac eiddo'r Apostol Paul ar y mater. Fe gofiwn i Martin Luther farnu Iago a galw'i epistol yn un 'o wellt' am iddo dybio ei fod, wrth bwysleisio'r rheidrwydd am i'r crediniwr gyflawni gweithredoedd daionus, yn tanseilio'r athrawiaeth ganolog am gyfiawnhad drwy ffydd: mewn gair, meddai, nid yw hanfod yr efengyl ynddo.[101] Yn eironig iawn, o'r epistol hwn y cafodd Luther ei hoff ymadrodd *sola fide* (trwy ffydd yn unig, 2.24),[102] gan nad yw'n ymddangos, fel y cyfryw, yn yr un o epistolau'r apostol ei hun, er i Luther ychwanegu'r ansoddair 'yn unig' (*allein* yn yr Almaeneg) at ei gyfieithiad o Rhuf. 3.28.[103] Mae Paul yn dyfynnu geiriau Gen. 15.6 yn Rhuf. 4.3 a Gal. 3.6, a gwna Iago hynny yn 2.23: 'Credodd Abraham yn Nuw, ac fe'i cyfrifwyd iddo yn gyfiawnder', ond yn eu dehongli'n wahanol. Ar sail yr adnod hon, dadleua Iago: 'Fe welwch felly mai trwy weithredoedd y mae rhywun yn cael ei gyfiawnhau, ac nid trwy ffydd yn unig' (2.24). Dywed Paul, ar y llaw arall: 'Ein dadl yw y cyfiawnheir rhywun trwy gyfrwng ffydd yn annibynnol ar gadw gofynion cyfraith' (Rhuf. 3.28). Y ffaith yw nad ydynt yn cyfeirio at yr un broblem ac y mae eu dealltwriaeth o'r ddau air, 'ffydd' a 'gweithredoedd', yn wahanol. Ffydd Gristnogol yw pwnc Paul, tra mai cyfeirio at ffydd Iddewig a wna Iago. Gweithredoedd y gyfraith Iddewig sydd ym meddwl Paul, ond gweithredoedd o gariad a olyga Iago,[104] yr hyn a eilw'n 'Gyfraith frenhinol', sef 'Câr dy gymydog fel ti dy hun' (2.8). Crynhoir y mater gan Isaac Thomas fel hyn: 'Dadl Paul yw bod ymroddiad personol i Grist (= ffydd) yn gwneuthur enwaediad (= gweithredoedd y ddeddf) yn gwbl afraid. Ple Iago yw bod cydsyniad deallol â'r gosodiad bod Duw yn bodoli (= ffydd)[105] yn hollol ofer heb ymarweddiad moesol.'[106]

Dychwelwn yn awr at ein trafodaeth o'r gair 'cyfiawnhau' a'i gysylltiadau. Mae Dunn ac eraill yn ystyried bod gwirionedd sylfaenol yn y ddau ystyr posibl i'r ferf 'cyfiawnhau', sef 'gwneud yn gyfiawn' a 'cyfrif yn gyfiawn'.[107] Ar fater cyfiawnhad drwy ffydd, meddai Schnackenburg,[108] 'y mae'r ddadl rhwng y cysyniadau "cyfreithiol" a'r rhai "cyfriniol" (neu sacramentaidd) wedi colli ei min, oherwydd fe gydnabyddir heddiw fod Paul yn uno'r ddwy wedd (cymharer Rhuf. 3–5 a 6–8)'. Fodd bynnag, nid yw Reumann[109] yn fodlon â haeriad Sanders fod cyfiawnhad drwy ffydd a chyfranogi yng Nghrist yn y diwedd yn golygu'r un peth.[110] Eto, dadleuwyd gan Käsemann fod Paul yn Rhufeiniaid am glymu'r ddau ystyr â'i gilydd, nid yn unig fel mater o achos ac effaith, ond yn hanfod iachawdwriaeth a ysgogwyd gan Dduw. Drwy hynny cyfunir yr elfennau cyfreithiol a moesol mewn cyfiawnder, cyfiawnhad a sancteiddhad.[111] Unwaith y cydnabyddwn, meddai Dunn, mai iaith perthynas a gynrychiolir gan gyfiawnder a chyfiawnhad, yna gellir dileu'r gwrthdaro rhyngddynt: 'Mewn gwirionedd, y mae'r berthynas a ragwelir yn un deinamig ac mae'n rhagdybio bod y partner dwyfol yn gweithredu ar ran, yna gyda'r partneriaid dynol ffaeledig, gan eu tynnu i mewn i berthynas, eu cynnal ynddi, a'u rhyddfarnu (*acquit*) yn y farn olaf.'[112] Dyna'n wir a welir yn Rhuf. 4.6–8, lle dyfynnir Salm 32.1–2: yma mae cyfiawnder yn gyfystyr â maddeuant.[113]

Gwell gan rai Protestaniaid hefyd symud oddi wrth yr ystyr fforensig, gan bwysleisio agweddau mwy soteriolegol ar y gair.[114] Yma fe ganolbwyntir ar y syniad o ryddhau (hynny yw, *acquit*) o drosedd a gyflawnwyd, sy'n gyfystyr â maddau, fel y nodwyd yn awr.[115] Golyga hynny fod y ferf nid yn unig yn dynodi cyflwr ond hefyd yn cyflawni, hynny yw yn peri rhyddhau,[116] a dyna'n wir y modd y cyfieithir y ferf hon yn *BCN* Rhuf. 6.7: 'Oherwydd y mae'r sawl sydd wedi marw wedi ei ryddhau oddi wrth bechod.' Eto, ni ellir ei ysgaru'n llwyr oddi wrth yr ystyr fforensig, fel y dengys y gwrthgyferbynnu yn Rhuf. 8.1 a 4 rhwng *katakrima* (collfarn) a *dikaiôma* (gofynion cyfiawn y Gyfraith).[117] Ac i Ziesler, tra bo'r enw 'cyfiawnder' a'r ansoddair 'cyfiawn' yn foesol eu harwyddocâd, cyfreithiol yw arwyddocâd y ferf 'cyfiawnhau', ond ei bod yn cyfeirio at ryddhad yn hytrach nag at gyfrifiad.[118]

Gan i'r ymadrodd *dikaiosunē Theou* gael ei ddefnyddio mewn cysylltiad â chyfiawnhau yn Rhufeiniaid (gw. 3.21–6), credir yn gyffredinol fod y dehongliad cywir ohono i'w ystyried yn arwydd sicr o ystyr cyfiawnhad.[119] Y datguddiad o 'gyfiawnder Duw' yw'r digwyddiad hwnnw y mae cyfiawnhad yn digwydd mewn cyswllt ag ef. Cyflwr yw 'cyfiawnhad', math o fodolaeth, a ddechreuir ac a barheir mewn ffydd, sef ymateb priodol y credadun iddo.

Cymerir yn ganiataol bellach, a hynny gan y rhan fwyaf o ysgolheigion, fod a wnelo'r ferf 'cyfiawnhau' ag adfer perthynas:[120] felly, i Paul, 'cyfiawnhad' yw'r weithred o adfer pobl i berthynas iawn â

Duw ar sail ffydd.[121] A dyna'n wir ei ystyr yn yr Hen Destament yn ogystal.[122] Hyn yn hytrach na sefydlu cymeriad newydd yw ei arwyddocâd yn Paul.[123]

Fel y gwelwyd eisoes, prif fwriad Käsemann oedd gwrthwynebu pwyslais anthropocentrig Bultmann: 'Nid yw cyfiawnder Duw, yn ôl Paul, yn cyfeirio yn y lle cyntaf at yr unigolyn ac nid yw i'w ddehongli'n gyfan gwbl yng nghyd-destun yr athrawiaeth am ddyn', meddai.[124] Wrth ddal, fel Bultmann, mai cyfiawnhad drwy ffydd yw canolbwynt efengyl Paul, ni chred, serch hynny, ei fod yn ymwneud yn bennaf â'r unigolyn.[125] I Käsemann, perthyn cyfiawnder drwy ffydd a hanes achubiaeth gyda'i gilydd.[126] Nid yw, fodd bynnag, am i'r athrawiaeth hon ymddangos yn rhy unigolyddol, er, wrth gwrs, cydnebydd fod ffydd yn fater o benderfyniad personol.[127] Fel Stendahl,[128] mae'n mynnu bod a wnelo'r athrawiaeth am gyfiawnhad drwy ffydd nid yn gymaint â'r gydwybod unigol (gw. Rhuf. 7.19) ond â chynnwys y Cenhedloedd yn y gwir Israel.[129]

Yn ôl Sanders,[130] arwyddocâd y ferf 'cael eich cyfiawnhau' yw dynodi sut y mae mynd i mewn i gorff y rhai a achubwyd, yn hytrach na therm yn dynodi sut y mae aros o'i fewn. Felly, pan ddywed Paul nad yw'n bosibl cael eich cyfiawnhau drwy weithredoedd y Gyfraith, mae'n golygu nad yw'n bosibl i chwi drosglwyddo i gorff y rhai cadwedig drwyddynt (gw. Gal. 2.17; Rhuf. 4.5; Phil. 3.9). Ond cyfyngu ar ystyr y ferf hon fyddai hynny: gw., er enghraifft, Gal. 2.16; 5.5.[131]

Yr ydym yn awr mewn safle i grynhoi'r casgliadau diweddar ar y pwnc y ceir cytundeb pur eang arnynt:

(i) Darlun yr Hen Destament o weithgarwch achubol Duw yw cefndir trafodaeth Paul ar gyfiawnhad.

(ii) Y mae i hyn oblygiadau cymunedol yn bennaf, ac nid i'r unigolyn yn unig.[132]

(iii) Adfer perthynas yw'r peth pwysicaf a gynhyrchir gan gyfiawnhad.

Diwinyddiaeth Paul

Dau Ddarlun Gwahanol o'r Hyn yw Hanfod Diwinyddiaeth Paul

Mae'n bryd holi'n awr ai cyfiawnhad drwy ffydd yw hanfod neu ganol dysgeidiaeth yr apostol. Dadl a ddefnyddiwyd yn aml yn erbyn yr haeriad hwn yw'r ffaith mai mewn dau lythyr yn unig, sef Rhufeiniaid a Galatiaid, y ceir yr athrawiaeth mewn ffurf estynedig, a hynny mewn dadleuon polemig yn erbyn y Gyfraith Iddewig. Dyna'n wir yw safbwynt W. D. Davies: mewn rhai cysylltiadau, meddai, un trosiad ydyw ymhlith amryw eraill a ddefnyddiai Paul i ddisgrifio ei waredigaeth drwy Grist.[133] Yn sicr, nid ef oedd yr ysgolhaig cyntaf i arddel y safbwynt hwn: roedd Wrede a Schweitzer wedi dilyn yr un trywydd ers amser.[134] Nododd Schweitzer nad oedd cysylltiad wedi'i greu rhwng cyfiawnhad a moesoldeb.[135] Nid yw cyfiawnhad ychwaith, fe haerir, yn egluro arwyddocâd y sacramentau na rhodd yr Ysbryd nac yn arwain at soterioleg gyfranogol.[136]

Beth, felly, a olygir wrth 'soterioleg gyfranogol' (*participatory soteriology*)? I Schweitzer, canolbwynt dysgeidiaeth Paul oedd yr hyn a alwai ef yn athrawiaeth 'gyfriniol' am waredigaeth drwy fod yng Nghrist: 'Y cysyniad o fod yng Nghrist sy'n dominyddu meddwl Paul nes ei fod, nid yn unig yn ei weld yn ffynhonnell popeth a gysylltir â gwaredigaeth, ond yn disgrifio holl brofiad, teimlad, meddwl ac ewyllys y bedyddiedig yn digwydd yng Nghrist.'[137] Fe'n hatgoffir hefyd o deitl cyfrol boblogaidd y pregethwr mawr o'r Alban, J. S. Stewart, *A Man in Christ*: 'Calon crefydd Paul', meddai, 'yw undeb â Christ',[138] ac yn wir 'undeb â Christ' yn hytrach na 'chyfranogi yng Nghrist' sy'n gweddu'n well i safbwynt Luther ei hun.[139] Dyna hefyd oedd barn fy hen athro, Denys Whiteley: fe'i mynega fel hyn: 'Rhannodd Crist ein holl brofiad, ar wahân i bechod, gan gynnwys marwolaeth, er mwyn i ni, yn rhinwedd ein hundeb [*solidarity*] ag ef, allu rhannu ei fywyd.'[140] Mynegir hyn yn glir, er enghraifft, yn Rhuf. 6.

Fel yr awgrymwyd eisoes, bu tuedd mewn llawer adroddiad Protestannaidd i gyflwyno gwahaniaethau pendant rhwng Duw'n cyhoeddi a Duw'n gwneud y credadun yn gyfiawn, rhwng cyfiawnhau yn ddigwyddiad allanol unwaith ac am byth ac adnewyddiad yn broses gydol oes. Canlyniad hyn oedd bod cyfiawnhau'n dyfarnu i'r credadun safle cywir gerbron Duw, ond nid oedd yn glir sut yr oedd hyn yn arwain at gyfranogi yng Nghrist. Roedd y ddau beth fel petai'n gweithredu'n annibynnol ar ei gilydd, gan greu'r perygl o gyfiawnhau'n gweithredu fel math o ffuglen ddeddfol oer wedi'i hysgaru oddi wrth unrhyw synnwyr real o ymgyfarfod â Christ.[141]

Un ffordd o oresgyn yr anawsterau hyn yw dehongliad a gynigir o'r ymadrodd *pistis Christou* (Rhuf. 3.22, 26; Gal. 2.16 (*bis*), 20; 3.22; Phil. 3.9; Effes. 3.12), ymadrodd a gyfieithwyd yn draddodiadol yn 'ffydd yng Nghrist' (sef y genidol gwrthrychol),[142] sy'n dynodi, yn hytrach, Grist yn oddrych y ffydd: felly fe'i cyfieithir yn 'ffydd Crist' (sef y genidol goddrychol).[143] Daeth hyn i amlygrwydd yn sgil yr haeriad mai'r gwendid mwyaf yn y traddodiad wedi'r Diwygiad Protestannaidd oedd bod ei ddealltwriaeth o ffydd a chyfiawnhad yn methu cynnig eglurhad cydlynol o'r berthynas rhwng yr athrawiaeth am gyfiawnhad a Christoleg.[144] Yn awr, mae'r genidol goddrychol Cristolegol yn egluro'r cysylltiad rhwng cyfiawnhad drwy ffydd a Christoleg yn nhermau cyfranogiad Cristnogion yn ffyddlondeb achubol Crist.[145] Er iddo ddilyn y cyfieithiad traddodiadol 'ffydd yng Nghrist',[146] eto gwelir bod dehongliad Luther o gyfiawnhad yn pwysleisio'r elfen gyfranogol yn gymaint â bod presenoldeb Crist mewn ffydd yn sicrhau perthynas glòs rhwng cyfrifiad a chyfranogiad y credadun yng Nghrist:[147] 'Yr wyf wedi fy nghroeshoelio gyda Christ; a mwyach, nid myfi sy'n byw', meddai Paul, 'ond Crist sy'n byw ynof fi' (Gal. 2.20). Eithr, cyfiawnder sy'n aros y tu allan i'r credadun (*extra nos*, hynny yw y tu allan i ni) ydyw, sef *iustitia aliena* (cyfiawnder estron),[148] a hynny'n gyfiawnder Crist yn unig, chwedl Luther.[149] Dywedodd: 'Mae ffydd yn ymaflyd yng Nghrist a mae Duw'n eich cyfrif yn gyfiawn ar gyfrif Crist.' Felly cysylltir ganddo dri pheth â'i gilydd: ffydd, Crist a chyfrifiad.[150] Dylid nodi hefyd fod Schweitzer, er nad yw, fel y gwelsom eisoes, yn dilyn Luther wrth iddo yntau osod cyfiawnhad ar ganol diwinyddiaeth Paul, yn esbonio cyfiawnhad fel cyfiawnder sy'n ganlyniad i ffydd drwy fod yng Nghrist,[151] ac mae hyn, mewn gwirionedd, yn safbwynt tebyg i un Luther ei hun.[152] Mae'r drafodaeth hon ar ramadeg yr ymadrodd *pistis Christou* yn awgrymu, felly, na ddylid o angenrheidrwydd wrthgyferbynnu'r ddau gyfieithiad posibl ohono, gan fod ffydd (neu ffyddlondeb) Crist yn ennyn ffydd yn y credadun: felly, mae'r berthynas rhyngddynt o ran ffydd yn digwydd o'r ddeutu.[153]

Cyfraniad D. A. Campbell i'r Drafodaeth ar Hanfod Dysgeidiaeth yr Apostol

Yn ei gyfrol orchestol, enfawr, ddiweddar, *The Deliverance of God*, mae Douglas A. Campbell yntau'n tynnu gwahaniaeth rhwng disgrifiadau o waith Crist sy'n fforensig a rhai sy'n gyfriniol, gyfranogol; neu, fel y mae'n eu disgrifio ar sail dylanwadau arno o du diwinyddion o'r Alban,[154] yn rhai sy'n deillio o gytundebau cyfreithiol, ar y naill law, a rhai'n seiliedig ar y cysyniad o gyfamod, ar y llaw arall. Perthyn yr athrawiaeth am gyfiawnhad yn ei farn ef i'r math cyntaf, tra bod yr ail yn cael ei hymgorffori yn y profiad o fod yng Nghrist. Cred fod y dehongliad Lwtheraidd yn seiliedig yn bennaf ar Rhuf. penodau 1–4 a 10, Gal. penodau 2–3, a hanner pennod 3 yn Phil.[155] Geilw Campbell y dehongliad hwn wrth yr enw *foundational individualism*, hynny yw mae'n adeiladu ar broblem yr unigolyn gan ddechrau yno ac yna'n arwain yn y diwedd at atebiad i'w gyflwr, fel y trafodwyd eisoes ar ddechrau'r bennod hon. Fe welir hyn gliriaf yn Rhuf. 1–3.[156] Y perygl yma yw rhoi'r argraff bod yr ateb i gyflwr y ddynoliaeth yn orddibynnol ar ymdrech yr unigolyn ei hun,[157] ac mae hefyd yn arwain yn anochel at sefyllfa fforensig llys barn.[158] Mae'n honni hefyd mai cyfiawnder ad-daliadol (*retributive justice*), fel y datguddiwyd hynny ym marwolaeth Iesu ar y groes, yw canolbwynt y ddamcaniaeth hon am gyfiawnhau.[159] Fel yr atgoffodd Wrede a Schweitzer ni, nid yw'n ymddangos ei bod yn cyffwrdd â chyflwr moesol pobl nac, yn wir, ag amryw agweddau eraill ar ddysgeidiaeth yr apostol.[160] Ar y llaw arall, wrth ganolbwyntio ar Rhuf. penodau 5–8, canfyddir fod yr ateb i broblem pechod pobl yn drawsnewidiol yn hytrach na iawnol. Mae marwolaeth Crist yn gweithredu fel adeg dyngedfennol a thrawsnewidiol yn hanes y ddynoliaeth; hynny, yn hytrach na thalu pris neu gosb gyfatebol mewn ymateb i ofynion cyfiawnder dicllon, yw craidd y dehongliad a gynigia Campbell yn lle'r un mwy traddodiadol.[161] Nodwedd y ddamcaniaeth hon, a eilw D. A. Campbell yn un 'apocalyptaidd', yw'r elfen ddatguddiadol, lle canfyddir Duw'n gweithredu'n haelionus a diamod.[162] Hefyd mae rhan yr Ysbryd yn nhrawsffurfiad yr unigolyn yn allweddol yn y darlun hwn.[163] Yn wir, y patrwm a gynigiodd Campbell gyntaf ar gyfer Efengyl Paul yw'r hyn mae'n ei dalfyrru i PPME, sef 'Pneumatologically Participatory Martyriological Eschatology.'[164]

Soterioleg Paul

Yn naturiol, bu adwaith sylweddol i ddamcaniaeth Campbell. Nodaf yma dair beirniadaeth yn unig. Yn y lle cyntaf, codwyd amheuon ynglŷn â dilysrwydd yr hyn a ddarlunia Campbell yn 'ddamcaniaeth am gyfiawnhad' yn Paul.[165] Yn ail, er i Campbell bwysleisio nad oes neb yn haeddu gras Duw,[166] eto drwy wneud ffydd y credadun yn ffactor allweddol mewn cytundeb ag ef, gwneir cyfamod iachawdwriaeth mewn ffaith yn amodol.[167] Yn wir, awgrymir bod Campbell wedi rhoi rhy ychydig o sylw i'r iaith amodol yn Deut. 28, ac, yn wir, ychydig o sylw a rydd i'r Hen Destament ac Iddewiaeth yr Ail Deml yn ei drafodaeth.[168] Ac yn drydydd, ac yn ddiau'n fwyaf dadleuol, cynigia'r ddamcaniaeth nad meddylfryd Paul ei hun yn unig a geir yn Rhuf. 1–4, ond yn hytrach deialog Socrataidd, yn benodol yn 1.18–3.20, rhyngddo â chymeriad a eilw'n 'Athro',[169] a defnyddir yma effaith rhethregol a elwir yn *speech-in-character*, sef dyfais Roegaidd o'r enw *prosôpopoeia*, lle mae'r awdur yn mabwysiadu llais a syniadau ffigur arall.[170] Er mai Rhuf. 1.18–32 yn unig sy'n dangos yn glir gynnwys safbwynt ei wrthwynebydd, yng ngweddill yr adran agoriadol hon o Rhufeiniaid awgrymir y ceir daliadau Paul a'r Athro wedi'u plethu â'i gilydd.[171]

Ffyrdd Eraill o Fynegi'r Waredigaeth yng Nghrist

Ond y mae hefyd ddelweddau a chysyniadau eraill heblaw'r rhai a gysylltir â chyfiawnder a chyfiawnhau i ddisgrifio'r waredigaeth yng Nghrist yn llythyrau Paul, fel y'n hatgoffir gan W. D. Davies.[172] Fe'u crynhoir yma'n awr:

(1) *Prynedigaeth, rhyddid, neu ryddhad o gaethiwed.*
Yr hyn a gawn yma yw trosiad o fyd marchnata caethweision yn yr hen fyd a dynoda symud o fod yn gaeth i'r naill berchennog i fod yn gaeth i un arall, hynny yw, yn y cyswllt hwn, symud o gaethiwed i ryddid.[173]

Ceir y ferf *(ex)agorazô* bedair gwaith (Gal. 3.13; 4.5; 1 Cor. 6.20; 7.23)) a gyfieithir yn 'prynu' gan *BCN*. Yna ymddengys yr enw *apolutrôsis* saith gwaith (Rhuf. 3.24; 8.23; 1 Cor. 1.30; Col. 1.14; Effes. 1.7, 14; 4.30) a gyfieithir naill ai gan y gair 'prynedigaeth' (neu 'prynu'n rhydd') neu 'rhyddhad'. Sôn am brofiad y Cristion

Diwinyddiaeth Paul

eisoes yn y bywyd hwn y mae'r enghreifftiau yn Rhuf. 3.24; 1 Cor. 1.30; Col. 1.14, ac Effes. 1.7, ond rhyddhad eschatolegol yn y dyfodol sydd dan sylw yn Rhuf. 8.23; Effes. 1.14 a 4.30. Cysylltir y ddelwedd hon â'r Exodus o'r Aifft (cymharer Exod. 6.6 lle ceir y gair Hebraeg *g'l* sy'n dynodi Duw'n gwaredu).[174] Ond dim ond un enghraifft o'r ferf gyfatebol *lutroô* a geir ymhlith yr Epistolau Paulaidd, a hynny yn Tit. 2.14. Gyda llaw, ni sonnir yn yr enghreifftiau hyn am dalu unrhyw bris, ac yn ddiddorol, pan ddefnyddir y ferf *lutrousthai* yn y LXX a Duw'n oddrych iddi, ni cheir yno ychwaith unrhyw gyfeiriad at dalu pris.[175] Yn wir, yr unig droeon y sonnir o gwbl am daliad yw yn y defnydd o *agorazô* yn 1 Cor. 6.20 a 7.23: Crist a dalodd y pris drwy farw ar y groes, ond sylwer na ddywedir i bwy y'i talwyd. Dyfaliadau llawer diweddarach na chyfnod yr apostol a aeth ar ôl y trywydd hwnnw.[176] Ond y mae'r cysylltiad â'r groes yn bwysig yn y cyswllt hwn: gw. Gal. 3.13; Rhuf. 3.24 (cymh. Effes. 1.7; Tit. 2.14).

Sonnir am ryddhau neu brynu neu waredu oddi wrth:
(i) y Gyfraith a'i felltith (Gal. 3.13; 4.5);
(ii) bechod a'i rym (Rhuf. 3.24; gw. hefyd Col. 1.14; Effes. 1.7; Tit. 2.14);
(iii) o afael y tywyllwch (Col. 1.13) neu o'r oes ddrwg bresennol (Gal. 1.4); a rhydd ryddid terfynol a bywyd gyda Duw ar y Diwedd (Rhuf. 8.23; 1 Cor. 1.30 (efallai); gw. hefyd Effes. 1.14; 4.30). Ond golyga hefyd fod y credadun eisoes yn y byd hwn yn dod o dan arglwyddiaeth Duw ei hun a'i fod yn cyfrannu bellach ym marwolaeth Crist.[177] Mae wedi marw gyda Christ ac yn byw i Dduw, a chaiff ei atgyfodi yn y dyfodol yn unig (Rhuf. 6.3–11; gw. hefyd 7.4; Gal. 2.19–20; Phil. 3.10–11).

(2) Aberth, puredigaeth.[178]
Mae iaith gwltig, hynny yw iaith yn ymwneud â chyfundrefn aberthau'r Iddewon, yn cael ei defnyddio gan yr apostol i bwysleisio'r elfen gref o aberth yn yr hyn a gyflawnodd Crist ar y groes,[179] er nad yw'r delweddau hyn mor amlwg ag a awgrymir yn aml mewn rhai dehongliadau o'i waith achubol.[180]

Yr enghraifft o hyn a ddenodd fwyaf o sylw yn y cyfnod modern, gan dueddu i rannu carfannau efengylaidd oddi wrth rai rhyddfrydol, yw Rhuf. 3.25, lle ceir y gair *hilasterion* a gyfieithwyd yn yr hen gyfieithiad yn 'iawn', ond yn y fersiynau cynharaf (1975 ac 1988) o *BCN* yn 'foddion puredigaeth' ac yn y diwygiad ohono (2004) yn 'aberth cymod'. Yn y cyfieithiad Groeg o'r Hen Destament (LXX) dyma'r gair sy'n cyfateb i *kapporeth* yr Hebraeg, sef y drugareddfa (Lefit. 16.2, 13–15; gw. hefyd Heb. 9.5), lle ar ddydd mwyaf cysegredig yr Iddew, Dydd yr Iawn (*yôm kippur*), y gwnaethpwyd cymod dros yr holl genedl.[181] Yng Nghrist y cyflawnwyd yn berffaith yr hyn y bwriadwyd i'r drugareddfa wreiddiol ei chyflawni.[182] Duw ei hun sy'n paratoi'r *hilasterion* yn hytrach na bod yn wrthrych iddo.[183]

Bu dylanwad Dodd yn fawr ar y modd y tueddwyd i gyfieithu'r gair hwn a'r ychydig eiriau cysylltiol mewn rhannau eraill o'r Testament Newydd, er nad oes enghraifft arall ohonynt yn llythyrau Paul.[184] Ceir y ferf *hilaskesthai* yn Luc 18.13 a Heb. 2.17, a'r enw *hilasmos* ddwywaith yn 1 Ioan (2.2; 4.10). Cyhoeddodd ei astudiaeth fanwl o'r ferf gyfatebol *hilaskesthai* mewn ysgrif ddylanwadol iawn.[185] Craidd y ddadl, o ddilyn y cyfieithiadau Saesneg o'r grŵp hwn o dermau, yw hyn: a ddylid datgan eu bod yn mynegi'r syniad o *propitiation* (*AV*) (dyhuddiant), hynny yw boddhau llid Duw, neu gyfleu'r hyn a welir yn y gair *expiation* (*RSV*) (esburdal), sef gweithred yn delio'n uniongyrchol â phechod pobl?[186] A dyna'n wir oedd gogwydd sustem aberthol yr Iddew yn hytrach na dyhuddiant.[187] Y tu ôl i'r ferf yn LXX ceir y ferf Hebraeg *kipper* nad yw, yn ôl Dodd, yn cyfleu'r synnwyr o foddhau'r Duwdod, ond, yn hytrach, y syniad o gyflawni defod gyda'r amcan o ddileu euogrwydd neu halogiad.[188] Y gair 'iawn' a ddefnyddid yn yr hen gyfieithiad Cymraeg (= *BC*) mewn tair o'r chwe enghraifft uchod, sef Rhuf. 3.25; 1 Ioan 2.2; 4.10, ac yn Heb. 2.17 fe geid 'gwneuthur cymod'. Diddorol yw nodi, pan gynhyrchwyd *Y Testament Newydd, Argraffiad Diwygiedig* (= *CD*) gan Wasg Efengylaidd Cymru yn 1991,

> ni fanteisiodd golygyddion y C.D. ar y cyfle i osod 'iawn' yma, ond yn hytrach gadawyd yr H.G. [= *BC*] fel yr oedd. Diddorol, gyda llaw, yw sylwi bod y *BCN* wedi diogelu naws yr iaith ddefodol yn y gwreiddiol gyda'i 'sicrhau puredigaeth'. Nodwn hefyd i'r *BCN* adfer 'iawn' i'r troednodiadau yn ei fersiwn diwygiedig [hynny yw, 2004 erbyn hyn] o Rhuf. 3.25; 1 Ioan 2.2 a 4.10.[189]

Bellach, yn fersiwn diwygiedig 2004, 'aberth cymod' a geir yn Rhuf. 3.25 gyda 'yn foddion puredigaeth' ac 'yn iawn' mewn troednodyn. Ymddengys fod y cyfaddawd hwn yn boddhau'r garfan efengylaidd, gan i ladmerydd o'u plith grynhoi ystyr yr hyn a ddywed Paul yma fel hyn: 'sef bod y cymod yn dod trwy aberth Crist ar y groes.'[190]

Ceir cyfeiriad pellach at y sustem aberthol yn Rhuf. 3.25 yn yr ymadrodd 'yn ei waed',[191] sydd wedi'i adfer i'r cyfieithiad diwygiedig (2004) yn union fel yr oedd yn *BC*.[192] Camgymeriad yw hynny, yn fy marn i, gan mai cyfeirio y mae at farwolaeth aberthol Crist:[193] dyna pam y cafwyd 'yn ei farw aberthol' yng nghyfieithiadau 1975 ac 1988, y dadleuwyd mor frwd drosto gan y panel gwreiddiol o gyfieithwyr.[194] Yn system aberthol yr Iddew, roedd yn rhaid tywallt gwaed yr anifail er mwyn rhyddhau'r bywyd a oedd yn y gwaed (Lefit. 17.11). Felly hefyd i Paul nid oedd modd ysgaru marwolaeth Crist oddi wrth y bywyd newydd a ddeuai yn ei sgil.[195] Eto dylid cofio, er iddo ddefnyddio 'gwaed' mewn cysylltiadau aberthol, ni chyfyngir ei ddefnydd ohono i hynny: drwy'r gwaed caiff pobl gyfiawnhad, rhyddid a chymod (gw. Rhuf. 5.8–9; Col. 1.14, 20; Effes. 1.7; 2.13).[196]

Yn Rhuf. 8.3 defnyddia Paul ymadrodd technegol o'r system aberthol Iddewig, sef *peri hamartias* (aberth dros bechod; gw. Lefit. 5.6–7), i ddisgrifio aberth Crist yn y cnawd, ond yn aml cyfieithir yr ymadrodd, fel yn *BCN*, 'i ddelio â phechod'. Deil Dunn, fodd bynnag, y dylid tanlinellu'r cysylltiad â chyfundrefn aberthol yr Iddew a dangos mai Crist yw'r wir aberth dros bechod a ddarparodd Duw.[197] Cyfeirir at ei farwolaeth ddirprwyol hefyd gyda'r arddodiad *huper* ('drosom' neu 'er ein mwyn') yn Rhuf. 5.6, 8; 8.32; 2 Cor. 5.14, 15, 21; Gal. 2.20; 3.13, a 1 Thes. 5.10.[198]

Yn ddiau, etifeddodd Paul rai o'r ymadroddion yn y categori hwn, yn arbennig, o iaith y Gristnogaeth gynnar. Mae hyn yn sicr yn wir am y fformiwla sy'n sôn am Grist 'yn marw drosom' (*huper*): gw., er enghraifft, 1 Cor. 15.3, lle cydnebydd ei ddyled amdano i'r traddodiad Cristnogol cynnar (gw. hefyd 11.23–4).[199] Eithr, fel y pwysleisia W. D. Davies, nid caethwas i'r traddodiad hwn mohono; yn hytrach, fe'i defnyddiodd yn greadigol wrth ddehongli'r gwirioneddau mawr am weithgarwch Crist, a chyfeiria'r Cymro at ddiffiniad o wreiddioldeb fel 'meddwl drosom ein hunain yn hytrach na meddwl yn wahanol i eraill.'[200]

Soterioleg Paul

(3) *Cymod*.

Datblygiad diddorol iawn oedd ymddangosiad astudiaeth o ddiwinyddiaeth Paul gan yr ysgolhaig efengylaidd Ralph Martin, a roddodd iddo'r teitl *Reconciliation* i ddynodi'r gair allweddol i grynhoi dysgeidiaeth yr apostol yn hytrach na'r gair cyfiawnhad.[201] Dywed fod rhychwant ei feddwl yn llawer ehangach nag a gredir yn fynych mewn cylchoedd efengylaidd. Y mae elfennau ynddo sydd yn ddios yn amgylchynu'r personol, ond cysylltant yn ogystal â'r cosmos a'i dynged, â'r eglwys – y teulu byd-eang, ac â'r rhwydwaith o gysylltiadau cymdeithasol sy'n cydio pobl ynghyd (gw. Rhuf. 11.15; 2 Cor. 5.19).[202] Mewn gwirionedd, hawlia fod cyfiawnhad a chymod yn cyfleu'r sicrwydd o fynediad i mewn i berthynas sydd wedi'i hadfer (gw. Rhuf. 5.9, 10):[203] y maent, mewn gwirionedd, yn cyfleu'r un ystyr.[204] Eithr 'cymod' yw'r term cyfansawdd, mwyaf boddhaol, sy'n cyfleu'r gwirionedd hwn.[205]

Ymddengys yr enw *katallage* bedair gwaith (Rhuf. 5.11; 11.15; 2 Cor. 5.18, 19) a'r ferf *katallasso* (Rhuf. 5.10; 1 Cor. 7.11;[206] 2 Cor.5.18, 19, 20)[207] chwe gwaith, ac yna *apokatallasso* dair gwaith (Col. 1.20, 22; Effes. 2.16),[208] ac y mae'r geiriau hyn yn unigryw i Paul yn y Testament Newydd. Yn wir, Paul yw'r awdur cyntaf yn yr iaith Roeg y gwyddom amdano i ddisgrifio'r sawl a ddioddefodd, sef Duw yn yr achos hwn, yn dechrau'r broses o gymodi gan ddefnyddio ffurf weithredol y ferf.[209] Eithr ef hefyd yw gwrthrych a nod yr act o gymodi (Rhuf. 5.10; 2 Cor. 5.18, 20).[210] Mae'r anogaeth yn 2 Cor. 5.20: 'Cymoder chwi â Duw' yn awgrymu bod rhan hefyd gan y credadun yn y broses o gymodi.[211] Yn yr enghreifftiau o Col. ac Effes., ar y llaw arall, Crist yw goddrych y cymodi ac ef hefyd yw ei wrthrych yn Col.[212]

(4) *Creadigaeth newydd*.

Mae'r broses o drosglwyddo o'r naill arglwyddiaeth i un arall (gw. o dan (1) uchod) yn arwain at greadigaeth newydd. Cysyniad sy'n gysylltiedig â chymod yw creadigaeth newydd neu ddynoliaeth newydd (gw. 2 Cor. 5:17–21).[213] Mae'n perthyn i fyd-olwg apocalyptiaeth Iddewig.[214] Ceir sôn am greadigaeth newydd yn Gal. 6.15 a 2 Cor. 5.17. Cred Wright ei bod, yng nghyd-destun Galatiaid yn arbennig, yn golygu teulu newydd a phobl newydd.[215] Eisoes y mae'r broses o adnewyddu'n digwydd (2 Cor. 3.18; 4.16),[216] ond nid yw hyd yma'n gyflawn (2 Cor. 5.1–5). Yn Effes. 2.15; 4.23–4, a Col. 3:9–10 y ceir y sôn am ddynoliaeth newydd neu ddyn newydd yn llythrennol (*kainos anthropos*): caiff 'ei hadnewyddu ar ddelw ei Chreawdwr' (Col. 3.10), sef yr Adda Diwethaf yn ôl Scroggs.[217] Mae'r sawl sydd yng Nghrist yn greadur newydd am ei fod wedi marw ac atgyfodi gyda Christ, ac felly mae eisoes yn perthyn i realiti'r byd newydd.[218]

Dechreusom y bennod hon â'r Adda cyntaf; addas felly yw inni ei thynnu i'w therfyn gyda'r 'Adda diwethaf', ac ef 'yn ysbryd sy'n rhoi bywyd' (1 Cor. 15.45). Dyma fywyd y greadigaeth newydd, y ddynoliaeth newydd, a rydd Crist, yr Adda diwethaf, 'y dyn o'r nef' a ranna hefyd ei ddelw â'r credinwyr (ad.49).[219] Ac y mae W. D. Davies, yn sgil ei ddadl bod Paul yn derbyn y gred Rabinaidd draddodiadol am undeb y ddynoliaeth yn Adda,[220] yn honni, wrth ddal fod y ddynoliaeth newydd wedi'i hymgorffori yng Nghrist, y gellir ei huniaethu â 'chorff' yr Ail Adda.[221]

Nodiadau

1. Bultmann 1952, tt. 190–269 a 270–352.
2. Sanders 1977, tt. 509–10.
3. Bultmann 1952, t. 191.
4. Sanders 1977, tt. 474–5, 510. Gw. am safbwynt Bultmann 1952, tt. 191, 227, 301.
5. Morgan 1973, tt. 53–4; Sanders 1977, t. 435. Ar gynnwys y paragraff hwn gw. hefyd J. Tudno Williams 1988, tt. 183–4.
6. Sanders 1977, tt. 441–3, 474–6 a 481–5. Beirniadodd Caird 1978, 540, y safbwynt hwn, ac yn ôl Gundry 1985, 28, meddyliai Paul am y cyflwr a'r ateb iddo'r un pryd.
7. Gwelir grynodeb o'i safbwynt yn D. A. Campbell 2012c, 91. Gw. hefyd 2009, tt. 284–309, a 2011, 165–79.
8. J. Tudno Williams 1999, 86–96. Gw. hefyd Whiteley 1964, t. 48, a Dunn 1998, t. 84.
9. G. H. Jones 1979, t. 204.
10. G. H. Jones 1975, t. 94.
11. Townsend 1998, 413. Gw. hefyd Fitzmyer 1993, t. 409.
12. J. Tudno Williams 1999, 91–2.

[13] Gw. deSilva 2002, tt. 323–4.
[14] Am y datblygiadau hyn, gw. Eichrodt 1967, tt. 411–13; Cranfield 1975, tt. 279–81, a Dunn 1998, tt. 84–90.
[15] Gw. Anderson 1999, tt. 96–123.
[16] *Contra duas epistolas Pelagianorum*, 4.4.7. Sylwer fel y mae esboniwr Pabyddol cyfoes, Fitzmyer 1993, tt. 408, 413–14, yn gwrthod yr eglurhad hwn. Am y paragraff uchod gw. J. Tudno Williams 1999, 86.
[17] Er enghraifft: Whiteley 1964, t. 50; Scroggs 1966, t. 79, n.12; Dunn 1998, t. 95, n.76. Archwilir y cynigion gwahanol i drosi'r cymal hwn gan Cranfield 1969, 330–41, a Fitzmyer 1993, tt. 413–17.
[18] Ar yr adnod hon gw. pennod 4: 'Paul a'r Gyfraith'.
[19] Dylid darllen yr adran hon ochr yn ochr â'r bennod ar anthropoleg Paul (pennod 7). Dywed Bultmann 1952, t. 252, mai gwir thema'r adran hon yn Rhuf. yw tarddiad marwolaeth, nid tarddiad pechod. Gw. hefyd Ziesler 1989, t. 147.
[20] J. Tudno Williams 1991, tt. 137–8.
[21] Dunn 1989, tt. 107–8.
[22] Dunn 1989, tt. 112–13. Gw. hefyd Hooker 1971, 355.
[23] W. D. Davies 1980, t. 53. Gw. hefyd Dodd 1959, t. 100, a Whiteley 1964, tt. 112–13.
[24] W. D. Davies 1980, tt. 52–5. Gw. hefyd Hultgren 2003, 343–70.
[25] Black 1954, 173.
[26] Bultmann 1952, t. 252; Muddiman 1984, 106, a Dunn 1998, tt. 95–6.
[27] Bultmann 1952, t. 253.
[28] Dunn 1998, t. 97.
[29] Sparks 1984, t. 875. Gw. hefyd Scroggs 1966, t. 20.
[30] Gw. Thrall 1973, t. 157, n.4.
[31] Barrett 1962b, t. 20. Gw. hefyd W. Barclay 1958, 172–3.
[32] Whiteley 1964, t. 51. Gw. hefyd Dunn 1998, t. 97.
[33] Wedderburn 1980, t. 424. Gw. hefyd Lietzmann 1910, t. 27; Barrett 1962a, t. 111, a Scroggs 1966, tt. 78–9, 90.
[34] Ziesler 1978/9, 105–6.
[35] Dunn 1998, tt. 90–101. Gw. hefyd Hooker 1959/60, 297–306; Barrett 1962b, tt. 9, 17–19, a Dunn 1989, tt. 101–5.
[36] Ond credai J. Morgan Jones 1926, t. 1085, nad oedd 'yn rhan o'i feddwl Cristnogol, ond olion o'i hen Iddewiaeth a ddefnyddir fel dadl ddiwinyddol yn erbyn Iddewiaeth.'

37 Conzelmann 1968, 173; Reumann 1982, tt. 105–6, 108, 110, 119–20, 185, a Barrett 1983, t. 16.
38 Gw. Fitzmyer 1982, t. 201.
39 Am arolwg o ymdriniaethau o 'gyfiawnder Duw', gw. O'Brien 1992, tt. 69–78, a Fitzmyer 1993, tt. 257–63.
40 Gw. hefyd safbwynt Ridderbos 1977, t. 163.
41 J. M. G. Barclay 2015, t. 340.
42 Chester 2009, 320; J. M. G. Barclay 2015, t. 108. Roedd y Pabydd, Schnackenburg 1963, t. 80, yn dal nad oedd cytundeb o hyd ar ystyr y fformwla *simul justus et peccator*. Gw. hefyd y drafodaeth ym mhennod 3.
43 Gw. J. M. G. Barclay 2015, tt. 501–2. Dyna a gredai Luther ei hun (J. M. G. Barclay 2015, t. 113).
44 Cam â safbwynt Luther yw honni, fel y gwna Sanders 1991, t. 49, mai ffuglennol yw cyfiawnhad iddo: gw. Chester 2009, 333, a J. M. G. Barclay 2015, t. 107.
45 Dyma ddehongliad Chester 2009, 330–1, o safbwynt Luther.
46 Gw., am y cefndir yn niwinyddiaeth Luther a'r diwygwyr eraill, McGrath 1987/8, 43, ac 1988, tt. 83–4. Gw. hefyd Fitzmyer 1993, tt. 260–1.
47 Sylwer yn ogystal ar eiriad Salm 32.1–2 a ddyfynnir hefyd yn Rhuf. 4.7–8.
48 Gw. ymhellach Stauffer 1955, tt. 145–6, 292; gwrthgyferbynner Goodspeed 1954, 86–91, ac M. Barth 1967, 141. Amddiffynnir yr athrawiaeth am gyfiawnder drwy gyfrifiad gan Piper 2007 – cyfrol a ysgogodd ymateb gan Wright 2009. Fe'i cefnogir hefyd gan Packer 1982, t. 648.
49 Sanders 1977, t. 492, n.57, ac 1991, t. 67. Mewn trafodaeth gryno a digon treiddgar ar athrawiaeth 'Cyfiawnhad drwy Ffydd', beirniada R. M. Roberts 1951, tt. 22–3, y Diwygwyr Protestannaidd yn hallt, ac yn yr un modd y datganiad am gyfrifiad (*imputation*) yng Nghyffes Ffydd 1823 y Methodistiaid (R. M. Roberts 1951, t. 25). Ond mae'n rhaid ystyried safbwynt Luther ar y pwnc yn gyflawn: gw. yr hyn a ddywedwyd eisoes a'r hyn sy'n dilyn.
50 Cyfieithiad argraffiad diwygiedig *BCN* 2004 yw 'heb ddal neb yn gyfrifol am ei droseddau.'
51 Bultmann 1952, tt. 273–4, 276–9.
52 McGrath 1987/8, 45.
53 McGrath 1987/8, 44. Gw. hefyd O'Brien 1992, t. 78.

Soterioleg Paul

54 Gw. yr adran ar ddysgeidiaeth foesol Paul.
55 Lampe 1954, tt. 58–60.
56 Bultmann 1952, tt. 270–4. Tebyg oedd barn Schweitzer 1931, t. 205, ar y mater hwn. Ni wêl Sanders 1977, t. 494, unrhyw dystiolaeth dros safbwynt o'r fath mewn Iddewiaeth: yn wir, cysylltid yr ansoddair 'cyfiawn' eisoes ag Iddewon cyfoes.
57 Gw. R. M. Roberts 1951, t. 16.
58 Bultmann 1952, t. 270. Gw. hefyd Bornkamm 1971, t. 153. Am farn i'r gwrthwyneb, gw. Sanders 1977, t. 494.
59 McGrath 1998, tt. 188, 193–4; gw. hefyd 1987/8, 44–5, a J. M. G. Barclay 2015, tt. 101–2, 107 a 112–13.
60 Gw. Cranfield 1975, tt. 97–8; gw. hefyd Fitzmyer 1993, tt. 105, 258.
61 Wright 2009, t. 205.
62 J. Tudno Williams 2001, tt. 33–4.
63 Owen 1958, 30, ac N. M. Watson 1977, 465–6.
64 Käsemann 1969, tt. 168–82. Gw. hefyd Schrenk 1951, tt. 43–4; Dodd 1959, tt. 38–41, 82–3, a Fitzmyer 1993, tt. 105–7, 257–8 262–3.
65 Dunn 1998, t. 342, n.32. Gw. hefyd Barrett 1962a, tt. 29–30, a Wright 2015, tt. 54–6.
66 Käsemann 1969, t. 180. Ar gyfraniad Käsemann i astudiaethau Paulaidd, gw. Way 1991. Ceir crynodeb o ganlyniadau astudiaethau Käsemann ar y mater hwn gan Brauch yn Sanders 1977, tt. 539–40. Cefnogir ei safbwynt gan D. A. Campbell 2009, tt. 678, 683–8, a 2014b, t. 200. Am ddadleuon yn erbyn dehongliad Käsemann, gw. Conzelmann 1968, 179–80, a Cranfield 1975, tt. 96–7.
67 Käsemann 1969, t. 174. Gw. Brauch yn Sanders 1977, t. 527, n.24.
68 Käsemann 1969, t. 174; gw. S. K. Williams 1980, 243–4, a J. M. G. Barclay 2015, tt. 143–6, 499. Gw. hefyd N. M. Watson 1977, 457, n.1.
69 Dunn 1998, tt. 342–4. Gw. hefyd bwyslais Wright 2009, t. 46, fod cyfiawnder Duw yn cyfeirio at ei ffyddlondeb i'w gyfamod.
70 Bultmann 1952, t. 285. Fe'i beirniedir gan Fitzmyer 1993, t. 105.
71 Käsemann 1969, t. 173, n.4, a t. 174.
72 Wright 2015, tt. 55–6. Gw. ymhellach isod, a hefyd Käsemann 1971, tt. 60–78.
73 Wedderburn 1985a, 194–5. Gw. hefyd D. A. Campbell 2009, tt. 687–8.
74 Cranfield 1975, tt. 97–9. Gw. hefyd Lietzmann 1910, t. 52, ac 1933, t. 30; Schrenk 1951, tt. 43–5, a Seifrid 1992, t. 215.

[75] Sanders 1991, tt. 44–7; Fitzmyer 1993, t. 258; Dunn 1998, t. 341, a Wright 2009, tt. 67–9.
[76] K. Grobel yn Bultmann 1952, t. 253. Cynigia Sanders 1991, tt. 46–7, y ferf 'to righteous'.
[77] Am y consensws diweddaraf ar yr ystyr hwn, gw. J. M. G. Barclay 2015, tt. 375–6.
[78] Gw. Sanders 1991, t. 47; gw. hefyd Rhuf. 8.33, a Scroggs 1988, t. 15.
[79] Wright 1980, t.14, a 2009, tt. 69–71.
[80] Cranfield 1975, tt. 136, 154, a Ziesler 1972, tt. 189–90. Gw. hefyd Dodd 1935, tt. 50–2, a Morris 1965, tt. 234 a 259–63.
[81] Wright 2013, t. 777.
[82] Gw. R. M. Roberts 1951, tt. 17–19; Goodspeed 1954, 86–91; McGrath 1982, 413, a Onesti a Brauch 1993, t. 834. Hon, hefyd, oedd barn dehonglwyr Groegaidd Paul er cyfnod y Tadau Eglwysig (Fitzmyer 1982, t. 208). Ond nid yw'r defnydd arferol o'r ferf mewn llenyddiaeth gyfoes yn cefnogi'r ystyr hwn: J. M. G. Barclay 2015, t. 377, n. 71. Gw. hefyd R. G. Roberts 1926, t. 337; Owen 1958, 29, a Fitzmyer 1967, t. 52. Fe'i gwrthodir gan Wright 2009, t. 70.
[83] Gw. Reumann 1982, t. 66.
[84] Chester 2009, 325–6, a J. M. G. Barclay 2015, tt. 97–101.
[85] Chester 2009, 326.
[86] Reumann 1982, t. 69.
[87] Gw. Linebaugh 2013, 539–40, a J. M. G. Barclay 2015, t. 106.
[88] K. Barth, *Church Dogmatics*, IV/I (Edinburgh, 1956), t. 621, a ddyfynnir gan Linebaugh 2013, 541. Gw. hefyd Linebaugh 2013, 537–41; Chester 2009, 326, 328–30, a Wright 2009, t. 215.
[89] R. Tudur Jones 1982, tt. 76–8; McGrath 1987/8, 43–4, ac 1998, tt. 191–3.
[90] Dodd 1958, t. 129.
[91] J. Tudno Williams 1991, t. 46.
[92] Reumann 1982, t. 72.
[93] Yinger 1999, tt. 143–203; gw. hefyd Gundry 1985, 1–38; Snodgrass 1986, 72–93, a Garlington 2005, 30–1.
[94] J. M. G. Barclay 2015, tt. 467–8.
[95] Yinger 1999, t. 287. Gw. hefyd J. M. G. Barclay 2015, tt. 465–7, 492.
[96] Wright 2013, tt. 952–60; gw. hefyd 1980, t. 16, a 2009, tt. viii, 209–10, a J. M. G. Barclay 2015, tt. 467–9.
[97] Yinger 1999, tt. 288–9. Gw. hefyd Sanders 1985b, t. 208.

98 Yinger 1999, t. 290. Gw. hefyd Snodgrass 1986, 86, a Garlington 2005, 25.
99 Hooker 2016, 61.
100 N. M. Watson 1983a, 209–21. Cydnebydd ei ddyled i W. Joest, *Gesetz und Freiheit: Das Problem des Tertius Usus Legis bei Luther und die neutestamentliche Parainese* (Göttingen, 1968), wrth lunio'i safbwynt.
101 Gw. rhagair Luther i'w gyfieithiad Almaenig o'r Testament Newydd (1522): gw. Laws 1980, t. 1.
102 Gw. Laws 1980, t. 137.
103 Gw. McGrath 1990, t. 416.
104 Jeremias 1954/5, 370.
105 Cysyniad o ffydd sydd bron yn unigryw iddo yn y Testament Newydd: Davids 1988, t. 3643.
106 Thomas 1963, t. 219. Gw. hefyd drafodaeth lawn Laws 1980, tt. 118–39. Mae'n debyg mai ymateb i ddehongliadau o ddysgeidiaeth Paul y mae Iago (gw. Jeremias 1954/5, 371, a Laws 1980, tt. 15–16). Gw. hefyd Richardson 1958, tt. 240–1, ac E. W. Davies 1989, tt. 62–4. Am drafodaeth ddiweddar ar yr holl fater, gw. Nienhuis 2019, tt. 236–51.
107 Barrett 1994, t. 99, a Dunn 1998, t. 344.
108 Schnackenburg 1963, tt. 79–80. Gw. hefyd Ziesler 1972, t. 171; Sanders 1977, t. 472; Finlan 2004, t. 160; a Thiselton 2009, tt. 93–5. Cred D. A. Campbell 2009, tt. 678–81, fod y gwrthgyferbyniadau traddodiadol hyn yn orsyml, onid yn ddiystyr. Gw. hefyd Chadwick 1994, tt. 101–2.
109 Reumann 1982, t. 122.
110 Sanders 1977, t. 506. Gw. ymhellach y drafodaeth isod ar hyn o dan y pennawd: 'Dau Ddarlun Gwahanol o'r Hyn yw Hanfod Diwinyddiaeth Paul'.
111 Seifrid 1992, t. 39, yn cyfeirio at Käsemann 1973, t. 26, sef Käsemann 1980, tt. 28–9. Gw. hefyd Käsemann 1971, tt. 76 a 78.
112 Dunn 1992, 17.
113 Barrett 1962a, t. 89.
114 Jeremias 1965, tt. 51–70.
115 Barrett 1962a, tt. 75–6. Gw. hefyd Owen 1958, 27; Hunter 1966, t. 21; Ziesler 1972, t. 195, a 1990, t. 88; a Sanders 1977, t. 492, n.57. Ond fe'i gwrthodir gan Goodspeed 1954, 88.
116 D. A. Campbell 2009, tt. 825–6, a 2014b, tt. 207–13. Fe'i atebir gan Matlock 2011, 145.

[117] Shaw 2013, 167, n.25.
[118] Ziesler 1972, tt. 157–8, 162–3. Gw. Thiselton 2009, tt. 93–5.
[119] Ziesler 1972, tt. 9–10. Mae S. K. Williams 1980 yn gwrthod y safbwynt hwn.
[120] Gw., er enghraifft, y drafodaeth ddiweddar rhwng Moore 2014, 483–6, a Wright 2014, 487–90. Byddai Wright am bwysleisio'r berthynas yng nghyd-destun y cyfamod Beiblaidd. Gw. hefyd Onesti a Brauch 1993, tt. 836–7, a Wright 2013, tt. 799–801. Â Wright 2016, t. 87, mor bell â chyfieithu *dikaiosunē* â'r ymadrodd *covenant membership* yn Rhuf. 5.17, er nad oes unrhyw dystiolaeth o hyn mewn Iddewiaeth (Gathercole 2014). Cynigia Gathercole *covenant faithfulness*.
[121] Dyna'n wir oedd pwyslais creiddiol R. M. Roberts 1951, t. 12, yn ei Ddarlith Davies.
[122] Dunn 1992, 16–21, ac 1998, tt. 341–2. Gw. hefyd McGrath 1993, t. 518.
[123] Ar y pwyslais hwn ar gyfiawnhau yn arwyddo adfer perthynas, gw. ymhellach Bultmann 1952, tt. 271–2; Whiteley 1964, tt. 159–60; Ziesler 1972, t. 195, ac 1990, t. 88; Sanders 1977, t. 470; S. K. Williams 1980, 241, a 260, n.5; Onesti a Brauch 1993, t. 836; a Moore 1994, 114, n.28.
[124] Käsemann 1969, t. 150. Gw. hefyd 1971, t. 65. Gw. ymateb Bultmann 1964, 12–16.
[125] Käsemann 1971, t. 74. Gw. hefyd M. Barth 1967, 139–43.
[126] Käsemann 1971, tt. 60–78.
[127] Gw. Sanders 1977, t. 437. Ar fater ffydd unigolyddol gw. Burnett 1998, 159–89.
[128] Stendahl 1976, tt. 78–96. Gw. hefyd bennod 3.
[129] Käsemann 1969, tt. 168–82.
[130] Sanders 1977, t. 544. Gwrthoda J. M. G. Barclay 2015, t. 378, n.73, yr ystyr hwn yn llwyr.
[131] Dunn 1990, t. 190.
[132] W. D. Davies 1999, t. 716.
[133] W. D. Davies 1980, tt. 36, 221–3. Mae Wright yn Neill a Wright 1988, t. 415, yn tynnu sylw at y ffaith mai dim ond dau gyfeiriad at gyfiawnhad a nodir yn y mynegai i'w gyfrol fawr (1980).
[134] Wrede 1904, tt. 67, 104, a atgynhyrchir yn Rengstorf 1969, t. 69, a Wrede 1907, t. 123, a Schweitzer 1931, tt. 220–6. Am grynodeb o'r drafodaeth gw. Sanders 1977, tt. 438–41, a Fung 1981, 4–11.
[135] Schweitzer 1931, t. 225.

136 Sanders 1977, t. 492.
137 Schweitzer 1931, t. 124. Gw. Thiselton 1978/9, 132–7.
138 Stewart 1935, t. 147.
139 Chester 2009, 315, n.1.
140 Whiteley 1964, t. 130; gw. hefyd t. 154.
141 Chester 2009, 316.
142 Dyna a geir yn *BCN* ymhob un o'r enghreifftiau a nodwyd yma.
143 Mae Dunn 1998, tt. 379–85, am lynu wrth y dehongliad traddodiadol, sef 'ffydd yng Nghrist'. Felly hefyd J. M. G. Barclay 2015, tt. 378–84. Ond myn B. W. Longenecker 1993, 478–80, mai cyfeiriad ychwanegol at ffydd Crist a geir yn Rhuf. 3.25 hefyd. Am arolwg a thrafodaeth o'r holl fater gw. Bird and Sprinkle 2009. Cefnogir y genidol goddrychol yn gryf gan Hays 2002; Hooker 1989; D. A. Campbell 2009, t. 756; a Wright 2009, tt. 97, 178, a 2013, tt. 836–51. Iddo ef 'ffyddlondeb y Meseia' ydyw.
144 Ebeling 1963, t. 203, a ddyfynnir gan Hays 2002, t. xxix; gw. hefyd Chester 2009, 315–16, a Linebaugh 2013, 535.
145 Hays 2002, t. 293. Gw. hefyd Hooker 2016, 59.
146 Gw. Hooker 1989, 322.
147 Chester 2009, 317, 321–2.
148 Yn ôl y *Geiriadur Lladin-Cymraeg* (gol. Huw Thomas, Caerdydd, 1979) ystyr yr ansoddair Lladin *alienus* yw: 'Yn perthyn i eraill neu'n effeithio arnynt, wedi'i roi i eraill, wedi'i wneud, wedi'i ddioddef, etc. gan eraill.'
149 Gw. Linebaugh 2013, 542–3; gw. hefyd Chester 2009, 334, a J. M. G. Barclay 2015, t. 107. Gw. hefyd yr hyn a ysgrifennais uchod.
150 Gw. Linebaugh 2013, 542; gw. hefyd Hooker 1989, 331.
151 Schweitzer 1931, tt. 205–7.
152 Hampson 2001, tt. 18–19. Gw. hefyd Chester 2009, 337, a Linebaugh 2013, 542–3.
153 Gw. Hooker 2016, 46–62, ac S. M. Lee 2018/19, 243–4, 254–5. Cyffelyba Lee hyn â pherthynas yr ymerawdwr Rhufeinig â'i ddeiliaid (S. M. Lee 2018/19, 252). Wrth inni gyfeirio at yr ymadrodd hwn fe'n hatgoffir gan Downing 2010, 139–41, 160, fod amwysedd yn nodwedd amlwg o lenyddiaeth Roegaidd y cyfnod.
154 Yn benodol J. B. Torrance 1970, a atgynhyrchir yn Tilling 2014, tt. 261–85.
155 D. A. Campbell 2009, t. 1.
156 D. A. Campbell 2012c, 96–7, 101.

[157] D. A. Campbell 2012b, 332–6.
[158] D. A. Campbell 2012b, 336.
[159] D. A. Campbell 2009, tt.87–8.
[160] D. A. Campbell 2009, tt. 36–89.
[161] D. A. Campbell 2009, t. 88. Gw. hefyd ei grynodeb o'i safbwynt yn 2012c, 91–2, a hefyd A. Torrance 2012, 87. Yn ôl Wright 2015, tt. 187–8, ni lwyddodd D. A. Campbell i ddangos rhagoriaeth Rhuf. 5–8 ar benodau 1–4.
[162] D. A. Campbell 2009, t. 903; gw. hefyd tt. 15–16 a 75–6. Gw. hefyd Macaskill 2011, 155. Ymddengys fod y gair 'apocalyptaidd' yn cael ei ddefnyddio yma mewn ystyr llawer ehangach nag sy'n arferol yn y cyswllt beiblaidd: gw. Wright 2015, tt. 189–92.
[163] D. A. Campbell 2009, t. 903. Darlunnir y ddysgeidiaeth Baulaidd am iachawdwriaeth yn Rhuf. 5–8 gan Campbell 2009, tt. 62–95. Dywed Wright 2015, tt. 208–9, mai un o gryfderau mawr Campbell yw ei bwyslais ar le hanfodol yr Ysbryd yn soterioleg Paul. Gw. hefyd Hafemann 2015, tt. 38–9.
[164] D. A. Campbell 2005, t. ix.
[165] Gan Matlock 2011, 130–8, ac Wright 2015, tt. 202–15.
[166] D. A. Campbell 2009, t. 27. Gw. ymhellach J. M. G. Barclay 2015, tt. 172–3.
[167] Macaskill 2011, 153. Gwrthoda D. A. Campbell 2012a, 391–2, y dehongliad hwn o'i safbwynt.
[168] Macaskill 2011, 154. Gw. hefyd Wright 2015, tt. 190–2.
[169] Gw. feirniadaeth Matlock 2011, 140–4, ac ymateb D. A. Campbell 2011, 189–93.
[170] Yn wyneb y feirniadaeth gan Griffith-Jones 2014, tt. 161–74, ar ei ddefnydd o'r term Groegaidd hwn cynigia D. A. Campbell 2014a, t. 176, bellach y term *parody*.
[171] D. A. Campbell 2012a, 390–1. Gw. Macaskill 2011, 159.
[172] W. D. Davies 1980, tt. 221–2. Yn wir, honnodd Sanders 1977, t. 508, mai *y* broblem wrth ddehongli Paul yw'r berthynas rhwng y gwahanol dermau soteriolegol a ddefnyddia.
[173] Scott 1927, tt. 27–38; Ziesler 1990, t. 86; Dunn 1998, tt. 227–8; a Finlan 2004, tt. 166–8.
[174] Gw. Dunn 1998, tt. 227–8.
[175] Whiteley 1964, t. 142.
[176] J. Tudno Williams 1991, tt. 58–9. Gw. hefyd Dunn 1998, t. 228.

[177] Sanders 1977, tt. 467–8. Gw. hefyd Schweitzer 1931, tt. 116–20.
[178] Am drafodaeth gytbwys o'r pwnc, gw. Gundry-Volf 1993b, tt. 279–84.
[179] Dunn 1998, t. 213, a Finlan 2004, tt. 1–6. Deil McLean 1992, 531–53, nad oes cyfiawnhad diwinyddol na thestunol dros ddehongliad aberthol o'r hyn a ddywed Paul am yr iawn.
[180] Hengel 1986, tt. 233, 238–41, sydd, yn wir, yn mynd ymlaen i awgrymu nad oedd mwyach o lawer o ddiddordeb iddo. Yr eglurhad a rydd W. D. Davies 1980, t. 231, am hyn yw bod yr apostol yn orgyfarwydd ag ef ac felly'n dewis gwneud ond ychydig ddefnydd ohono yn ei ddiwinyddiaeth.
[181] Dunn 1998, t. 213; Finlan 2004, tt. 125–6, 129, 156–7. Pwysleisia W. D. Davies 1980, tt. 237–42, fangre'r digwyddiad yng nghyswllt yr hyn a gyhoedda Paul yma. Gw. hefyd McLean 1992, 545.
[182] Whiteley 1964, t. 146; gw. hefyd Manson 1945, 4.
[183] J. A. T. Robinson 1979, t. 45; gw. hefyd D. G. Davies 1984, tt. 68–9.
[184] Dodd 1935, t. 93, ac 1959, tt. 78–9, a hefyd Taylor 1939, 295–300. Gw. Evans 1976, tt. 25–6, a Thomas 1976, 41–2. Am safbwynt gwahanol, gw. I. Rh. Jones 2008, 380–4.
[185] Dodd 1931a, 352–60, a atgynhyrchwyd yn Dodd 1935, tt. 82–95. Ceir ymatebion ceidwadol i'w ddadleuon yn Morris 1965, tt. 125–85, a Hill 1967, tt. 23–36. Gw. hefyd Clavier 1968, 287–304.
[186] Awgrymodd Richardson 1958, t. 224, nad oes fawr o wahaniaeth o ran ystyr rhyngddynt. Gw. hefyd Barrett 1962a, tt. 77–8. Cyfeirir y cyntaf tuag at Dduw a'r ail tuag at bobl (Ziesler 1990, t. 93). Yn wir, mae lle i gredu nad yw'r dull modern o'u dadansoddi'n fanwl o ran ystyr yn berthnasol i ieithwedd awduron y ganrif gyntaf, OC (Sanders 1977, t. 465).
[187] Ziesler 1981/2, 358.
[188] Dodd 1935, t. 93, a 1959, tt. 78–9. Gw. hefyd W. D. Davies 1980, t. 237; Dunn 1998, tt. 214–15; a Finlan 2004, tt. 136–9. Sylwer fod Thrall 1973, tt.165–7, yn ochri â'r dehongliad traddodiadol o ddyhuddo. Felly hefyd Hill 1967, tt. 23–38. Gw. hefyd Finlan 2004, t. 38.
[189] J. Tudno Williams 1993, 231. Ar y newidiadau i'r dair fersiwn o *BCN*, gw. I. Rh. Jones 2007, 32–41.
[190] I. Rh. Jones 2007, 37. Gw. hefyd 2008, 384.
[191] Gw. W. D. Davies 1980, tt. 232–7.
[192] Gw. hefyd Rhuf. 5.9; Col. 1.20; Effes. 1.7, a 2.13: ymhob un o'r esiamplau hyn cyfieitha *BCN* y gair 'gwaed' yn llythrennol.
[193] W. D. Davies 1980, tt. 236–7.

[194] Gw. Evans 1976, tt. 25–6.
[195] Taylor 1937, t. 54; W. D. Davies 1980, tt. 234–6.
[196] Scott 1927, t. 86; W. D. Davies 1980, tt. 236–7.
[197] Dunn 1998, t. 216; gw. hefyd tt. 221–2; Wright 1992, t. 222; a Finlan 2004, tt. 114–16. Diddorol yw sylwi bod D. A. Campbell 2009, t. 64, sydd fel arfer yn wrthwynebus i gysyniadau fforensig yn Paul, yn fodlon derbyn mai cyfeiriad aberthol a geir yma. Gw. Shaw 2013, 166.
[198] Gw. Bultmann 1952, t. 296. Dywed Bell 2002, 8, mai darlun o Grist yn aberth dros bechod a geir yn 2 Cor. 5.14–21 ar ei hyd, a dyna'n wir a ymddengys mewn troednodyn yn *BCN* (2004) yn ad.21, er iddo ef ei hun anghymeradwyo cyfieithiad felly (Bell 2002,13). Yn ddiweddar, dadleuodd Gathercole 2015 fod perygl i'r cysyniad o farwolaeth ddirprwyol gael ei ddisodli gan fynegiannau eraill, megis y darlun cynrychioliadol o farwolaeth Crist. Cred y gellir gosod y naill a'r llall ochr yn ochr â'i gilydd wrth dehongli'r iawn yn Paul. Am feirniadaeth dreiddgar ar ei safbwynt, gw. Duke 2017/18, 458–65.
[199] Bultmann 1952, tt. 295–6; W. D. Davies 1980, tt. 229–30; Hengel 1986, tt. 235–43.
[200] W. D. Davies 1980, t. 230.
[201] Martin 1981, t. 5. Cred S. Kim 1997, tt. 102–24, fod y cysyniad hwn yn tarddu o'i brofiad ar y ffordd i Ddamascus.
[202] Martin 1981, t. 34. Gw. hefyd Ridderbos 1977, tt. 160–1, 183–4, a Dunn 1998, t. 229. Ymddengys fod Sanders 1977, t. 470, fodd bynnag, am ddiraddio arwyddocâd y cysyniad o 'gymod' yn Paul.
[203] Martin 1981, t. 37. Gw. hefyd drafodaeth McGrath 1982, 403–18, sy'n dangos cysylltiad agos rhwng cyfiawnhad a chymod. Gw. hefyd Owen 1958, 24, a Kruse 1997, t. 283.
[204] Barrett 1962a, tt. 107–8.
[205] Martin 1981, t. 46; gw. hefyd 1993, t. 94, a Taylor 1958, t. 191. Yr oedd Anderson Scott 1927, t. viii, eisoes wedi gosod cymodi ar lefel uwch na chyfiawnhau ym meddylfryd Paul am ei fod, chwedl ef, 'yn dechrau o agwedd ddyfnach tuag at bechod ac yn gweithredu ar wastad uwch o gysylltiadau personol.' I'r gwrthwyneb, cred Reumann 1982, t. 113, mai cyfiawnder yw'r mwyaf arwyddocaol o'r ddau derm gan ei fod yn digwydd mwy o weithiau yn Paul.
[206] Ystyr seciwlar sydd i'r ferf yma, sef adfer perthynas priodasol.
[207] Am drafodaeth lawn ar 2 Cor. 5.18-21, gw. Thrall 1981/2, 227–32.

Soterioleg Paul

[208] Yr enghreifftiau cyntaf o'r ferf mewn Groeg hyd y gwyddom (S. E. Porter 1993, t. 697).
[209] S. E. Porter 1993, t. 695. Gw. hefyd S. Kim 1997, tt. 105–7.
[210] S. E. Porter 1993, t. 696.
[211] Thrall 1981/2, 228.
[212] S. E. Porter 1993, tt. 697–8.
[213] Levison 1993, t. 190, ac S. Kim 1997, t. 111.
[214] Hays 1997, t. 20. Gw. hefyd Scroggs 1966, tt. 61–2.
[215] Wright 2016, tt. 4–6.
[216] Gw. Scroggs 1966, tt. 109–10.
[217] Scroggs 1966, t. 70.
[218] Schweitzer 1931, t. 15; Scroggs 1966, t. 63.
[219] Gw. Scroggs 1966, tt. 68–9, 92–3, 99, 102–5; Ziesler 1990, t. 53.
[220] Ond gw. Scroggs 1966, t. 105, n.77.
[221] W. D. Davies 1980, t. 57.

6

Cristoleg Paul

■ ■ ■

Cyffes Gynharaf Gristolegol Cristnogaeth

Credir yn gyffredinol mai'r gyffes Gristnogol gynharaf oedd 'Iesu yw'r Arglwydd',[1] ac yr adlewyrchir hyn yn y cymal Aramaeg *Maranatha* a geir yn ei ffurf wreiddiol, heb ei gyfieithu, ar ddiwedd Llythyr Cyntaf Paul at y Corinthiaid (16.22). Mae'n debyg mai ei ystyr yw *Marana* (ein Harglwydd) *tha* (tyred) yn hytrach na *Maran* (Ein Harglwydd) *atha* (a ddaeth).[2] Adlewyrcha brofiad y gymuned Gristnogol gyntaf mewn addoliad. Awgrymodd Cullmann ei fod yn golygu, 'Tyred, Arglwydd ar y diwedd!', a hefyd, 'Tyred, Arglwydd *yn awr* tra byddom wedi ymgynnull yma wrth y bwrdd',[3] hynny yw bwrdd y cymun. Yn wir, 'cynnwys y gyffes hon wir ffynhonnell y teitl "Arglwydd".'[4] Awgrymodd Matthew Black, pe baem yn cyfieithu testun Groeg 1 Enoch 1.9 (a ddyfynnir yn Epistol Jwdas 14–15), sef, 'Wele, y mae'r Arglwydd wedi dod', yn ôl i'r Aramaeg, yna *Maranatha* a fyddai gennym.[5] Felly, geill mai Enoch yw ffynhonnell defnydd Paul o'r ymadrodd hwn, a chyfeiria at ddyfodiad yr Arglwydd yn y dyfodol mewn barn, yn hytrach nag at ei ddyfodiad yn yr ysbryd adeg Swper yr Arglwydd.[6]

Roedd gan Paul hoffter arbennig o'r term *Kyrios* (Arglwydd) ar gyfer disgrifio Iesu Grist; yn wir, fe'i defnyddia tua ddau gant o weithiau yn ei lythyrau;[7] dim ond yr enw Crist sy'n ymddangos yn fwy aml: 275 gwaith yn ôl Scroggs.⁸ Mae'r ffaith iddo ddiogelu enw'r Arglwydd yn ei ffurf Aramaeg y tro hwnnw yn 1 Cor. 16.22 yn awgrymu iddo ddeillio o'r gymuned Gristnogol gynharaf a siaradai'r iaith honno. Yn wir, ceir tystiolaeth ysgrifenedig o Qumrân sy'n debygol o brofi y gellid defnyddio'r ffurf Aramaeg *marêh* mewn ystyr tebyg iawn i *kyrios* fel disgrifiad o'r Duwdod.⁹ O'r cefndir hwnnw, felly, y mae'n tarddu, yn hytrach nag o'r cefndir Helenistaidd y dadleuwyd drosto gan Bousset¹⁰ a Bultmann¹¹ a'u tebyg wrth iddynt geisio honni mai cyffes oedd hon a ddefnyddid yng nghanol ymgyrchoedd cenhadol yr eglwys yn nes ymlaen yn ei hanes.¹²

Ymdrechion i Olrhain Datblygiad yng Nghristoleg Paul

Yn y fan hon carwn fynegi fy anesmwythyd ynglŷn â'r modd y rhannodd amryw o ysgolheigion dueddiadau oddi mewn i'r Eglwys Fore i wahanol gategorïau, megis Cristnogaeth Iddewig Balesteinaidd gynnar, Cristnogaeth Iddewig y Diaspora cynnar, Cristnogaeth Iddewig Helenistaidd, Cristnogaeth Genhedlig gyn-Baulaidd, Cristnogaeth Baulaidd, datblygiadau wedi Paul, ac yn y blaen. Cysylltir yr haenau hyn gan rai, megis F. Hahn ac R. H. Fuller, â datblygiad Cristoleg y Testament Newydd.¹³ Credaf mai sail sigledig iawn sydd i'r mathau hyn o ddosraniad haearnaidd,¹⁴ a daeth hyn yn fwyfwy amlwg yn wyneb ymchwil y blynyddoedd diwethaf a amlygodd gysylltiad cyson rhwng y meddylfryd Groegaidd a'r un Iddewig, o leiaf o gyfnod Alexander Fawr ymlaen.¹⁵ Yn wir, fel y dadleuwyd eisoes, nid oedd y meddwl Iddewig yn agos mor fonolithig a chyfyngedig ag y credid ar un adeg. I raddau, cadarnhaodd Sgroliau'r Môr Marw y ffaith hon, ac fel y soniwyd yn barod, y mae'n rhyfeddol y ceir yn eu plith sgroliau a ysgrifennwyd yn yr iaith Roeg.¹⁶

Dylid ymwrthod hefyd â'r farn simplistig a awgryma i'r darlun mwy mabwysiadol, mwy cyntefig, fel petai, o berson Crist, a ddaliwyd mewn sefyllfa Iddewig-Gristnogol gynnar, esblygu a datblygu'n Gristoleg lawer mwy soffistigedig yr Eglwys Genhedlig-Helenistaidd.¹⁷ Bu Moule yn arbennig o lawdrwm ar y math hwn o honiad. Yn ei gyfrol *The Origin of Christology* y mae'n fwriadol yn dychanu'r fath ddamcaniaeth 'esblygol' fel un sy'n cychwyn gyda Rabbi Palesteinaidd ac yn gorffen gydag Arglwydd dwyfol cwlt Iachawdwr

Helenistaidd.[18] Neu, yn ôl darlun Maurice Casey, a esblygodd o fod yn 'Broffwyd Iddewig' i fod yn 'Dduw y Cenhedloedd'.[19] Rheitiach gan Moule fyddai canfod gwraidd Cristoleg y Testament Newydd yn nhermau datblygiad yn hytrach nag esblygiad. Darlunia 'ddatblygiad' fel 'twf o anaeddfedrwydd i aeddfedrwydd enghraifft unigol "oddi mewn iddi ei hun".'[20] Mewn geiriau eraill, yr oedd Cristoleg 'uchel', hynny yw syniad uchel a dyrchafedig o'r hyn oedd Iesu, mewn gwirionedd yn oblygedig yn y deunydd o'r cychwyn. Ategir hyn gan farn Bauckham: 'The earliest Christology was already the highest Christology', hynny yw 'a Christology of divine identity.'[21] Yr hyn y dylem fod yn ceisio eu darganfod yn ôl Moule yw'r hyn a eilw yn 'risiau gwahanol yn natblygiad dirnadaeth nad ydynt yn golygu ychwanegu elfennau dieithr nad oedd yn gynwysedig o'r cychwyn.' Defnyddia gymhariaeth o fyd natur: nid oes gennym yma 'ymddangosiad rhywogaeth newydd, ond dadorchuddio blodyn o egin a thyfiant ffrwyth o flodyn.'[22] Felly, o gymhwyso'r darlun hwn at ddatblygiad athrawiaethol, dadleua Moule fod 'Iesu, *o'r dechreuad*, yn gyfryw y gellid ei ddisgrifio'n addas mewn ffyrdd a ddaeth, yn hwyr neu'n hwyrach, yn foddion i'w ddisgrifio yng nghyfnod y Testament Newydd, er enghraifft, yn "Arglwydd", a hyd yn oed, mewn rhyw ystyr, yn "Dduw".' Yna, â ymlaen i ddatgan: 'Pa un a ddefnyddiwyd yr ymadroddion hyn yn gynnar neu'n hwyrach, fy marn i yw nad ydynt yn enghraifft o esblygu *oddi wrth* y gwreiddiol, fel petai, ond cynrychiolant, yn hytrach, ddatblygiad gwir ddirnadaeth o'r gwreiddiol.'[23] Roedd hefyd am herio'r farn mai problem sylfaenol Cristoleg y Testament Newydd yw bod y darlun o Iesu ynddi ddim yn adlewyrchiad hanesyddol cywir o'r hyn oedd Iesu ei hun.[24] Hawlia iddo ddarganfod oddi mewn i rannau hynaf y Testament Newydd, sef epistolau cydnabyddedig Paul, adlewyrchiad o brofiadau o Grist nas ceir mewn profiadau crefyddol cyn Crist, a byddai'n anodd eu hegluro fel benthyciadau o'r byd cenhedlig. Yn wir, rhoddant iddo'r hyn sy'n cyfateb i statws dwyfol.[25] Sylwer yn ogystal ar yr hyn a ddywedodd Hengel:

> Fe'n temtir i ddweud i fwy ddigwydd [hynny yw, ym maes datblygu'r athrawiaeth am Grist] yn ystod tri a phedwar degau'r ganrif gyntaf, cyfnod o lai nag ugain mlynedd, nag a ddigwyddodd yn ystod y cyfan

o'r saith canrif dilynol hyd at y cyfnod pryd y cwblhawyd athrawiaeth yr eglwys fore [*sic*].[26]

Yn sgil yr hyn a drafodwyd yn awr, dychwelwn at ystyriaeth bellach o Gristoleg Paul. Nodwn yn syth mai'n anaml y trafodir person Iesu ganddo fel pwnc ar ei ben ei hun. Rhaid aros hyd at Colosiaid i'w ganfod fel pwnc dadleuol rhwng yr apostol a'i ddarllenwyr. O ganlyniad, prin yw'r deunydd yn ei lythyrau sy'n benodol yn ymwneud â'r pwnc. Ceir datganiadau o'r fath yn ysbeidiol (*casually and implicitly*, fel y dywedir), ond maent yn oblygedig mewn trafodaethau o faterion eraill, ac yn arbennig gwaith Crist yr Iachawdwr.[27]

Christos

Fel y nodwyd yn barod, defnyddir yr enw Crist yn fynych yn epistolau Paul wrth gyfeirio at Iesu, ac yn y rhan fwyaf o'r enghreifftiau hyn nid yw'n golygu namyn ei enw priod, megis 'Iesu Grist', 'Crist Iesu', neu 'yr Arglwydd Iesu Grist'.[28] Awgryma hyn nad oedd y teitl hwn am Iesu yn achos dadl erbyn cyfnod yr apostol.[29] Arwyddocaol yw'r ffaith nad yw yn ei lythyrau byth yn cyhoeddi mai Iesu yw'r Meseia yn syml fel petai, fel y gwna yn achos y gyffes 'Iesu yw'r Arglwydd', ac fel y gwnaeth yn ystod ei genhadaeth yn ôl adroddiadau Luc yn Llyfr yr Actau (9.22; 17.3; 18.5).[30] Yr hyn a wnaeth, yn hytrach, oedd cysylltu'r enw fel teitl â'i groeshoeliad,[31] a dyna felly'r hyn a geir mewn rhai mannau lle y'i cysylltir â'i ystyr gwreiddiol 'Eneiniog Un' neu 'Meseia'. Er enghraifft, cydnabyddir yn 1 Cor. 1.23 fod Crist croeshoeliedig yn 'dramgwydd i'r Iddewon' (gw. hefyd Gal. 5.11): mae'n amlwg, felly, yr ystyrid yr enw'n deitl yma. Cyd-destun Iddewig hefyd sydd i'r ddwy enghraifft o'r enw a geir yn Rhuf. 9.3–5: cyfieitha *BCN* y gyntaf gyda'r gair 'Crist', ond yr ail yn 'y Meseia'. Awgrymaf y gallai'r gyntaf fod 'Y Crist' (oherwydd presenoldeb y fannod), a byddai'r naill a'r llall felly'n cyfleu Meseiandod Iesu.[32]

Kyrios

Dechreusom y bennod hon drwy nodi bod *Kyrios* yn hoff ddisgrifiad gan Paul o Iesu Grist. Yn Hen Destament y Beibl Groeg (Cyfieithiad y Deg a Thrigain) fe'i defnyddiwyd ar gyfer cyfieithu enw arbennig Israel am eu Duw, sef *Iafe*, neu, fel y cawsai ei fynegi ar goedd yn y synagogau, *Adonai:* yn llythrennol 'fy Arglwyddi', sef y lluosog.[33] Ymddengys, felly, nad oedd yr Apostol Paul yn petruso defnyddio am Grist yr enw *Kyrios* a ddefnyddiwyd yn wreiddiol am Dduw ei hun.[34] Fe'i defnyddia am Grist wrth gyfeirio at ei fywyd daearol: er enghraifft, pan ddyfynna safiad Iesu yn erbyn ysgariad (1 Cor. 7.10; gw. hefyd 7.12), pan gyfeiria at frodyr yr Arglwydd (1 Cor. 9.5; Gal. 1.19), ac wrth sôn am dderbyn y traddodiad am y Swper Olaf oddi wrth 'yr Arglwydd': yn yr enghraifft olaf hon mae'n amlwg mai'r Arglwydd atgyfodedig a olygir. Ond mae'r traddodiad hwn yn adrodd i'r Arglwydd Iesu (hynny yw, yr Iesu daearol) 'gymryd bara' a 'diolch' ac yn y blaen (1 Cor. 11.23–4). Yn ddiddorol iawn, y mae hefyd yn defnyddio'r enw er mwyn gwahaniaethu rhwng y Crist esgynedig a Duw ei hun: ar ddiwedd yr emyn i Grist yn Phil. 2 cawn: 'Ac y cyffesai pob tafod fod Iesu Grist yn Arglwydd, er gogoniant Duw Dad' (Phil. 2.11).[35] Yn gynharach yn yr emyn sonnir am 'roi iddo'r enw sydd goruwch pob enw' (ad.9).

Fel yr awgrymais yn fy esboniad:

> Mae'n ddigon tebyg mai'r enw a roddir iddo yw 'Arglwydd' yn hytrach na Iesu fel yr awgrymodd rhai esbonwyr . . . Ac eir ymlaen yn adnodau olaf yr emyn i ddyfynnu geiriau o un o ddarnau godidocaf yr Hen Destament (Eseia 45.23) sy'n pwysleisio mawredd Duw'r Creawdwr ac yn tanlinellu'r gred mewn undduwiaeth. Bellach bydd pob glin a fu gynt yn plygu iddo a phob tafod yn y cread a fu'n cyffesu ei Arglwyddiaeth, yn awr yn datgan hefyd bod angen yr un wrogaeth i Iesu Grist yr Arglwydd . . . Mae'r addoliad ohono'n dod o dri chyfeiriad sy'n cynrychioli'r tair lefel y mae Crist wedi ymwneud â hwy: y nef, y ddaear, a'r mannau tanddaearol y credid iddo ymweld â hwy er mwyn pregethu'r Efengyl i'r ysbrydion yno (gw. 1 Pedr 3.18–19). Ar ddiwedd un yr emyn datgenir yn gwbl bendant bod pawb a phopeth, gan gynnwys Iesu'i hun (cymh. 1 Cor. 15.28), yn ddarostyngedig i Dduw'r Tad yn ei ogoniant; yn wir, arweinia Arglwyddiaeth Crist at ogoneddu Duw.[36]

Canfyddir felly'r ffaith syfrdanol fod Paul yn defnyddio am Grist syniadau, geiriau ac ymadroddion a oedd yn eu cyd-destun gwreiddiol yn yr Hen Destament yn cyfeirio'n uniongyrchol at *Iafe* ei hun.[37] Yn wir, defnyddir yr enw 'Arglwydd' yn y Testament Newydd mewn ystyr crefyddol am Iesu yn fwy aml nag y'i defnyddir am Dduw y Tad.[38]

Mae'n ddigon tebyg y ceir enghraifft o hynny yn Rhuf. 10.9–13:

> 'Os cyffesi Iesu yn Arglwydd â'th enau, a chredu yn dy galon fod Duw wedi ei gyfodi oddi wrth y meirw, cei dy achub.' Oherwydd credu â'r galon sy'n esgor ar gyfiawnder, a chyffesu â'r genau sy'n esgor ar iachawdwriaeth. Y mae'r Ysgrythur yn dweud: 'Pob un sy'n credu ynddo, ni chywilyddir mohono.' [Eseia 28.16]. Nid oes dim gwahaniaeth rhwng Iddewon a Groegiaid. Yr un Arglwydd sydd i bawb, sy'n rhoi o'i gyfoeth i bawb sy'n galw arno. Oherwydd, yng ngeiriau'r Ysgrythur, 'bydd pob un sy'n galw ar enw yr Arglwydd yn cael ei achub, pwy bynnag yw' [Joel 2.32].[39]

Sefydlir ar ddechrau'r dyfyniad hwn y gyffes mai Iesu yw'r Arglwydd (*Kyrios*). Naturiol, felly, ar ei ddiwedd, pan ddefnyddir y gair 'Arglwydd' drachefn, yw hoelio sylw ar Iesu a throi'r dyfyniad o'r proffwyd Joel, a gyfeiriai'n wreiddiol yn yr Hen Destament at Dduw, yn gyfeiriad at Iesu. Awgryma hyn yn ogystal mai at Iesu bellach y cyfeiria'r ymadrodd 'credu ynddo' yn y dyfyniad o Eseia,[40] fel hefyd yn Rhuf. 9.33.

Addoli Iesu

Dadleuwyd eisoes fod y dyfyniad o Eseia 45.23 yn Phil. 2.10–11 yn awgrymu addoliad o Iesu, er yn Rhuf. 14.11 defnyddir yr un adnod o'r Hen Destament gyda golwg ar Dduw ei hun fel barnwr.[41] Yna, yn 2 Thes. 1.12 ceir 'bydd enw ein Harglwydd Iesu yn cael ei ogoneddu ynoch chwi': dyma adlais sicr o Eseia 66.5: 'Bydded i'r Arglwydd gael ei ogoneddu.' Sylwn hefyd ar enghraifft yn 1 Cor. 1.2 o'r ymadrodd 'galw ar enw'r Arglwydd', a gyfeiriai'n wreiddiol at weddïo ar Dduw, ond a ddaeth yn y Testament Newydd i olygu cyfarch Iesu'r Arglwydd (gw. hefyd 2 Cor. 5.10: cymh. Rhuf. 14.10; 2 Cor. 8.19; 2 Thes. 1.7–8. Gellid ychwanegu hefyd at y rhestr hon

Cristoleg Paul

1 Thes. 4.16 (cymh. Salm 47.5), 1 Cor. 2.16 (cymh. Eseia 40.13), a 2 Cor. 10.17–18 (cymh. Jerem. 9.24).[42] Mewn esiamplau fel y rhain defnyddia Paul ymadroddion a gyfeiriai'n wreiddiol at Dduw gan eu cyfeirio at Grist.[43]

Yn ôl Johannes Weiss, ymddangosiad addoliad o Iesu oedd y cam mwyaf arwyddocaol yn hanes dechreuadau Cristnogaeth: yr hyn a eilw'n 'grefydd Iesu',[44] ac yn ddiau yng nghyd-destun addoliad y cafwyd y sbardun i gydnabod Crist yn Arglwydd, a hynny mewn emynau cynnar megis yr un a ddyfynnwyd yn awr yn Phil. 2.[45] Ynddynt gogoneddir Crist, a hyn yn wir a arweiniodd at ddatblygu'r athrawiaeth amdano, sef Cristoleg. Yn y mannau hyn roedd yr addolwyr yn mynegi'n ddigymell eu hargyhoeddiadau heb iddynt efallai ystyried yn llawn yn union beth yr oeddynt yn ei fynegi ar y pryd. Rhan bwysig o'r broses, a amlinellwyd uchod, oedd defnyddio dyfyniadau o'r Hen Destament a gyfeiriai'n wreiddiol at Dduw, ond yn y Testament Newydd cyfeiriant at Iesu.

Beth oedd goblygiadau hyn oll i'r gred mewn un Duw? Awgrymwyd mai 'bindodaidd', yn hytrach na thrindodaidd,[46] yw'r disgrifiad cywir o ffurf cred yr Eglwys Fore ac nad oedd syniadau aruchel am Iesu yn amharu ar afael yr aelodau, yn enwedig y rhai Iddewig eu cefndir, ar undduwiaeth eu tadau. 'Y dystiolaeth fwyaf trawiadol bod defosiwn Cristnogol yn gyflym olygu newyddbeth arwyddocaol o ran monotheïstiaeth neilltuolaidd (*exclusivist*) Iddewig', meddai Hurtado, yw 'parodrwydd cynnar Cristnogion monotheïstaidd i gymryd rhan mewn addoliad cwltig cyhoeddus o Iesu.'[47] Gallent, felly, fawrygu Duw a'r Iesu dyrchafedig yr un pryd heb eu cymysgu:[48] ond rhoddwyd y flaenoriaeth i Dduw'r Tad,[49] fel y dengys geiriau Phil. 2.11: 'er gogoniant Duw Dad.' O reidrwydd, felly, mae elfen o ddarostyngiaeth yng Nghristoleg Paul, ac amlygir hynny hefyd yn 1 Cor. 15.28: 'Ond pan fydd pob peth wedi ei ddarostwng i'r Mab, yna fe ddarostyngir y Mab yntau i'r hwn a ddarostyngodd bob peth iddo ef, ac felly Duw fydd oll yn oll': yma'n sicr cyhoeddir sofraniaeth Duw'r Tad.[50] Felly, ar waetha'r cyhuddiad posibl o 'ddau-dduwiaeth' (gw. Ioan 5.18; 10.33), gallai'r Cristnogion bore gynnwys Crist ochr yn ochr â Duw mewn ffordd a ddiogelai safbwynt hollol monotheïstaidd:[51] yn wir, gwell gan rai ysgolheigion alw'r ffenomen hon yn *christological monotheism*.[52] Fel y dadleuwyd eisoes, ymddengys i Iesu fod yn wrthrych addoliad o'r cychwyn cyntaf yn hanes yr Eglwys Fore, a hynny, mae'n rhaid datgan, mewn ffordd nad oedd yn wir am unrhyw ffigyrau Iddewig eraill a ystyrid ganddynt yn asiantau dwyfol.⁵³ Ac fel y nodwyd yn barod, nid ymddengys i Gristoleg Paul nac iaith ddefosiynol addoliad y Cristnogion cynnar beri unrhyw dramgwydd i Iddewon monotheïstaidd eu cred.⁵⁴ Cred Dunn mai'n gynnar yn yr ail ganrif yr aeth y ddwy grefydd, Iddewiaeth a Christnogaeth, ar hyd eu llwybrau gwahanol, a'r Iddewon erbyn hynny'n honni bod Cristnogion wedi mynd i gredu mewn dau bŵer tragwyddol.⁵⁵

Credaf y gall Paul yn 1 Cor. 8.5–6 sôn am Arglwyddiaeth Crist ac am Undod Duw yn yr un anadl, fel petai, heb iddo wrth wneud hynny arddangos unrhyw fath o dyndra:⁵⁶ fel y dywed Bauckham: 'Mae'n rhaid deall addoliad o Iesu fel amlygiad o gynnwys Iesu ym modolaeth yr un Duw a ddiffinnir gan addoliad monotheïstaidd . . . Mae'n deilwng o addoliad dwyfol am y gellir ei gynnwys yn addoliad yr un Duw.'⁵⁷

Ac yn y cyswllt hwn, carwn dynnu sylw hefyd at Effes. 5.19: 'Canwch a phynciwch o'ch calon i'r Arglwydd', lle mae'n ddigon tebyg mai'r Arglwydd Iesu a olygir.⁵⁸ Ar yr un pryd, rhybuddia Dunn nad yw'r math hwn o addoliad yn hollol gyfartal â'r addoliad a neilltuir ar gyfer Duw yn unig.⁵⁹ I'r gwrthwyneb, cred Hurtado fod y patrwm 'bindodaidd' cynnar o addoliad a gynhwysai Iesu yn wrthrych iddo ochr yn ochr â Duw ei hun yn bod, fel y dadleuwyd uchod. Estyniad ydoedd o'r addoliad o Dduw. Ni olygai hynny yr ystyrid Iesu yn ail Dduw, ond yn hytrach yn Arglwydd wedi'i ddynodi gan Dduw yn un y gellid cyflwyno iddo barch addolgar mewn ufudd-dod i Dduw.⁶⁰ Gallai'r teitl 'Arglwydd' fod yn ffordd o wahan-iaethu rhwng Iesu a Duw, yn hytrach na'i fod wedi'i uniaethu â Duw,⁶¹ fel y nodwyd yn barod (cymh. Phil. 2.11). Ond ym marn Dunn, ni ddylid sôn am *addoli* Crist cyn cyfansoddi Efengyl Ioan (20.28) a Llyfr Datguddiad (5.9),⁶² hynny yw yn llawer hwyrach na chyfnod Paul.

Cristoleg Doethineb

Mewn iaith a delweddau a fenthyciwyd o Lên Doethineb yr Iddewon, ceisia Paul fynegi'r hyn a alwyd yn 'Gristoleg Doethineb', sef ei gred yn Arglwyddiaeth Crist dros yr holl gread. Mae'r Gristoleg hon hefyd yn cyfuno dwy wedd, sef gwaith creadigol Duw a'i waith gwaredigol: 'Pan yw Crist yn asiant y cread, yn sicr mae'n rhaid bod y greadigaeth yn tystio iddo; felly, ceir parhad, nid diffyg parhad, rhwng gwaith Duw fel creawdwr ac fel Achubydd', meddai W. D. Davies.[63] Gyda llaw, haera Fee mai C. H. Dodd oedd y cyntaf yn y byd Seisnig i gyflwyno'r safbwynt hwn, safbwynt nad yw Fee ei hun yn meddwl sy'n gredadwy am nad oes digon o dystiolaeth o berthynas agos rhwng ffigwr Doethineb a'r hyn a ddarlunia Paul am Grist.[64]

Yn y darnau hyn darlunnir perthynas Crist â Duw a'i berthynas â'r creu ei hun hefyd (gw. hefyd Io. 1.1–18; Heb. 1.1–4). Yn wir, geilw Paul Grist yn 'allu Duw a doethineb Duw' (1 Cor. 1.24; gw. hefyd ad.30),[65] a defnyddia iaith am ffigwr Doethineb a'r Gair (y *Logos*) a'u perthynas â gweithgarwch creadigol Duw a geir yn y Llên Doethineb i ddisgrifio cysylltiad Crist ei hun â'r drefn greëdig 'I ni', meddai, 'un Duw sydd – y Tad, ffynhonnell pob peth, a diben ein bod; ac un Arglwydd Iesu Grist – cyfrwng pob peth, a chyfrwng ein bywyd ni' (1 Cor. 8.6). Sylwer yma ar y modd mae Paul yn cyfeirio at y *Shema* (Deut. 6.4–5), sef credo traddodiadol yr Iddew a fynegai undod yr un Duw, ac yn ei addasu.[66] Yn wir, yn aml, gwelwyd cyfeiriad at gynfodolaeth Crist yn yr adnod hon.[67]

Y mwyaf trawiadol o'r darnau sy'n darlunio Crist yng nghyddestun Doethineb yw Col. 1.15–20, a gyfrifir yn fynych yn emyn.[68] Ynddo portreadir y Crist cosmig: 'Hwn yw delw'r Duw anweledig, cyntaf-anedig yr holl greadigaeth; oherwydd ynddo ef y crëwyd pob peth . . . Trwyddo ef ac er ei fwyn ef y mae pob peth wedi ei greu. Y mae yn bod cyn pob peth, ac ynddo ef y mae pob peth yn cydsefyll' (gw. hefyd Col. 2.9).

Yn ôl Burney, mae'r ymadrodd 'Cyntaf-anedig yr holl greadigaeth' yn cyfeirio'n uniongyrchol at Diar. 8.22: 'Lluniodd yr Arglwydd fi ar ddechrau ei waith, / yn gyntaf o'i weithredoedd gynt.' Y gair Hebraeg am 'ddechrau' yw *rheshith*, ac fe'i cysylltwyd gan y Rabiniaid â gair cyntaf y Beibl Hebraeg, *bereshith*, 'yn y dechreuad'. Yna dehonglwyd *bereshith* i olygu 'drwy ddoethineb'. Dangosodd Burney sut y mae'r disgrifiad o'r Crist cosmig yn Col. 1:15–20 yn cyflawni'n llwyr bob ystyr posibl ar y gair *reshith*. Adeiladodd W. D. Davies ar y syniadau Iddewig hyn, gan eu cysylltu ymhellach â'i Tôrâ (y

Gyfraith) a oedd hefyd wedi'i huniaethu mewn Iddewiaeth gyfoes â Doethineb. Felly mae'n awgrymu bod Paul yn cyflwyno Crist fel Tôrâ newydd, gan bwysleisio'r un pryd iddo fod yn gynfodol, â rhan yn y creu ei hun, a hefyd, fel Doethineb hithau, â diddordeb yn y teulu dynol.[69]

Awgryma'r math o iaith a geir yn Col. 1.15 y cysyniad o gynfodolaeth Crist: yn wir, fe'i galwyd yn 'uchafbwynt Cristoleg Baulaidd.'[70] Eto, nid oes unfrydedd ar y mater. Yn gyson â'i safiad yn erbyn credu bod cynfodolaeth Crist i'w ganfod yn y ddiwinyddiaeth Baulaidd, dadleuodd James Dunn nad yw i'w gael yma ychwaith. Seiliodd ei ddadl ar y ffaith nad yw Doethineb mewn llenyddiaeth Iddewig i'w ystyried yn *hypostasis*, hynny yw yn berson oddi mewn i'r duwdod; yn hytrach, personoliad o un o briodoleddau Duw yn unig yw.[71] Fel yr oedd wedi dadlau yn achos 1 Cor. 8.6 nad oedd Crist yn cael ei gyflwyno yno'n berson cynfodol, ond yn hytrach i'w uniaethu â phŵer a gweithredu Duw,[72] felly hefyd nid oedd i'w ystyried yn berson cynfodol yn Col. 1.15–20. Dadleuodd mai'r hyn a ddarlunnir yn yr adran hon yw'r ffaith fod y modd y gweithreda Duw yn y cread yn awr yn cael ei ddatguddio'n llawn ac yn cael ei ymgorffori yng Nghrist.[73]

Cynigir tri rheswm dros wrthwynebu'r farn bod Col. 1 yn darlunio Crist cynfodol:

(i) 'Hwn yw delw'r Duw anweledig' (ad.15): ymddengys fod yr amser presennol yn cyfeirio at Iesu, yr Arglwydd, fel y mae yn y presennol.
(ii) Mae *eikon* (delw) yn hanfodol yn cyfeirio at ddyn, fel y gwelir yn Col. 3.10: 'Wedi gwisgo amdanoch y natur ddynol newydd, sy'n cael ei hadnewyddu mewn gwybodaeth ar ddelw (*eikon*) ei Chreawdwr', a Gen. 1.26: 'Gwnawn ddyn ar ein delw (*eikon*–LXX), yn ôl ein llun ni (*homoiôsis*).'[74] Felly, cyfeiriad at Adda, symbol o ddynoliaeth berffaith yn wreiddiol, ydyw.[75]
(iii) Mae'r pwyslais yn y Testament Newydd ar bwrpas Duw i ddarostwng pob peth i'r *dyn* Iesu (1 Cor. 15.27; Effes. 1.22; cymh. Heb. 2.5–9; Salm 8.6.).[76]

Mae Tom Wright,[77] ar y llaw arall, yn mynnu mai darlun o ymgnawdoliad yr Iesu cynfodol a geir yn y gân hon. Wrth gytuno bod y gerdd yn Col. 1 'yn rhagweld mai pwrpas Duw yn y cread yw darostwng pob peth i'r dyn Iesu' a bod yr *eikon tou Theou* (delw Duw) yn cael ei fwriadu gan yr awdur i gyfeirio at yr Iesu dynol (a oedd bellach yn ddyrchafedig), eto nid yw hynny'n golygu nad oes yma:

> gyfeiriad yn adn.15–17 at un, er nad oedd eto'n fod dynol (gan fod y cysyniad o gynfodolaeth *ddynol* yn ddieithr i'r ffordd hon o feddwl), a oedd yn asiant Duw yng nghreadigaeth y byd, ac felly'n hollol gymwys i ddod yn ddyn gan ymgymryd â'r rhan arweiniol yn nrama ddatblygol pwrpas Duw i ail-greu'r byd . . . [Felly,] daeth arglwydd cynfodol y byd yn arglwydd dynol y byd.[78]

Rhydd Wright yntau'r ymadrodd 'undduwiaeth Gristolegol' i'w safbwynt.[79]

Sylwn hefyd ar ymadroddion eraill yn Paul sy'n adlewyrchu disgrifiadau o ddoethineb mewn Iddewiaeth: yn Doethineb Solomon 7.25–6, cysylltir termau fel 'gogoniant' a 'delw' i ddangos y modd mae Doethineb yn adlewyrchu rhai o rinweddau Duw ei hun; felly hefyd yn 2 Cor. 4.4 a 6 sonnir am 'oleuni Efengyl gogoniant Crist, delw Duw' ac am 'oleuni'r wybodaeth am ogoniant Duw yn wyneb Iesu Grist.'[80]

Cyfeirio Gweddïau at Grist

Mater perthnasol arall i'w ystyried yn y cyswllt hwn yw un y cyfeiriwyd eisoes ato, sef bod olion o'r arfer o gyfeirio gweddïau at Grist.[81] Er na ddigwydd mor aml â hynny, fe geir enghreifftiau yn y Testament Newydd o weddi'n cael ei chyfeirio'n uniongyrchol at Iesu. Gwelir yr ymadrodd 'galw ar enw ein Harglwydd Iesu Grist' ar ddechrau 1 Cor. (1.2), ac yn Rhuf. 10.13 a 2 Cor. 12.8–10 cyfeiria Paul ei weddi at Grist ei hun. Wrth sôn am enghreifftiau fel hyn o annerch Iesu mewn gweddi, gellir cyfeirio hefyd at yr ymadrodd Aramaeg *Maranatha* yn 1 Cor. 16:22, a nodwyd ynghynt. Golyga, mae'n debyg, 'Tyrd, Arglwydd', ac adlewyrcha brofiad yr Eglwys Fore wrth addoli.[82] Ceir enghreifftiau pellach o hyn yn Llyfr yr Actau, yn 22.16, lle golyga 'galw ar ei enw ef', yng nghyd-destun gweinyddu bedydd, alw ar Iesu'r Arglwydd (gw. hefyd 9.14, 21), ac 'yn enw Iesu Grist' (neu'r 'Arglwydd Iesu') y bedyddiwyd y dychweledigion bore (Act. 2.38; 8.16; 10.48, a hefyd yn Paul: Rhuf. 6.3 a Gal. 3.27).[83] Yn ddiau bu tuedd yn aml i ddibrisio'r agwedd hon,[84] ond fel y dywed Bauckham:

> Ni fyddai'r newid o weddi, diolchgarwch, a pharch i addoliad diamwys o Iesu wedi bod yn anodd neu'n arbennig o hunanymwybodol. Bu'n broses esmwyth; nid oes tystiolaeth bod unrhyw un wedi ei herio neu ei wrthwynebu, er y byddai'n rhaid yn fuan wynebu'n fyfyriol y materion a gododd mewn perthynas â ffydd ac addoliad monotheïstaidd.[85]

Cynfodolaeth Crist

Yn ogystal â'r iaith a'r delweddau a drafodwyd eisoes uchod sy'n awgrymu cred yr apostol yng nghynfodolaeth Crist, ceir datganiadau sy'n cyfleu'r darlun ohono'n dod i'r byd megis o'r tu allan ac sy'n dynodi, felly, ei gynfodolaeth. Ystyrier y canlynol: 'Ond pan ddaeth cyflawniad yr amser, anfonodd Duw ei Fab, wedi ei eni o wraig, wedi ei eni dan y Gyfraith' (Gal. 4.4; gw. hefyd Rhuf. 8.3),[86] a'r darlun prydferth a gyflëir gan 2 Cor. 8.9: 'Oherwydd yr ydych yn gwybod am ras ein Harglwydd Iesu Grist, fel y bu iddo, ac yntau'n gyfoethog, ddod yn dlawd drosoch chwi, er mwyn i chwi ddod yn gyfoethog trwy ei dlodi ef.' Atgoffir ni gan yr iaith hon am 'ddanfon' o'r disgrifiadau yn Doethineb Solomon o ffigwr Doethineb yn cael ei hanfon (9.10, 17), gan greu cysylltiadau pellach â Llên Doethineb yr Iddew.[87] Cyflëir cynfodolaeth hefyd yn 1 Cor. 10.4, lle mae Paul yn defnyddio'r hyn a elwir heddiw yn 'deipoleg' i uniaethu Crist â'r graig a ddisychedodd yr Israeliaid gynt ar eu taith drwy'r anialwch (Exod. 17.1–7; Num. 20.2–13).[88] Mewn modd tebyg mae'r hyn a ddywedir am Grist yn Col. 2.9: 'Oherwydd ynddo ef y mae holl gyflawnder y Duwdod yn preswylio'n gorfforol', yn cyfleu'r cysyniad o ymgnawdoliad.[89]

Gwadodd Dunn fod iaith o'r math hwn o angenrheidrwydd yn dynodi cynfodolaeth Crist a'i ymgnawdoliad yn berson dynol.[90] Y cyfan mae'n ei awgrymu, yn ei farn ef, yw'r math o ddanfon a gysylltir â danfon unrhyw ŵr sanctaidd megis proffwyd. Dywed Marshall fod Dunn 'yn anwybyddu'r modd y gellir disgrifio'r gogoniant nefol yn nhermau cyfoeth (Phil. 4.19; gw. Effes. 1.18; 3.16; Col. 1.27), a bod hyn yn darparu'r cefndir mwy tebygol i ddatganiad Paul [yn 2 Cor. 8.9].'[91] Gellir cymharu hefyd 1 Cor. 15.47–8 gyda'u cyfeiriadau at Grist fel 'yr ail ddyn, o'r nef y mae', a hynny mewn gwrthgyferbyniad â'r 'dyn cyntaf, o'r ddaear y mae.' Eto, geill y cyfeiriadau hyn fod at ansawdd ei fywyd yn hytrach na'i fod yn hanu o'r nef fel y cyfryw. Wedi'r cyfan mae ad.48 yn sôn hefyd am gredinwyr fel 'rhai sydd o'r nef' am eu bod yn rhannu ym mendithion atgyfodiad Crist.[92] Dyma a ysgrifennais ar hyn yn fy esboniad ar 1 Corinthiaid:

> Yn eu hanfod cyfeirio at ansawdd bywyd y ddau, Adda a Christ, y mae'r ymadroddion 'o'r ddaear' ac 'o'r nef' yn hytrach nag at eu tarddiad: h.y. nid datgan y mae'r adnod hon [47] mai bod nefol yw Crist, eithr dweud mai dyn ydyw, ond bod ansawdd ei fywyd fel dyn yn nefol am ei fod wedi atgyfodi. O'r un natur hefyd yw'r bywyd a gynigir i gredinwyr yn sgil ei atgyfodiad. Camarweiniol felly yw'r ychwanegiad at y testun a ymddengys yn yr hen gyfieithiad, sef disgrifiad pellach o Grist, 'yr ail ddyn, fel Arglwydd o'r nef.'[93]

Dehongli'r Emyn yn Philipiaid 2

Mae modd hefyd dehongli Phil. 2.6–11, a ystyrir yn gyffredinol yn emyn arall i Grist,[94] yn nhermau gwrthgyferbyniad rhwng Adda a Christ. Ond cyn trafod hynny, edrychwn i ddechrau ar ffordd arall fwy arferol o ddehongli'r adran hon. Ynddi dechreuir drwy ganolbwyntio ar Iesu ei hun (adn.6–8), ac yna rhydd sylw i Dduw. Yn ôl fersiwn cyntaf *BCN* (1988) darlunnir Crist fel un a oedd yn bod *erioed* ym mhresenoldeb Duw ei hun. Yn wir, roedd yn dragwyddol adlewyrchu delw a gogoniant y Creawdwr (cymh. 2 Cor. 4.4; Col. 1.15). Eir ymlaen yn adn.7 a 8 i ddisgrifio'i ymgnawdoliad, a defnyddir y darlun o gaethwas, gan gyfeirio at ei fywyd ar y ddaear hon cyn iddo ddioddef angau'r groes. Yn sgil hyn (adn.9–11) fe'i dyrchefir gan Dduw a derbyn gwrogaeth gan bawb yn Arglwydd. Gwahoddir darllenwyr y llythyr, felly, i blygu i'w awdurdod.[95]

Fodd bynnag, nid hwn yw'r unig ddehongliad posibl o'r emyn hwn. Ychwanegodd cyfieithiad 1988 y gair 'erioed', nas ceir yn y Roeg, at ei fersiwn ohono, gan fwy neu lai orfodi'r math o ddehongliad a amlinellwyd uchod arno. Erbyn hyn yn y cyfieithiad diwygiedig o *BCN* (2004) dilëwyd y geiryn hwn, a bellach mae'r cymal yn darllen: 'Er ei fod ef ar ffurf Duw.' Cyn awgrymu trywydd gwahanol o ran dehongliad, nodwn yn ogystal yr anhawster a rydd yr ymadrodd 'tra-dyrchafodd' wrth ei ddeall yn y ffordd hon, hynny yw gyda'r *erioed* yn dal yn ei le: sut felly y gellir amgyffred iddo gael ei ddyrchafu ar y diwedd i safle uwch hyd yn oed na'r un a feddai pan oedd ar y dechrau gyda Duw?[96]

Trown yn awr at y brif ffordd arall o ddehongli'r emyn hwn.[97] Fel y crybwyllwyd uchod, yn hon pwysleisir y gwrthgyferbyniad cyson rhwng Iesu ac Adda, ac felly y mae'r emyn yn cychwyn gyda Christ ar y ddaear. Roeddynt ill dau wedi'u creu ar lun a delw Duw, ar ffurf Duw ei hun; ond roedd gwahaniaeth enfawr rhyngddynt. Tra bo Adda, yn ôl yr hanes yn Llyfr Genesis (3.5, 22), wedi ceisio cipio cydraddoldeb â Duw, ymatalodd Iesu rhag gwneud hynny. I'r gwrthwyneb, dangosodd agwedd caethwas gan fod yn ostyngedig ac ufudd i ewyllys Duw hyd derfyn ei fywyd daearol ar y groes. Nid cael iddo'i hun oedd uchaf yn ei fwriad, ond rhoi, rhoi nes ei fod yn wag o bob uchelgais a hunan-dyb.[98] Un o fanteision amlwg y dehongliad hwn ydyw iddo ddiogelu'r ystyr weithredol i'r gair *harpagmos* sy'n unigryw bron yn yr iaith Roeg, gair a gyfieithir bellach yn y cyfieithiad Cymraeg diwygiedig 'yn beth i'w gipio'. Cipio mewn ffordd dreisgar yw ei wir ystyr yn hytrach na dal gafael neu lynu wrth rywbeth, fel yr awgrymir yn y troednodyn i'r cyfieithiad hwn. O raid roedd cyfieithiad 1988 yn cynnig 'yn beth i ddal gafael ynddo' am ei fod wedi darlunio Iesu yn un a feddai erioed briodoleddau'r Duwdod, ond iddo fodloni dros gyfnod yr ymgnawdoliad i ymddihatru ohonynt.[99] Gellir hefyd awgrymu nad oedd am gymryd mantais o'r hyn a feddai oddi wrth Dduw.[100]

Iesu'r Mab

Ar ddechrau ein trafodaeth ar Gristoleg Paul sylwyd ar ei hoffter o'r enwau 'Crist' ac 'Arglwydd' am Iesu. Gwrthgyferbynnir hyn

Cristoleg Paul

â'r ffaith mai'n gymharol anfynych y defnyddia'r term 'Mab Duw' gan mai un deg saith gwaith yn unig yr ymddengys yn yr epistolau a briodolir yn arferol iddo.[101] Ac eto, medd Marshall, 'er nad yw'n defnyddio'r term "Mab" yn aml iawn, y mae'n derm Cristolegol arwyddocaol iddo. Fe'i defnyddia pan yw am wneud datganiadau pwysig am Iesu ac yn arbennig er mwyn mynegi ei berthynas â'i Dad.'[102]

Nodwyd eisoes rai o'r enghreifftiau lle sonia am Dduw'n 'anfon ei Fab (ei hun)' (Gal. 4.4; Rhuf. 8.3). Awgryma hyn iddo gael ei gydnabod yn Fab eisoes cyn yr atgyfodiad. Yn wir, fe gysylltir yr enw hefyd â'i farwolaeth ar y groes: 'Os cymodwyd ni â Duw trwy farwolaeth ei Fab pan oeddem yn elynion' (Rhuf. 5.10) a hefyd, 'Nid arbedodd Duw ei Fab ei hun, ond ei draddodi i farwolaeth trosom ni oll' (Rhuf. 8.32; gw. hefyd Gal. 2.20).[103]

Ond fe bwysleisir Mabolaeth Crist yn arbennig mewn perthynas â'i atgyfodiad (gw.1 Thes. 1.10; Col. 1.13; 1 Cor. 15.24–8). Gall fod geiriau agoriadol yr Epistol at y Rhufeiniaid yn awgrymu hyn. Cyfieitha *BCN* y ferf *horidzo* â'r gair 'cyhoeddwyd ef' (gw. hefyd *designated RSV*). Ond 'apwyntio' neu 'sefydlu' yw ei ystyr arferol. O'i gyfieithu felly, sef 'Yn nhrefn sanctaidd yr Ysbryd, apwyntiwyd ef yn Fab Duw, â mawr allu, trwy atgyfodiad o farwolaeth' (Rhuf. 1.4), byddai'r adnod yn sawru o fabwysiadaeth,[104] gan awgrymu na ddaeth Crist yn Fab hyd nes iddo gael ei atgyfodi. Efallai'n wir mai cyffes gynnar a adlewyrchir yma sy'n rhagflaenu Paul ei hun.[105] Er i'r atgyfodiad fod yn elfen bwysig yn nysgeidiaeth Paul am Fabolaeth ddwyfol Crist,[106] mae'n rhaid, efallai, cadw'r dyfarniad yn agored pa un ai ei fwriad oedd datgan mai'r adeg hwn y cafodd ei ddyrchafu i safle nas mwynhâi cyn hyn, neu mai'r hyn a olygir yw bod yr atgyfodiad yn estyniad sylweddol i Fabolaeth a fwynhâi eisoes.[107] Mae'n deg nodi iddo yn yr adnod flaenorol ei alw'n 'Fab': 'Efengyl am ei Fab' ydyw (1.3), a hynny mewn perthynas â'i enedigaeth 'yn llinach Dafydd'.

Mae'n arwyddocaol i Paul y meddai Iesu y Mab berthynas arbennig â chredinwyr. Mae'n adrodd am y profiad hwn yn ei fywyd ei hun, pan ddywed: 'Dyma Dduw . . . yn dewis datguddio ei Fab ynof fi' (Gal. 1.15–16), a dywed ymhellach fod y 'bywyd yr wyf yn awr yn ei fyw yn y cnawd, ei fyw trwy ffydd yr wyf, ffydd ym Mab Duw, yr hwn a'm carodd i ac a'i rhoes ei hun i farw trosof fi' (Gal. 2.20;

gw. hefyd 1 Cor. 1.9; Effes. 4.13). Yn wir, gall Cristnogion fwynhau'r fraint o rannu yn y fabolaeth y mae Crist eisoes yn ei mwynhau a phrofi'r berthynas agos honno â'r Tad sy'n oblygedig yn y geiriau: 'Abba! Dad!' (Rhuf. 8.15; Gal. 4.6; gw. hefyd Rhuf. 8.29).[108]

Iesu fel Duw (Theos)

Anfynych iawn (llai na deg o weithiau) y mae'r Testament Newydd yn defnyddio'r enw 'Duw' (*Theos* yn y Roeg) am Iesu. (Wrth gwrs, ni ddylid cymryd hyn i olygu na chyflwyna'r Testament Newydd Iesu fel bod dwyfol yn fwy aml na hynny; i'r gwrthwyneb, fel y gwelsom, ceir ynddo ymadroddion eraill megis 'Arglwydd' a 'Mab' i fynegi hyn.)[109] 'Wrth ddisgrifio Crist fel "Duw",' medd Bultmann, 'gwna hynny'n ymataliol iawn.'[110]

O'i ysgrifeniadau dilys (ni ystyriaf fod y Llythyrau Bugeiliol yn dod i'r categori hwn, ac felly gellir diystyru yn y cyswllt hwn yr enghreifftiau yn 1 Tim. 3.16 a Titus 2.13)[111] dim ond mewn dau le y gall fod Paul wedi defnyddio'r enw am Grist, sef Rhuf. 9.5 a 2 Thes. 1.12. (Ni chyfrifwn chwaith fod Phil. 2.6 yn berthnasol yma.)[112] Dibynna'r dyfarniad ar yr enghraifft yn Rhuf. 9.5 ar fater o atalnodi: os gosodir coma wedi'r gair 'Meseia' fe geir y canlynol: 'Yn ôl ei linach naturiol, y daeth y Meseia, sy'n llywodraethu'r cwbl, yn Dduw bendigedig am byth. Amen': felly yma fe'i gelwir yn 'Dduw'. Ar y llaw arall, os mai atalnod llawn a osodir wedi'r gair 'Meseia', yna cyfeiria rhan olaf yr adnod at Dduw yn unig a chrëir mawlgan ar ganol dadl: rhywbeth sy'n annisgwyl braidd yn y fan hon. Ond dyna a gynrychiolir yng nghyfieithiad BCN: 'Yn ôl ei linach naturiol, y daeth y Meseia. I'r Duw sy'n llywodraethu'r cwbl boed bendith am byth. Amen.' Yn ôl yr esbonwyr Sanday a Headlam, cafwyd mwy o drafod ar yr adnod hon nag ar odid unrhyw adnod arall yn y Testament Newydd.[113] O blaid y farn bod yma gyfeiriad at Grist fel 'Duw' y mae tystiolaeth mwyafrif llethol awduron Cristnogol wyth ganrif cyntaf cred. At hyn y mae gramadeg yr adnod yn awgrymu hynny hefyd. O gyfieithu'r Roeg yn gwbl llythrennol ceir: 'yr hwn sydd dros bopeth', ac mae'n amlwg bod y rhangymeriad yn y cymal hwn yn troi'r enw 'Duw' yn draethiad ac felly'n cyfeirio at Grist y Meseia: o ganlyniad, ef yw'r un sydd dros bopeth. Gan i Paul yn rhan gyntaf yr adnod gyfeirio at ddyndod Crist, byddai'n ddigon naturiol iddo gyfeirio at ei dduwdod yn yr ail ran (cymharer Rhuf. 1.3–4). Yn wir, byddai cyfeirio at Dduw yn y fan hon yn torri ar draws ei ddisgrifiad manwl o Grist. Ffafrio'r farn hon y mae'r ddadl a gyfyd ar sail yr atalnodi hefyd, a dyna'r modd y mae argraffiad diweddaraf testun Nestle-Aland yn atalnodi gyda choma'n unig wedi'r ymadrodd 'yn ôl y cnawd' a gyfieithir 'yn ôl ei linach naturiol' gan *BCN*.[114] Eto, ni ddylid gosod gormod o bwys ar y mater hwn o atalnodi: ar y cyfan, ni chanfyddir atalnodi yn y rhan fwyaf o'r llawysgrifau cynharaf, er i rai o'r llawysgrifau wnsial, hynny yw rhai â llythrennau bras, sef y rhai a ddynodir, er enghraifft, â'r llythrennau A, B ac C o'r bedwaredd a'r bumed ganrif, gynnwys atalnod llawn wedi 'yn ôl y cnawd'. At hyn, mae'n rhaid cofio mai braidd yn anghyson yw arddull Paul a byddai cynnwys yn y fath safle fawlgan yn cyfeirio at Grist fel Duw yn groes i'w arddull arferol.[115] Yn olaf, cofiwn mai unigryw, ar wahân i'r esiampl posibl yn 2 Thes. 1.12, fyddai'r fath gyfeiriad at Grist fel 'Duw' yn Paul. Er i'r enghraifft honno ymddangos fel fformiwla bindodaidd, sef 'yn ôl gras ein Duw a'r Arglwydd Iesu Grist', deil Bultmann ei bod yn un o bum enghraifft o'r Testament Newydd sy'n galw Crist yn 'Dduw'.[116] Sylw Abbot oedd: 'Er i'r gair *Theos* ymddangos mwy na 500 o weithiau yn Epistolau Paul, nid oes un enghraifft lle mae'n eglur ei fod yn cyfeirio at Grist'.[117] A thanlinella Whiteley ei gyndynrwydd i alw Iesu'n 'Dduw' am y gallai hynny beryglu'r cysyniad Iddewig o fonotheïstiaeth; ond, drwy'r ddefnyddio'r enw 'Arglwydd', gellid cyffesu ei fod wedi'i gysylltu â Duw mewn ymarfer awdurdod,[118] fel y gwelsom eisoes.

Dyndod Crist[119]

Nid oes lle i amau bod Paul yn credu yn wir ddyndod Crist. Ni theimlai unrhyw angen i bwysleisio'r ffaith hon, yn enwedig gan nad yw'n ymddangos bod docetiaeth yn heresi a boenai'r eglwysi yr ysgrifennodd atynt.[120] Y mae'r ffaith i Grist ddod yn ddyn yn rhan anhepgorol o ddarlun Paul o drefn iachawdwriaeth Duw ar gyfer y ddynoliaeth: 'Yn nhrefn y cnawd, ganwyd ef yn llinach Dafydd' (Rhuf. 1.3; gw. hefyd 9.5). Yn ogystal, sylwer eto ar 2

Diwinyddiaeth Paul

Cor. 8.9 sy'n datgan bod Iesu, er yn gyfoethog, wedi dod yn dlawd dros y ddynoliaeth, a Gal. 4.4 sy'n dweud ei fod 'wedi ei eni o wraig, wedi ei eni dan y Gyfraith.' Fe'i uniaethodd ei hun yn llwyr â chyflwr y ddynoliaeth: roedd yn ddyn, eto heb fod yn ddyn pechadurus. Dyna, mae'n debyg, yw ystyr yr hyn a ddywed yn Rhuf. 8.3: 'Wrth anfon ei Fab ei hun, mewn ffurf debyg i'n cnawd pechadurus ni, i ddelio â phechod (neu, i fod yn aberth dros bechod), y mae wedi collfarnu pechod yn y cnawd.' Pe bai Iesu yn bechadurus yn union fel y mae pobl yn bechadurus, yna ni fyddai wedi bod yn gyfrwng addas a digonol yn llaw Duw ar gyfer delio â phechod. Mae Bell yn dadlau mai cyfeirio at gynfodolaeth Iesu y mae'r cymal: 'Ni wybu Crist beth oedd pechu' yn 2 Cor. 5.21, ac yn yr un adnod mai wedi iddo ddod i mewn i fyd pobl y 'gwnaeth Duw ef yn un â phechod drosom ni.'[121] Gwêl yr un cyffyrddiad yn Rhuf. 8.3, sef mai yng nghnawd Crist y collfarnwyd pechod.[122] Pan mae Paul yn defnyddio ymadroddion fel 'ffurf debyg', fel yn yr enghraifft uchod, neu 'ffurf caethwas' ac 'ar wedd ddynol', neu 'ar ddull dyn' (Phil. 2:7–8), ni fwriadodd y rhain i liniaru dim ar realiti dyndod Crist.[123] Felly,

> pwysleisir yn yr emyn hwn wir ddyndod Crist . . . Nid yn unig yr oedd yn debyg i ddyn, ond roedd yn wir ddyn. Cyfeiria'r darostwng fel y gwacáu at holl fywyd ymgnawdoledig Crist. Sylwer hefyd fel y cyplysir y darostyngiad ag ufudd-dod. Arweiniodd ei ufudd-dod yn ddi-feth at angau creulon y groes; i lawer ceir yn hyn adlais o ddarlun yr Hen Destament o'r Gwas Dioddefus (Eseia 53).[124]

Casgliadau

Dadleuwyd yn y bennod hon y ceir yr hyn y gellir ei alw yn 'Gristoleg uchel' yn gynnar yn hanes yr Eglwys Fore a bod yr hyn a ddywed Paul yn ei lythyrau'n cadarnhau hynny. Defnyddiodd yr enw dwyfol *Kyrios* a chyfeiriadau ato yn yr Hen Destament a'u cymhwyso at Grist ei hun yn gyson. Ategir hyn o ddau gyfeiriad: gan ei fenthyciadau o lên Doethineb yr Iddew a chan ei adlais o'r arwyddion o addoli Iesu yn ei lythyrau. Nid ymddengys fod hyn wedi tanseilio ei gred mewn undduwiaeth. Ar y llaw arall, nid oes

Cristoleg Paul

lle i gredu ei fod mewn unrhyw fodd yn cwestiynu dilysrwydd dyndod Crist a'i bwysigrwydd i'w ddysgeidiaeth am ei waith gwaredigol. Mewn gair, ceir ganddo bwyslais ar y ddwy elfen hanfodol yn ei berson a fyddai'n cyfrannu at y chwarel a fyddai'n paratoi'r adeiladwaith ar gyfer credoau'r eglwys yng nghyfnod y Tadau Eglwysig.

Nodiadau

1. Gw. Rhuf. 10.9; 1 Cor. 8.6; 12.3; 2 Cor. 4.5; Phil. 2.11; gw. hefyd Col. 2.6. Gw. Moule 1959, 307–10; J. A. T. Robinson 1962, tt. 154–7, a Kramer 1966, tt. 65–6.
2. Barrett 1971, tt. 397–8; Ruef 1977, t. 188. Ymddengys mewn ffurf Roegaidd yn Datg. 22.20; gw. hefyd Phil. 4.5.
3. Cullmann 1963, tt. 211–12. Gw. hefyd 1953, tt. 13–14.
4. Casey 1991, t. 110.
5. Black 1973, tt. 189–96.
6. Gw. I. H. Marshall 1995, tt. 79–81.
7. Dunn 1998, t. 244, n.47. Gw. hefyd Hurtado 2003a, tt. 108 a 111. Tua 184 gwaith yn ôl Hengel 1983, t. 180, n.3, o ran y saith llythyr y mae'n sicr y gellir eu priodoli i Paul (Hengel 1983, t. 65). Ond mae Morris 1986, t. 40, yn cyfrif holl gorff y llythyrau Paulaidd wrth grybwyll mai 275 o weithiau yw'r ffigur.
8. Scroggs 1988, t. 48. Gw. hefyd Hengel 1983, t. 65; Witherington 1993a, t. 96; Hurtado 2003a, tt. 98–9.
9. Gw. Moule 1977, tt. 36–8; Fitzmyer 1979, tt. 115–42; Hengel 1983, tt. 162–3, n.43; a Hurtado 2015, t. 197, n.11; gw. hefyd t. 136.
10. Bousset 2013, tt. 119–52. Tueddai J. Morgan Jones 1926, tt. 1081–2, i ochri â'r safbwynt hwn.
11. Bultmann 1952, tt. 124–5.
12. Am ddadleuon Bousset, gw. Hurtado 2003a, tt. 13–24. Beirniedir ef a Bultmann gan Cranfield 1979, t. 528; I. H. Marshall 1990, t. 202; Hurtado 2003a, tt. 102, 111, n.76, a 2015, tt. 3, 135–6; a Fee 2007, tt. 11–12. Gw. hefyd Dunn 1998, tt. 247–8.
13. Hahn 1969 a Fuller 1969.
14. Gw. er enghraifft Caird 1968, tt. 68–9; Moule 1977, t. 3; Dunn 1977, t. 34; I. H. Marshall 1990, tt. 161–2, a Fee 2007, t. 12, n. 27.

15 Gw. yn arbennig pennod 2. Nodwn eto gyfraniad arloesol W. D. Davies yn y mater hwn.
16 Gw. Vermes 1977, t. 201.
17 Caird 1968, tt. 66–9; Moule 1977, tt. 2–3. Gw. hefyd Hurtado 2015, tt. 3–5.
18 Moule 1977, t. 2.
19 Dyna oedd teitl ei gyfrol, *From Jewish Prophet to Gentile God* (1991).
20 Moule 1977, t. 2. Gw. hefyd France 1992, 4–8.
21 Bauckham 1998, t. viii.
22 Moule 1977, t. 3.
23 Moule 1977, t .4. Gw. hefyd Moule 1979, t. 137. Gwrthodir y safbwynt hwn gan Goulder 1979, tt. 142–4.
24 Boers 1970, 452.
25 Moule 1977, t. 6.
26 Hengel 1976, t. 2. Gw. hefyd 1983, t. 31.
27 I. H. Marshall 1982, t. 9; Fee 2007, tt. 1–2.
28 N. A. Dahl 1991, tt. 15–25. Mynegodd Novenson 2010, 396–412, ei farn bod y mater heb ei setlo ac na ddylid rhoi i Dahl y gair olaf arno. Gw. hefyd yr hyn a ddangosir yng ngweddill y paragraff hwn.
29 Dunn 1998, t. 197. Gw. hefyd Kramer 1966, tt. 43, 213–14; Hengel 1983, tt. 66–8, 72; Witherington 1993a, tt. 96–7. Mae Wright 1992, tt. 41–55, yn mynnu mai'r Meseia fel teitl a olygir yn gyson yn Paul, a'i fod drwy hynny'n ymgorffori pobl Dduw ynddo'i hun, a chyfeiria at enghreifftiau ychwanegol at y rhai a ddynodir isod: Rhuf. 15.3, 7; 1 Cor. 10.4; 12.12 (Wright 1992, t. 43). Gw. hefyd Wright 2013, t. 544, a 2016, t. 73. Ceir safbwynt cyffelyb gan W. D. Davies 1984b, tt. 100–1. Gw. hefyd 1980, tt. xxx–xxxi, xxxiv, xxxviii.
30 N. A. Dahl 1991, t. 15; gw. hefyd Hengel 1983, t. 67.
31 Gw. Hengel 1983, tt. 76–7.
32 Gw. Dunn 1998, tt. 198–9. Gw. hefyd Witherington 1993a, t. 98.
33 Gw. Howard 1977, 69, 72. Mewn copïau cyn-Gristnogol o'r fersiwn Groeg (LXX) defnyddiwyd 'YHWH' heb ei gyfieithu (Howard 1977, 63–6, 71, 76–7; gw. Dunn 1998, t. 249).
34 Nodwn yma fod Howard 1977, 77–8, 83, yn codi cwestiynau beirniadol ynglŷn â'r ddadl hon, ond fe'u gwrthodir gan Fee 2007, tt. 22–3, a n.52.
35 Dunn 1989, t. 45; gw. hefyd 1998, t. 254.
36 J. Tudno Williams 2001, tt. 70–1. Gw. hefyd Michael 1928, tt. 94–5, a Fee 2007, tt. 396–400.

37 Rhaid gochel, fodd bynnag, rhag gor-ddweud mewn achosion o'r fath fel y gwna Fee 2018, tt. 157–73.
38 Fuller 1969, t. 68; I. H. Marshall 1990, t. 200; Dunn 1998, tt. 249–52.
39 Gw. Cranfield 1998, tt. 61–2.
40 Dunn 1998, tt. 249–50. Gw. hefyd Cranfield 1979, tt. 529, 531–2. Nid yw Ziesler 1989, t. 264, mor sicr ynglŷn â'r dehongliad hwn.
41 Ond cred Hurtado 2003a, t. 115, n.87, fod cyfeiriad at Iesu yn y ddwy enghraifft. Felly hefyd S. E. Porter 2016, t. 235.
42 Moule 1977, t. 42; Dunn 1998, tt. 250–1; Fee 2018, tt. 142–3, 159.
43 Gw. Whiteley 1964, tt. 107–8; Moule 1977, tt. 41–3; I. H. Marshall 1990, tt. 207–8; S. E. Porter 2016, tt. 235–6.
44 Weiss 1937, t. 37.
45 Gw. Hengel 1980, tt. 173–97, ac 1983, tt. 78–96; Hurtado 1999, tt. 76–81, a 2015, tt. 5, 12–16, 129–30. Nododd Moule 1981, t. 19, hefyd bwysigrwydd addoli yn yr Eglwys Fore.
46 Myn Fee 1999, tt. 49–72, y dylid pwysleisio dylanwad y profiad o'r Ysbryd Glân ar ddealltwriaeth Paul o Dduw, ac mai yn drindodaidd y'i profodd.
47 Hurtado 1998, 9; gw. hefyd, 24; 1999, t. 70; 2003a, tt. 135–8; a 2015, tt. 12–16, 119.
48 Hurtado 2015, tt. 8–9, 12, 126–7.
49 Hurtado 2003a, t. 152.
50 Gw. hefyd Wanamaker 1986, 522–3. Ar hyn oll, gw. hefyd S. E. Porter 2016, tt. 235–45.
51 Hurtado 1999, tt. 70, 97.
52 Bauckham 1998, tt. 26–7. Ar safbwynt Bauckham, gw. Wright 2013, tt. 651–6, sy'n ei gymeradwyo.
53 Hurtado 2003a, t. 138, a 2015, tt. 103–5, 129, a Davis 1994, 480.
54 Dunn 1991a, tt. 205–6, a de Jonge 1996, t. 230. Gw. hefyd Hurtado 2003b, t. 187.
55 Dunn 1991a, t. 240.
56 Gw. Dunn 1998, t. 253.
57 Bauckham 1993a, t. 60. Gw. hefyd Hurtado 2003a, t. 114, a Byers 2016, 524.
58 Gw. Hurtado 1999, t. 90, a 2015, t. 107.
59 Dunn 1998, tt. 257–60.
60 Hurtado 2015, tt. xv–xvi; gw. hefyd t. 139, a J. Tudno Williams 2003, 197–210.

Diwinyddiaeth Paul

61 Dunn 1977, t. 226.
62 Dunn 1989, tt. xxxviii, n.80. Gw. hefyd 1991a, tt. 204–5, a Casey 1991, penodau 3, 8–9. 'Nid oes unman arall yn y Testament Newydd', meddai'r esboniwr Kiddle, 'lle'r addolir Crist yn yr un termau hollol gyfartal â'r Duwdod' (1940, t. 105; gw. hefyd Morton 2001, 102, a sylw Swete ar y bumed bennod yn Datguddiad yn gyfan oedd: 'Y bennod hon yw'r datganiad mwyaf pwerus o dduwdod Crist yn y Testament Newydd, ac mae'n derbyn ei phŵer oddi wrth y mawl i Dduw'r Creawdwr sy'n ei ragflaenu.' (Swete 1907, t. 127, a ddyfynnir gan Bauckham 1993b, t. 137, n.59).
63 W. D. Davies 1980, tt. 175–6.
64 Fee 2007, tt. 595–630. Cyfeiria ar t. 596, n.7, at safbwynt gochelgar Dodd 1939, t. 409, ar y mater.
65 Gw. Ziesler 1990, t. 34. Gw. hefyd Pollard 1980/1, 574. Fel yr awgrymwyd, mae Fee 2007, t. 93, yn gwrthod yn bendant y cysylltiad honedig hwn â Doethineb, er enghraifft, yn achos 1 Cor. 8.6. Gw. hefyd Fee 2007, tt. 500, n.1, 503, n.9, a 599–601.
66 Fee 2007, tt. 89–94, 502–4; Hurtado 2015, tt. 101–2; Byers 2016, 524 a 526.
67 I. H. Marshall 1982, t. 9, n.22, a Thrall 1988, tt. 164–6. Gwrthodir hyn gan Dunn 1989, tt. 179–83.
68 Gwedir hyn gan O'Neill 1979/80, 87–9. Ond gw. J. M. G. Barclay 1997, tt. 59–68. Ceir ymdriniaeth lawn o'r emyn hwn yn Beasley-Murray 1980, tt. 169–79.
69 W. D. Davies 1980, tt. 150–2. Gw. Burney 1926, 160–77.
70 Gan Feuillet 1966, t. 271.
71 Gw. hefyd Fee 2007, tt. 607–9.
72 Dunn 1989, tt. xix–xx, a 182. Am farn wahanol, gw. Casey 1991, t. 115.
73 Dunn 1982, 330; 1989, tt. 187–95; a 1998, tt. 204–5, 275–7. Gwrthodir y safbwynt hwn gan I. H. Marshall 1982, t. 9; gw. hefyd Hanson 1982, tt. 74–5.
74 Anghytuna Barrett 1962b, tt. 85–6, 97, mai cyfeiriad at y creu a geir yma; yn hytrach, cyfeirio at Iesu yn datguddio'r anweledig Dduw y mae.
75 Pollard 1980/1, 574.
76 Caird 1976, tt. 175–8; gw. hefyd tt. 47–9.
77 Wright 1992, tt. 114–17.

78 Wright 1992, tt. 115–16.
79 Wright 1992, t. 116; gw. hefyd Byers 2016, 517–32, a n.52 uchod.
80 Thrall 1988, t. 161. Ond gw. Dunn 1998, t. 290. Yn ôl Fee 2007, t. 601, nid yw'r gair 'delw' yn nodweddiadol o'r traddodiad Doethineb: yn wir, dim ond unwaith, yn Doeth. Sol. 7.26, yr ymddengys, ac nid yw yma'n golygu 'delw Duw'. Ychwanega, Fee 2007, t. 619, nad oes tystiolaeth bendant bod Paul hyd yn oed yn gyfarwydd â'r llyfr hwn.
81 Gw. Hurtado 2003a, tt.138–40.
82 J. Tudno Williams 1991, t. 157. Gw. hefyd Hurtado 2003a, tt. 140–2.
83 Hurtado 1999, tt. 74–6, 81–3, a Green 2001, tt.187–8, 194–5.
84 Bauckham 1993b, t. 148, n.105. Am dystiolaeth bellach o'r ffenomen hon, gw. Bauckham 1992, t. 813.
85 Bauckham 1992, t. 813. Gw. hefyd Hurtado 2015, t. 231, n.58.
86 Gw. Davis 1994, 488, a Cranfield 1998, t. 56.
87 Schweizer 1966, 199–210.
88 Gw. ymhellach J. Tudno Williams 1991, tt. 82–3. Gw. hefyd Collange 1979, tt. 93–4; Hanson 1982, tt. 69–74, a Hurtado 2003a, tt. 118–26.
89 I. H. Marshall 1982, tt. 8–9. Mae Dunn 1998, t. 205, yn barod i gydnabod yn yr achos hwn bod y cysyniad o ymgnawdoliad 'yn agos iawn, os nad eisoes yn bresennol.' Ond gw. yr hyn sy'n dilyn.
90 Am ei ymdriniaeth â Gal. 4.4 gw. Dunn 1989, tt. 36–44; gw. hefyd 1998, tt. 277–9. Deil i lynu wrth ei safbwynt gwreiddiol: gw. 1989, tt. xvii–xviii. Gwrthgyferbynner I. H. Marshall 1982, tt. 7–8. Ac am ei ymdriniaeth â 2 Cor. 8.9, gw. Dunn 1989, tt. 121–3. Gwrthgyferbynner Hanson 1982, tt. 59–62, 65. Gwrthwynebir safbwynt Dunn ar y mater hwn gan Fee 2007, t. 501, n.2.
91 I. H. Marshall 1982, t. 7. Mewn ymateb mae Dunn 1998, tt. 291–2, yn dadlau bod yr adnod hon yn cyfeirio at y cyfnewid rhwng y groes a'r atgyfodiad yn hytrach nag at ymgnawdoliad Crist.
92 Dunn 1989, tt. 107–8, a 1998, t. 289; J. Tudno Williams 1991, tt. 145–6. Gwrthgyferbynner Hanson 1982, tt. 62–4.
93 J. Tudno Williams 1991, t. 145. Gw. hefyd Dunn 1989, t. xviii, a Fee 2007, tt. 116–19, 516–17.
94 Ar yr emyn, gw. Martin 1983. Mae Fee 2007, tt. 373–4, 394–5, yn amau ai emyn ydoedd mewn gwirionedd.
95 Martin 1983, tt. viii, xv–xvi, xviii.
96 J. Tudno Williams 2001, t. 69. Ond dilynir y trywydd hwn o gynfodolaeth i ddyrchafiad ar ei hyd gan Fee 2007, tt. 372–401.

Diwinyddiaeth Paul

97 Gw. Dunn 1989, tt. xviii–xix, 114–21, ac 1998, tt. 281–8, a hefyd Casey 1991, tt. 112–13.
98 Moule 1970, t. 272.
99 Denwyd T. C. Edwards yn y Ddarlith Davies gyntaf un yn 1895 at 'Athrawiaeth yr Ymwacâd' a seiliwyd i raddau helaeth ar yr adnodau hyn: gw. y cyfieithiad Cymraeg o'r ddarlith, Edwards 1897, tt. 103–24. Fodd bynnag, ymddengys nad oedd yn gwbl gysurus â hi: gw. J. E. Caerwyn Williams 1974, 17–21. A ph'run bynnag, mae perygl yn yr achos hwn o ddarllen diwinyddiaeth ddiweddarach yn ôl i mewn i esboniadaeth feiblaidd: gw. Fairweather 1969, tt. 159–74, a Hawthorne 1983, t. 85. Ar yr holl ddadl a ysgogodd y Ddarlith Davies hon yng Nghymru, gw. R. Tudur Jones 1982, tt. 55–67.
100 J. Tudno Williams 2001, tt. 69–70. Gwrthodir y safbwynt hwn yn bendant gan Hurtado 2003a, tt. 120–3, a Fee 2007, tt. 390–3. Ar yr adran gyfan, gw. hefyd Wright 1992, tt. 56–98; a Martin a Dodd 1998.
101 Dunn 1998, t. 224; Hurtado 2003a, tt. 101–2.
102 I. H. Marshall 1982, t. 9; gw. Hengel 1976, tt. 7–15.
103 Dunn 1998, t. 224.
104 Gw. Bultmann 1952, t. 27; Dodd 1959, tt. 32–3. Cytunant mai traddodiad cynnar cyn Paul a adlewyrchir yma: gw. hefyd Sumney 2017, tt. 53–6.
105 Ehrman 1993, t. 48. Gw. hefyd Casey 1982, t. 124, a 1991, t. 111.
106 Gw. Polythress 1975/6, 181.
107 Dunn 1973a, 40–68.
108 Gw. Hurtado 2003a, tt. 106–7.
109 Taylor 1961/2, 116–18; Boobyer 1967/8, 247–61, a Mastin 1975/6, 32–51.
110 Bultmann 1952, t. 129.
111 Ond gw. Harris 1980, tt. 262–77.
113 Gw. y drafodaeth uchod.
113 Sanday and Headlam 1930, t. 233. Am drafodaeth lawn o'r mater, gw. Metzger 1975, tt. 520–3, a Fitzmyer 1993, tt. 548–9.
114 Gw. Omanson 2006, tt. 308–10.
115 Dunn 1989, t. 45; gw. hefyd 1998, tt. 255–7, er iddo gyfaddef i'r ddadl ar sail atalnodi ffafrio'r cyfeiriad at Grist fel Duw (1989, t. 45). Rhanedig yw ysgolheigion modern ar y mater: er enghraifft, ceir y canlynol o blaid cyfeirio'r ymadrodd at Dduw: Dodd 1959, t. 165; Taylor 1961/2, 116–18; Metzger 1973, tt. 95–112; Casey 1982, t. 124, ac 1991, tt. 135,

167–8, ac S. E. Porter 2016, t. 242, tra bo eraill megis Sanday a Headlam 1930, tt. 233–8, a Cranfield 1998, tt. 58–9, am ei gyfeirio at Grist.
[116] Bultmann 1952, t. 129.
[117] Abbot 1888, t. 447.
[118] Whiteley 1964, tt. 105–6. Gw. hefyd Dodd 1959, t. 165, n.1, a tt. 178–9.
[119] Gw. Witherington 1993b, tt. 109–10.
[120] Scroggs 1988, t.43. Roedd John Morgan Jones 1926, t. 1083, yn amau bod Paul wedi llwyddo 'i ddangos fod dynoliaeth wir a llawn yn bosibl i'r Mab yn y cnawd.'
[121] Bell 2002, 13–16.
[122] Bell 2002, 7–8.
[123] *Pace* Knox 1967.
[124] J. Tudno Williams 2001, t. 70.

7

Anthropoleg Paul[1] a'r Ysbryd yn Llythyrau Paul

■ ■ ■

Gellir gosod y termau a ddefnyddia Paul i ddisgrifio'r natur ddynol mewn parau, sef cnawd a chorff, meddwl a chalon, enaid ac ysbryd.[2] Tra bo peth cyfeirio at dermau a syniadau Helenistaidd, er enghraifft y dyn oddi mewn (Rhuf. 7.22; gw. hefyd 2 Cor. 4.16; Effes. 3.16), y meddwl (*nous*), a'r gydwybod (*suneidêsis*) (sy'n digwydd rhyw ugain o weithiau yn ei ysgrifeniadau),[3] yr Hen Destament yw gwir sail anthropoleg Paul.[4] Cyfunwyd â hyn dylanwad ei fagwraeth Rabinaidd arno.[5]

Sôma[6]

Digwydd y gair hwn naw deg un o weithiau i gyd yn y llythyrau Paulaidd, saith deg pedwar ohonynt yn y llythyrau dilys. Mae'n derm mwy niwtral na *sarx*,[7] a gall hefyd gyfleu ystyr mwy 'nobl', chwedl Bruce.[8] Yn ôl J. A. T. Robinson, 'y ddelwedd o'r corff yw pen conglfaen diwinyddiaeth Paul. Gan fod ei ystyron yn cysylltu â'i gilydd, mae'r gair *sôma* yn gwau ei brif themâu oll ynghyd.'[9]

(i) Gall olygu'r corff dynol, yn fyw neu'n farw (Gal. 6.17), yna'r person cyfan (Rhuf. 6.12; 12.1), a daw'n gyfystyr, fwy neu lai, â'r rhagenw personol (er enghraifft, 1 Cor. 9.27; 13.3; Phil. 1.20).

Diwinyddiaeth Paul

Gellir mynegi'r darlun Hebreig o ddyn yn glir drwy honni mai 'corff ydwyf i' yn hytrach na dweud, 'y mae gennyf gorff'.[10] Drwy ei gorff y mae rhywun yn cysylltu â'i amgylchfyd.[11] Naturiol, felly, yw'r sôn am farwolaeth 'corff cnawd' Iesu ei hun (Col. 1.22).

(ii) Fel y sylwyd yn barod, term niwtral ydyw, ac er mwyn gosod arlliw mwy negyddol arno, ychwanega Paul ato air disgrifiadol megis 'corff pechod' (*to sôma tes hamartias*) yn Rhuf. 6.6. Dyna gyfieithiad llythrennol *BC*; 'ein natur ddynol bechadurus' a geir yn *BCN*. Golyga, wrth gwrs, y corff dynol dan reolaeth pechod. Enghreifftiau cyffelyb yw 'cyrff marwol' (Rhuf. 8.11) a 'cnawdolrwydd y corff' (Col. 2.11). Yn Rhuf. 8.11 atgoffir y darllenwyr eu bod yn preswylio mewn cyrff meidrol a bod angen i Ysbryd Duw atgyfodi'r 'cyrff marwol' hyn. Yn ddiau, bwriedir cysylltu'r corff hwn nid yn unig â meidroldeb,[12] ond hefyd â phechod, fel y dengys y sôn yn yr adnod flaenorol am 'y corff yn beth marw o achos pechod' (8.10; gw. hefyd 7.24).[13] Ar y llaw arall, deil yr arlliw niwtral yn yr ymadrodd 'corff ei gnawd' sy'n disgrifio Crist ei hun yn Col. 1.22 a 2.11.[14] Cyfrwng i'r ymgnawdoliad oedd ei gorff, wrth gwrs.

Sylwer hefyd mai corff fydd sylwedd yr atgyfodiad (1 Cor. 15.44): yn wir mae'n anhepgorol ar gyfer bywyd yr atgyfodiad.[15] Yr un pryd, pwysleisir na fydd 'cig [hynny yw, *sarx*] a gwaed' yn gallu etifeddu teyrnas Dduw (1 Cor. 15.50).[16]

(iii) Wrth ystyried ei gysylltiadau cymdeithasol,[17] nid yw'n syndod gweld *sôma* yn dynodi corff Crist, yr Eglwys (Rhuf. 12.4–5; 1 Cor. 12.12; Col. 1.18).[18] Rhydd 1 Cor. 6.13–20 enghreifftiau o'r holl ystyron hyn: yn y darn hwn ymddengys y gair *sôma* wyth gwaith. Eto, wedi dweud hyn, pwysleisia Fee mai'r corff dynol sydd mewn golwg yn yr adran hon: dywed hyn mewn gwrthgyferbyniad â phwyslais Bultmann a J. A. T. Robinson ar ystyr mwy trosiadol i *sôma*, sef personoliaeth.[19]

Nid oes dim yn Hebraeg sy'n cyfateb yn union i *sôma*.[20] Yn yr Hen Destament cynrychiola'r gair *bāsār* y corff dynol tua hanner can gwaith,[21] ond daeth hefyd i ddynodi'r natur ddynol yn ei gwendid.[22] Ystyr yw hwn a ganfyddir yn Paul ond nid yn y llenyddiaeth Rabinaidd.[23] Yn y LXX cyfieithir *bāsār* weithiau gan *sôma* a throeon eraill gan *sarx*. Adlewyrchir hyn yn Rhuf. 8.13 lle cyfetyb:

'os ar wastad y cnawd *(sarx)* yr ydych yn byw' i 'os ydych, trwy'r Ysbryd, yn rhoi arferion drwg y corff *(sôma)* i farwolaeth.' Mewn enghreifftiau fel hyn gellir cyfnewid y termau corff a chnawd yn Paul (gw. ymhellach Rhuf. 6.12; 7.24; 8.10;1 Cor. 6.16).[24] Eto, wedi dweud hyn, mae'n rhaid cyfaddef nad oes cyfoeswr arall iddo a wahaniaetha mor glir â Phaul rhwng *sarx* a *sôma*.[25]

Sarx (cnawd)[26]

Digwydd naw deg un o weithiau yn yr epistolau Paulaidd, saith deg dau ohonynt yn y rhai dilys, a dau ddeg chwech o'r rheiny yn Rhufeiniaid.[27] Gellir rhannu ei ystyron fel a ganlyn:[28]

(i) I ddynodi'r corff ffisegol yn gyfan (1 Cor. 15.39) neu rannau ohono (deuddeg gwaith): er enghraifft, mewn cyfeiriad at enwaedu (Rhuf. 2.28) cynrychiola'r hyn sy'n allanol mewn gwrthgyferbyniad â'r hyn sy'n fewnol ac yn ysbrydol.[29] Fel gyda *sôma* gall olygu hefyd gorff Crist ei hun (Col. 1.22; Effes. 2.14). Hefyd, fel yn achos *sôma* gellir dweud 'cnawd ydwyf i' yn hytrach na dweud 'y mae gennyf gnawd'.[30]

(ii) I ddynodi'r ddynoliaeth gyfan (Rhuf. 3.20) neu i ddynodi perthynas (un ar ddeg gwaith): er enghraifft, perthynas Crist â llinach Dafydd (Rhuf. 1.3), neu un Abraham â'r ddynoliaeth/Iddewiaeth (Rhuf. 4.1), neu Paul â'i gyd-Iddewon (Rhuf. 9.3; 11.14; gw. hefyd Gal. 1.16).

(iii) I ddynodi cylch neu gyflwr bodolaeth pobl yn y presennol (un deg pedwar gwaith) (er enghraifft, Phil. 1.22, 24), ystyr sy'n dangos yn eglur nad yw'r cnawd ohono'i hun i'w ystyried yn beth drwg, ac yn wir y gellir ei sancteiddio (2 Cor. 6.14; 7.1),[31] ac fel yr atgoffa'r Hen Destament (gw. Gen. 2.24) ac Iesu ni (gw. Math. 19.5) daw y gŵr a'r wraig 'yn un cnawd'.

(iv) I ddynodi person yn ei wendid, ond heb bwysleisio'r wedd foesol (un deg naw gwaith).[32] Cyflëir hyn yn *BCN* yn Rhuf. 6.19 gan 'eich cyfyngiadau dynol chwi', yn hytrach na chyfieithiad orlythrennol *BC*, sef 'gwendid eich cnawd chwi'. Gall ddweud hefyd fod Crist wedi dod 'mewn ffurf debyg i'n cnawd pechadurus ni'(Rhuf. 8.3).[33]

(v) I ddynodi'r bersonoliaeth gyfan pan fo'n ddrwg, hynny yw yn ei chyflwr naturiol, a hynny mewn gwrthgyferbyniad â *pneuma* (ysbryd) (Rhuf. 8.12–13; gw. hefyd 7.5; 8.6; Gal. 3.3). Felly, y mae i *sarx* ystyr moesol pendant a cheir tri deg pump enghraifft ohono'n cael ei ddefnyddio mewn perthynas â moesoldeb (er enghraifft, Gal. 5.19; cymharer Rhuf. 7.18). Ar y cyfan, fel y nodwyd uchod, ystyrir *bāsār* (y cnawd) yn yr Hen Destament yn elfen sydd wedi'i llygru, ac felly'n wan, yn hytrach nag yn un sydd ei hunan yn llygru'n ymwybodol. Pechod yn hytrach na'r cnawd yw gelyn eithaf Ysbryd Duw. Defnyddio'r cnawd a wna pechod fel offeryn gwan llygredig i hyrwyddo'i amcanion (gw. Rhuf. 7.5, 18, 25).[34] Darlun Groegaidd sydd gan yr emynydd wrth ganu 'cnawd ac ysbryd sy'n rhyfela'. Nid yw mewn gwirionedd yn gwbl gydnaws â'r darlun beiblaidd.[35]

psuchê[36]

Digwydd tair ar ddeg gwaith yn Paul; mae hyn yn ychydig o'i gymharu â'r defnydd mawr o'r term mewn llên Roegaidd a'r defnydd o'r term cyfatebol *nephesh* yn yr Hen Destament, lle digwydd 756 o weithiau.[37] Gall olygu'r canlynol:

(i) bod dynol (Rhuf. 2.9; 13.1), hynny yw, yn llythrennol, 'pob enaid', pob un. Awgryma'r defnydd hwn o'r term na allai Paul gredu yng nghynfodolaeth yr enaid:[38] yn wir, i'r meddwl Hebreig ni allai'r enaid fodoli heb y corff.

(ii) Bywyd (Rhuf. 11.3; Phil. 2.30) yn cyfateb i'r *nephesh* yn yr Hen Destament, sef egwyddor bywyd. Y mae dyn yn cael ei ddisgrifio'n *nephesh*, sef yn 'greadur byw' (Gen. 2.7, *BCN*). Yn y dyfyniad o'r adnod yn 1 Cor. 15.45 'bod byw' a geir yn *BCN*, sy'n gyfieithiad llythrennol o'r Groeg *psuchê zôsa*, sy'n cyfateb i'r Hebraeg *nephesh chayyāh*.

(iii) Bywyd naturiol, yr elfen fywydol, mewn gwrthgyferbyniad â'r bywyd tragwyddol sy'n rhoddedig oddi uchod (1 Cor. 15.45–7). Ac felly defnyddir yr ansoddair *psuchikos* i ddynodi'r person naturiol mewn gwrthgyferbyniad â'r *pneumatikos*, sef y sawl sydd wedi'i freintio ag Ysbryd Duw.[39] Noder hefyd yr ymadrodd *ho esô anthrôpos*, sef y person mewnol (Rhuf. 7.22 – 'y gwir ddyn sydd ynof', yn ôl *BCN*), a 2 Cor. 4.16, lle ymddengys mewn gwrthgyferbyniad â'r person allanol.

(iv) Fe'i defnyddir fel ansoddair yn Col. 3.23 ac Effes. 6.6: *ek psuchês* i olygu 'o'r galon' (*BC*), neu 'â'ch holl galon'(*BCN*). Cyfetyb hyn i'r syniad o'r *psuchê* fel tarddiad teimladau mewn pobl.[40]

Defnyddir *pneuma*, *psuchê* a *sôma* gyda'i gilydd yn 1 Thes. 5.23 i olygu'r person cyfan, a hynny mewn llythyr cynnar, oherwydd yn ddiweddarach yn 1 Cor. 15.44 a 46 gwahaniaetha rhwng *psuchikos*, sef yr anianol, a *pneumatikos*, sef yr ysbrydol, i egluro'r gwrthgyferbyniad yn ogystal â'r dilyniant rhwng y 'corff anianol', corff naturiol, presennol pobl, a'r corff ysbrydol goruwchnaturiol, sef corff yr atgyfodiad. Yn yr un modd, tynnir gwahaniaeth rhwng Adda, y cyntaf i wisgo 'corff anianol', a Christ, y cyntaf i wisgo 'corff ysbrydol' am mai ysbryd sy'n rhoi bywyd ydyw (1 Cor. 15.45).[41]

pneuma[42]

Yr Hen Destament sy'n gosod y fframwaith i ddarlun Paul o'r Ysbryd.[43] Digwydd y gair *pneuma* 146 gwaith yn Paul, ac mewn 116 enghraifft dynoda ddylanwadau goruwchnaturiol (er enghraifft Gal. 4.6), ac yn ychwanegol cyfeiria un deg pedair enghraifft at natur uwch y person Cristnogol, tra cyfeiria un deg chwech yn unig at yr elfen normal yn y natur ddynol.[44]

Caiff yr Ysbryd le canolog yng ngweithgarwch Paul a'i ddehongliad o'r efengyl Gristnogol.[45] Yn wir, fe haerwyd ei bod yn fwy canolog a nodweddiadol ohono na'i athrawiaeth am gyfiawnhad drwy ffydd.[46] Drwy'r athrawiaeth am yr Ysbryd y mynegodd agweddau moesol, achubol ac eschatolegol ei ffydd, y profiad o fywyd newydd yn y presennol ac yn y dyfodol, a ddaeth i gyd drwy Grist.[47] Mewn gair, yr Ysbryd yw ffynhonnell bywyd y Cristion (Rhuf. 8.2, 10; Gal. 6.8). Credai Paul ei fod yn byw yn oes yr Ysbryd pryd y byddai Crist yn preswylio yng nghalonnau Cristnogion.[48] Cred W. D. Davies mai yng ngoleuni disgwyliadau Rabinaidd am yr Oes i Ddod fel Oes yr Ysbryd a Chymdeithas yr Ysbryd yn unig y gellir deall athrawiaeth Paul am yr Ysbryd yn llawn.[49]

(i) Y gair hwn sy'n cynrychioli canolbwynt syniad Paul am y natur ddynol: saif am yr elfen uwch ynddi o'i gwrthgyferbynnu â'r *psuchê*,[50] hynny yw dynoda'r person cyfan pan yw wedi'i achub,[51] a hynny mewn gwrthgyferbyniad â'r person pechadurus a gynrychiolir gan *sarx* neu *sôma* (Rhuf. 8.10). Sylwer eto fel y mae'r ansoddair *psuchikos* sy'n tarddu o'r enw *psuchê* yn cynrychioli'r anianol mewn gwrthgyferbyniad â'r ysbrydol (*pneumatikos*) (1 Cor. 2.13–15; 15.44–6).[52]

Dylid nodi, fodd bynnag, y gall Paul ddefnyddio'r gair *pneuma* i ddisgrifio'r ysbryd naturiol sydd mewn pobl, yr ysbryd sy'n eu galluogi i'w hadnabod eu hunain orau (Rhuf. 8.16; 1 Cor. 2.11; 2 Cor. 7.1; 1 Thes. 5.23), ac yn 1 Cor. 2.11 gwrthgyferbynnir yr ysbryd ag 'y' fach ag Ysbryd Duw ei hun.[53] Y mae'r ysbryd hwn yn ymdebygu i syniad Groegaidd arall a geir hefyd yn Paul (er enghraifft, yn Rhuf. 1.28),[54] sef y syniad o'r *nous* neu'r meddwl.[55] Y mae'r agwedd hon ar yr ysbryd hefyd yn debyg iawn i'r darlun o'r *psuchê* a ddisgrifiwyd eisoes uchod (cymharer 1 Cor. 15.45).[56] Ac yn y cyswllt hwn gallwn nodi na fyddai'r Groegwr byth yn dewis gwrthgyferbynnu ysbryd ac enaid oherwydd ei gred yn anfarwoldeb yr enaid.[57]

Pan mae Paul yn sôn yn 1 Cor. 5.3 a Col. 2.5 am fod yn absennol yn y corff neu'r cnawd, ond yn bresennol yn yr ysbryd, gall fod yn golygu yma hefyd yr ysbryd dynol.[58]

Mae'n ymddangos mai'r ysbryd yw'r elfen lywodraethol ymhob un, hyd yn oed yn y sawl nas achubwyd (Rhuf. 8.16;1 Cor. 2.11; Gal. 4.18).[59] Yn wir, credai'r apostol ym modolaeth ysbrydion aflan yn y bydysawd a allai ddylanwadu er drwg ar ysbryd pobl (Effes. 2.2; 6.12; cymh. 1 Cor. 2.12; 2 Thes. 2.2). Ar y llaw arall, cynrychiolai'r ysbryd yr elfen mewn pobl y gellir ei adnewyddu drwy weithgarwch Ysbryd Duw:[60] yn wir dyma'r elfen ynddynt a all ymateb yn uniongyrchol i Dduw (gw. Rhuf. 1.9; 8.16).[61]

Anthropoleg Paul a'r Ysbryd yn Llythyrau Paul

Wrth gwrs, rhodd Duw i'r credadun yw ei Ysbryd: ni allai fyth ddatblygu neu ddisgyblu'i ysbryd ei hun i'r graddau y gallai hawlio iddo'i feddiannu iddo'i hun.[62] Dadl ganolog Fee yn ei gyfrol orchestol ar yr Ysbryd yn llythyrau Paul yw y meddylir am yr Ysbryd yn ei brofiad a'i ddiwinyddiaeth bob amser yn nhermau presenoldeb personol Duw. Cynrychiola'r Ysbryd y modd mae Duw yn dewis bod yn bresennol yn ei nerth ym mywydau Cristnogion a'u cymunedau wrth iddynt ddisgwyl cyflawniad Teyrnas Dduw. Felly fe'i ystyrid bob amser yn bresenoldeb sy'n cyfrannu nerth, a dyna'n wir y teitl a roddodd Fee ar ei gyfrol, *God's Empowering Presence*.[63]

(ii) Y mae'r Ysbryd (ag 'Y' fawr) yn eiddo, neu ddylai fod, i bob unigolyn o Gristion. Roedd Paul yn argyhoeddedig ei fod ef ei hun wedi'i ryddhau 'o afael cyfraith pechod a marwolaeth' gan yr Ysbryd (Rhuf. 8.2). Pregethai ef ei hun â nerth yr Ysbryd y tu cefn iddo (1 Cor. 2.4; 1 Thes. 1.5), a hawliai fod Ysbryd Duw ganddo (1 Cor. 7.40). Yr Ysbryd a arweiniai Gristnogion unigol i dderbyn neges yr Efengyl (1 Thes. 1.6) a'u galw 'i sancteiddrwydd' (1 Thes. 4.7–8; gw. hefyd 5.19–23): yn wir, y mae eu cyrff i fod 'yn deml i'r Ysbryd Glân' (1 Cor. 6.19; gw. hefyd 3.16). Felly y danfonodd Duw Ysbryd Crist yn ei gariad i galonnau credinwyr (Rhuf. 5.5; Gal. 4.6; cymh. Effes. 3.16–17; 4.30).[64]

Y mae *pneuma* felly'n dynodi'r Ysbryd Glân (1 Thes. 4.8; cymh. Effes. 1.13; 4.30), a dyma'n wir ei ystyr sylfaenol yn Paul, gan iddo ymddangos dros gant o weithiau yn y modd hwn. Y mae'n un o briodoleddau Duw ei hun (Rhuf. 8.14; 1 Cor. 2.11; 3.16; 2 Cor. 3.3). Trafodwyd a yw'n debygol fod Paul yn uniaethu'r Ysbryd â Duw yn 2 Cor. 3.17–18[65] (ac efallai hefyd yn 1 Cor. 3.16–17[66]), ac yn sicr yn Rhuf. 8.9 mae'n symud yn yr un adnod o sôn am 'Ysbryd Duw' i sôn am 'Ysbryd Crist'. Cyfystyr â'r sôn hwn am 'Ysbryd Duw yn cartrefu' ynddynt (gw. hefyd 8.11) yw'r datganiad bod Crist ei hun ynddynt (8.10). Mewn gair, disgrifir y profiad o feddiannu bywyd yr atgyfodiad mewn ymadroddion y gellir eu cyfnewid â'i gilydd, megis bod 'yn Nuw', bod 'yng Nghrist', neu fod 'yn yr Ysbryd' (Rhuf. 8.5,9).[67] Y mae bod yng Nghrist (*en Christô*) yn gyfystyr â bod yn yr Ysbryd (*en pneumati*) (gw. Rhuf. 8.9; gw. hefyd Gal. 4.6; Phil. 1.19). Nid yw'n syndod, felly, i Dodd ddatgan: 'Y mae'n hysbys nad yw'r syniad yn Paul o'r Ysbryd sy'n ymgartrefu

Diwinyddiaeth Paul

prin yn wahanol i'r syniad o'r Crist byw,'[68] ac fe'n hatgoffir o eiriau Calfin: 'Ymgartrefu'r Ysbryd ynom yw'r modd y preswylia Crist ynom.' Tra bo'r Ysbryd yn y credadun (Rhuf. 8.9–11; 1 Cor. 3.16; 6.19), gellir dweud hefyd fod Crist ynddo (Rhuf. 8.10; Gal. 2.20; Col. 1.27). Drwy'r atgyfodiad daeth Crist yn ysbryd yn rhoi bywyd (1 Cor. 15.45), neu gellir mynegi'r gwirionedd hwn drwy honni bod profiad o'r Ysbryd sy'n rhoi bywyd yn brofiad o'r Iesu atgyfodedig.[69] Awgryma hyn oll nad yw Paul bob amser yn gwahaniaethu'n glir rhwng Crist a'r Ysbryd (Rhuf. 8.9–11), er nad yw, mae'n debyg, yn eu huniaethu yn 2 Cor. 3.17;[70] gw. hefyd ad.18.[71]

Gwêl Dunn gyfraniad arbennig yr apostol yn y modd y diffiniodd yr Ysbryd fel Ysbryd Crist a'i ddefnyddio hefyd fel llinyn i fesur gwerth profiadau ysbrydol (gw. Rhuf. 8:15–16; 1 Cor. 12:3).[72]

(iii) Arwain hyn ni'n naturiol i ganfod y cysylltiad annatod sydd rhwng gweithgarwch yr Ysbryd yn y credadun â moesoldeb. Yn wir, ffrwyth yr Ysbryd yw'r bywyd Cristnogol, ac felly bywyd yr unigolyn o Gristion o'r dechrau i'r diwedd. Yn 1 Cor. 6:9–11, disgrifir y trawsnewid syfrdanol mewn pobl a effeithir gan yr Ysbryd.[73] Golyga meddiannu'r Ysbryd adnabyddiaeth o 'fywyd o ansawdd newydd a ddeffroai lefelau dyfnach o bersonoliaeth gan gysylltu pobl â'i gilydd ac â Duw mewn cwlwm na allai marwolaeth na bywyd ei dorri'.[74] Defnyddia Paul ymadrodd Hebreig wrth annog Cristnogion i fyw'r bywyd hwn: 'Rhodiwch yn yr Ysbryd'(Gal. 5.16),[75] ac, yn wir, yn yr Hen Destament ac mewn Iddewiaeth gyfoes eisoes cysylltid gweithgarwch yr Ysbryd ag elfennau moesol bywyd.[76] Yn y cyswllt hwn hefyd y gwrthgyferbynna'r apostol gnawd ac Ysbryd (Rhuf. 8.4, 13; Gal. 5.17; gw. hefyd Rhuf. 7.14–25). Nodwn iddo sôn hefyd am Gristnogion yn 'cael eu harwain gan Ysbryd Duw' (Rhuf. 8.14).

(iv) Yr Ysbryd yw ffynhonnell y *pneumatika* neu *charismata* a drafodir yn fanwl yn 1 Cor. 12 –14.[77] Gellid cyfieithu'r ffurf ar y gair cyntaf a geir yn 12.1 fel 'pobl ysbrydol',

> ond yng ngoleuni'r drafodaeth lawn ym mhennod 14 ar ddoniau megis proffwydo a llefaru â thafodau, ynghyd â ffurf y gair ar ddechrau'r bennod honno lle mae'n sicr yn golygu 'doniau ysbrydol', yna mae'n

Anthropoleg Paul a'r Ysbryd yn Llythyrau Paul

well glynu wrth gyfieithiad *BCN*. Y peth hanfodol yn eu cylch yw eu bod yn tarddu o'r Ysbryd Glân, ac, wrth gwrs, dim ond rhai wedi'u donio â'r Ysbryd a fyddai'n gallu eu hymarfer.[78]

Er i'r Ysbryd wahaniaethu rhwng gwahanol Gristnogion yn y modd y rhanna'r gwahanol ddoniau iddynt, y maent oll 'yn rhoddion yr oes eschatolegol sy'n creu ac yn nerthu'r gymuned Gristnogol (gw. 1 Cor. 12.7–13).'[79] Yn 12.1–3 ac ym mhennod 14 defnyddir y gair *pneuma* mewn ystyr mwy cyfyngedig i olygu 'ysbryd proffwydoliaeth'.[80] Yn y cyswllt hwn, dangosir mai prawf ar feddiant o wir Ysbryd Duw yw'r gallu i ddatgan mai 'Iesu yw'r Arglwydd' (1 Cor. 12.3).[81] I Paul, y mae cariad yn allweddol wrth ymarfer yr holl ddoniau hyn: dyna pam fod pennod 13 yn ganolog i'r holl drafodaeth arnynt.[82] 'Yr egwyddor sylfaenol y mae'n rhaid glynu wrthi o hyd yw "adeiladaeth" yr eglwys (14:26)',[83] ac nid yw'r ddawn a brisir fwyaf gan lawer o aelodau eglwys Corinth, sef llefaru â thafodau, yn llwyddo i wneud hynny. Yn hyn o beth y mae proffwydoliaeth yn well.

(v) Gan mai prif ddefnydd y rhoddion hyn yw sicrhau buddiannau'r gymuned gyfan, hoelir sylw hefyd ar undod yr Ysbryd a rennir gan bob Cristion (Rhuf. 12.4–8; 1 Cor. 12.13; gw. hefyd Effes. 4.4) a'r gymdeithas (*koinônia*) a grëir gan yr Ysbryd (2 Cor. 13.14; Phil. 2.1), neu'n well 'cyfrannu yn y profiad o'r Ysbryd'.[84] Dyna pam fod yn rhaid defnyddio'r rhoddion ysbrydol er budd pob aelod ohoni (1 Cor. 12–14).[85] Gellir yn wir ddweud mai'r agwedd hon ar weithgarwch yr Ysbryd yw'r un mwyaf nodweddiadol ohono (gw. hefyd Effes. 2.18 ymlaen; 4.3 ymlaen).[86] Dywed Ridderbos: 'Yn y lle cyntaf, nid categori personol yw bod yn yr Ysbryd, eithr un eglwysig.'[87]

(vi) Gwrthgyferbynnir y Gyfraith a'r Ysbryd: yn wir, fe'u darlunnir fel dwy gyfundrefn wrthwynebus i'w gilydd, y naill yn dwyn melltith a marwolaeth, a'r llall credu a bywyd (Rhuf. 7.6; gw. hefyd 8.2; Gal. 3.14; 4.29),[88] Hefyd, nodweddir y Gyfraith gan 'hender y llythyren'(*BC*) (*gramma* yw'r gair Groeg),a gyflëir yn *BCN* gan yr ymadrodd 'hen ffordd cyfraith ysgrifenedig', a hynny mewn gwrthgyferbyniad â 'ffordd newydd yr Ysbryd' (Rhuf. 7.6).Yn wir, dywedir

133

Diwinyddiaeth Paul

yn 2 Cor. 3.6 mai 'lladd y mae'r gair ysgrifenedig (*gramma*), ond rhoi bywyd y mae'r Ysbryd.'

(vii) Fel yn hanes popeth arall yn Paul, y mae i'r Ysbryd ddimensiwn eschatolegol. Cyflawniad o addewidion eschatolegol yr Hen Destament yw dyfodiad yr Ysbryd Glân, ac y mae hyn yn ernes (*arrabôn*) o'r gogoniant sydd i ddod ar y diwedd un (gw. 2 Cor. 1.22; 5.5; gw. hefyd Effes. 1.14).[89] Mewn geiriau eraill, yr *arrabôn* yw'r rhandaliad cyntaf, sy'n dynodi sicrwydd am yr hyn sydd i ddilyn o ran iachawdwriaeth.[90] Cyfeirir yn ogystal at y ffaith mai blaenffrwyth (*aparchê*) yr Ysbryd a fedd Cristnogion yn y byd hwn (Rhuf. 8.23). Eithr nid rhan yn unig ohono a fedd, ond yr Ysbryd yn ei lawnder.[91] Yn wir, 'sicrheir y credadun o'i (h)iachawdwriaeth eithaf ar sail perchnogaeth bresennol o'r Ysbryd Glân.'[92] Gan hynny, sylfaenir ei agwedd tuag at y dyfodol ar obaith (Rhuf. 5.2, 5; 8.23–5), ac yn ddiau, gobaith yw un o bennaf fendithion yr Ysbryd (Gal. 5.5).[93] Yn y cyswllt hwn hefyd y ceir y sôn yn Paul am y modd y mae meddu'r Ysbryd yn gwneud credinwyr yn feibion rhydd Duw trwy fabwysiad (Rhuf. 8.15; Gal. 4.4–6) ac yn etifeddion ei deyrnas (1 Cor. 6.9–10; 15.50; Gal. 5.21).[94]

Diweddglo

Sylwyd eisoes ar ddechrau pennod 5 ar bwysigrwydd cyfraniad anthropoleg Paul i'n dealltwriaeth o'i ddiwinyddiaeth ac yn arbennig y modd mae'n darlunio'r iachawdwriaeth yng Nghrist. Nodwyd yn y bennod hon y prif dermau a ddefnyddia wrth bortreadu'r ddynoliaeth, ei chyflwr a'i hanghenion. Gwelwyd unwaith yn rhagor ei ddyled i'w gefndir Iddewig, er na fedrir anwybyddu elfennau Helenistaidd o'r cyfnod yn llwyr. Tra bo'r ysbryd yn rhan hanfodol o'r gwead dynol, pwysleisiwyd pa mor ganolog yw gweithrediadau'r Ysbryd Glân yn ei amlinelliad o weithgarwch Duw mewn unigolion ac yn y greadigaeth.

Nodiadau

1. Gw. Whiteley 1964, tt. 37–44, a Wright 2013, tt. 490–3.
2. Dunn 1993b, t. 7.
3. Dunn 1991b, tt. 393–4. Gw. hefyd bennod 8.
4. H. W. Robinson 1920, tt. 104–8; W. D. Davies 1980, t. 17.
5. W. D. Davies 1980, t. 17.
6. Bultmann 1952, tt. 192–203; Dunn 1998, tt. 52–61; J. M. G. Barclay 2015, tt. 504–8.
7. Dunn 1993b, t. 8.
8. Bruce 1977a, t. 206.
9. J. A. T. Robinson 1952, t. 9.
10. Gw. Bultmann 1952, t. 194; Dunn 1993b, t. 9.
11. Dunn 1998, t. 56.
12. Barn Bruce 1977a, t. 206.
13. Dunn 1975a, tt. 315–16.
14. Dunn 1993b, t. 8, ac 1998, t. 71. Gw. hefyd Bultmann 1952, t. 197.
15. Bultmann 1952, tt. 192, 201.
16. Dunn 1993b, t. 8, ac 1998, tt. 71–2.
17. Dunn 1998, tt. 59–60.
18. Gw. ymhellach bennod 9.
19. Fee 1987, t. 256, n.32. Gw. Bultmann 1952, tt. 194–5, a J. A. T. Robinson 1952, t. 29.
20. Dunn 1993b, t. 7, ac 1998, tt. 54, 56.
21. Wolff 1974, t. 28 a t. 234, n. 7.
22. H. W. Robinson 1920, t. 25; Stacey 1956, tt. 160–1; Wolff 1974, tt. 30–1; W. D. Davies 1980, tt. 18–19.
23. W. D. Davies 1980, t. 20.
24. Bultmann 1952, tt. 199–200.
25. Dunn 1993b, t. 7.
26. Gw. Dunn 1998, tt. 62–70.
27. Dunn 1998, t. 62.
28. Gw. H. W. Robinson 1920, tt. 113–15; Stacey 1956, tt. 154–64.
29. J. A. T. Robinson 1952, tt. 18 a 21.
30. Dunn 1998, tt. 66–7.
31. W. D. Davies 1980, t. 19.
32. Stacey 1956, tt. 155–6; Whiteley 1964, tt. 39–41; Conzelmann 1969, tt. 173–4.

33 Gw. hefyd yr adran ar ddyndod Crist ym mhennod 6.
34 H. W. Robinson 1920, tt. 116–18; W. D. Davies 1980, t. 19; Dunn 1998, tt. 66–7.
35 Dadleuwyd llawer ynglŷn â pha elfen oedd fwyaf dylanwadol yn achos Paul, yr un Feiblaidd, ynteu'r un Roegaidd: gw. Dunn 1998, t. 62. Gw. hefyd Thrall 1973, tt. 159–60.
36 Bultmann 1952, tt. 203–7.
37 Stacey 1956, t. 121; Dunn 1998, t. 76.
38 Stacey 1956, tt. 124, 126.
39 Stacey 1956, t. 148.
40 Stacey 1956, t. 122.
41 Gw. J. Tudno Williams 1991, t. 144.
42 Bultmann 1952, tt. 205–9, a Stacey 1956, tt. 128–39. Trafodir pob enghraifft o'r ysbryd yn Paul yn fanwl gan Fee 1995.
43 Stacey 1956, t. 138. Am yr Ysbryd yn yr Hen Destament, gw. Eichrodt 1967, tt. 46–68.
44 H. W. Robinson 1920, tt. 109–10.
45 Fee 1995, tt. 896–7; Dunn 1998, tt. 419–25.
46 Neill a Wright 1988, t. 203; gw. hefyd Dunn 1998, t. 425.
47 W. D. Davies 1980, t. 177.
48 W. D. Davies 1980, t. 226; gw. hefyd Fee 1995, t. 897.
49 W. D. Davies 1980, t. 217; gw. hefyd tt. 208–17, 223–4.
50 Stacey 1956, tt. 121, 135–6.
51 H. W. Robinson 1920, t. 109; Stacey 1956, t. 133; Dunn 1998, t. 77.
52 Dunn 1998, t. 78, a gw. uchod o dan *psuchê*.
53 W. D. Davies 1980, t. 186; J. Tudno Williams 1991, t. 18.
54 Dunn 1998, tt. 73–4.
55 Bultmann 1952, t. 207.
56 Stacey 1956, t. 134; a chymharer Bultmann 1952, tt. 205–6.
57 Stacey 1956, t. 142.
58 Osei-Bonsu 1987, 571–2; gw. hefyd Best 1955, t. 208, er bod Whiteley 1964, t. 38, yn amau hynny.
59 Snaith 1945, t. 183.
60 Stacey 1956, t. 134.
61 Dunn 1998, tt. 76–7.
62 W. D. Davies 1980, tt. 186–7.
63 Fee 1995, tt. xxi, 6–8. Gw. hefyd Ellis 1973, t. 270.
64 Am yr uchod, gw. W. D. Davies 1980, t. 201.

65 Moule 1982a, tt. 227–34. Gw. hefyd n.71 isod.
66 Ellis 1973, t. 273.
67 Ellis 1973, t. 273.
68 Dodd 1938, t. 56; gw. hefyd 1944, t. 62, ac 1958, tt. 140, 142–3. Gw. hefyd John Morgan Jones 1926, t. 1082.
69 Dunn 1973b, tt. 133, 139.
70 Thrall 1973, t. 173.
71 A hynny'n groes i farn Dodd 1944, t. 62, ac 1958, t. 140: gw. D. R. Griffiths 1943/4, 81–3. Mae W. D. Davies 1980, t. 196, yn fwy gochelgar er yn dyfynnu Dodd ar y pwynt. Eglura Dunn 1998, t. 422, mai'r 'Arglwydd' yn y testun yw Arglwydd (Dduw) testun yr Hen Destament yn Exod. 34.34 (gw. hefyd Dunn 1970, 309–20, a Paige 1993, t. 407).
72 Dunn 1973b, t. 133, ac 1998, t. 433.
73 Gw. Dunn 1998. t. 432.
74 Scott 1921, t. 46; gw. hefyd W. D. Davies 1980, t. 202, a Fee 1995, tt. 898–9.
75 Dunn 1998, t. 643.
76 W. D. Davies 1980, tt. 218–20.
77 Gw. ymhellach Dunn 1998, tt. 552–61.
78 J. Tudno Williams 1991, t. 105.
79 Ellis 1973, t. 272.
80 Ellis 1973, t. 274.
81 Dunn 1973b, t. 133.
82 Gw. J. Tudno Williams 1991, t. 116.
83 J. Tudno Williams 1991, t. 128.
84 Dunn 1998, tt. 561–2.
85 Best 1955, t. 113.
86 W. D. Davies 1980, t. 201. Y mae hyn yn nodweddiadol hefyd o ddull y Rabiniaid o drafod yr Ysbryd (gw. W. D. Davies 1980, tt. 205–8).
87 Ridderbos 1977, t. 221.
88 Ridderbos 1977, t. 216; gw. hefyd tt. 214–23.
89 Fee 1995, t. 897.
90 Dunn 1998, t. 469.
91 Beker 1980, tt. 278–9; Dunn 1998, t. 470.
92 Kreitzer 1993a, t. 263.
93 Dunn 1998, tt. 437–8.
94 Gw. Kreitzer 1993a, tt. 263–4, a Dunn 1998, tt. 435–7.

8

Dysgeidiaeth Foesol Paul[1]

■ ■ ■

Y mae pedwar gris y gellir o ran egwyddor eu hamlinellu sy'n symbylu dysgeidiaeth foesol Paul:

(1) gweithred Duw yng Nghrist. Dywed Schrage: 'Pwynt cychwynnol a sylfaen ethig Paul yw digwyddiad eschatolegol marwolaeth ac atgyfodiad Iesu er iachawdwriaeth.'[2] Pwysleisia W. D. Davies yn arbennig swyddogaeth yr atgyfodiad fel ysgogiad i foesoldeb yr Eglwys Fore. Roedd nid yn unig yn arddangos buddugoliaeth bywyd dros farwolaeth, ond hefyd buddugoliaeth maddeuant dros bechod. Yr atgyfodiad oedd *y* mynegiant, meddai, o ras Duw yng Nghrist, ac amlygir hynny yn y modd yr ymddangosodd y Crist atgyfodedig i'r rhai hynny, gan gynnwys Ceffas, a oedd wedi'i adael neu ei wadu, gan faddau iddynt eu methiant;[3]

(2) ymateb cyntaf neu dröedigaeth y credadun a ddynodir gan fedydd (= cyfiawnhad);

(3) parhad y bywyd Cristnogol gyda'i ddyletswyddau a'r disgwyliad o gynnydd mewn sancteiddrwydd, cariad a gwybodaeth (= sancteiddhad);

(4) y farn eithaf ac iachawdwriaeth.[4]

Diwinyddiaeth Paul

Mae'r rhain i gyd yn dibynnu ar ei gilydd.⁵ Mae (1) a (2) yn cynrychioli'r 'mynegol', a (3) yn cynrychioli'r 'gorchmynnol'. Ystyrir y termau hyn yn y cyswllt hwn yn yr isadran nesaf.⁶

Y farn arferol ynglŷn â phatrwm y llythyrau yw eu bod bron bob tro'n cyflwyno athrawiaeth i ddechrau cyn troi at foesoldeb, er enghraifft Rhuf. 1–11 a ddilynir gan benodau 12 ymlaen; felly hefyd Gal. 4–5 a Col. 2–3. Ond gwrthwyneba Furnish⁷ y fath raniad clir yn achos Rhufeiniaid, oherwydd bod Paul yn gyson yn tanlinellu arwyddocâd moesol athrawiaethau crefyddol, a gwelir hyn mewn llythyrau eraill hefyd, er enghraifft 1 Cor. 6.20, a Phil. 2.1 ymlaen. Yn wir, 'mae'r apostol yn symud oddi wrth grefydd at foesoldeb ac oddi wrth foesoldeb at grefydd wrth gydnabod eu bod yn ffurfio uned annatod',⁸ er enghraifft Rhuf. 5–6 a 8. 'I'r apostol mae crefydd a moesoldeb wedi eu cloi yn ei gilydd – mae'r naill yn ymhlyg yn y llall, ac y mae'r naill yn angenrheidiol i'r llall'.⁹ Gwneir yr un pwynt yn bendant iawn gan Hooker:

> Mae pob un sy'n astudio dysgeidiaeth Sant Paul yn gyfarwydd â'r ffaith bod ei ddysgeidiaeth foesol wedi'i wreiddio yn ei ddiwinyddiaeth.¹⁰ Nid yw'n unig yn fater ei fod, wrth ysgrifennu at y cynulleidfaoedd dan ei ofal, yn tueddu i ddelio'n gyntaf â chwestiynau diwinyddol ac yna â phroblemau moesol; yn hytrach, mae'r naill yn arwain yn anochel at y llall. Nid bod cwestiynau moesol yn llai pwysig, ac felly y gellir delio â hwy ar ddiwedd llythyr; y gwir yw mai ar sail dealltwriaeth ddiwinyddol yn unig y gellir dod i benderfyniadau moesol. Dyna pam y dengys archwiliad manylach o lythyrau Paul bod y dosraniad twt i adrannau diwinyddol a moesol yn rhy syml, oherwydd weithiau mae'n cyfeirio at y moesol wrth esbonio diwinyddiaeth, ac yn aml mae'n disgyn talpiau diwinyddol i mewn i'r ddadl wrth ymgiprys â phroblemau moesol: perthyn cred a buchedd gyda'i gilydd.¹¹

Y Mynegol-gorchmynnol

Felly, mae'r apêl at yr efengyl ei hun yn elfen ganolog yn nysgeidiaeth foesol Paul.¹² Dyma'r hyn a elwir yn 'fynegol-gorchmynnol' – cysyniad a fathwyd yn 1924 gan Bultmann.¹³ Neu fe ellir eu trawsnewid i 'orchmynnol-mynegol', er enghraifft Gal. 3.27; Rhuf.

13.14, a Phil. 2.12–13.¹⁴ Mewn gwirionedd, yr hyn mae'n ei olygu yw: 'Dewch i fod (neu byddwch) yr hyn ydych' (Effes. 4.1), neu 'dewch i fod yr hyn yr ydych am fod',¹⁵ neu 'gweithiwch allan yr hyn mae Duw wedi'i weithio ynoch chwi.'¹⁶ Gellir ei grynhoi mewn brawddegau sy'n agor drwy awgrymu: 'Gan fod . . .' ac yn gorffen gyda 'felly . . .' yn ganlyniad: gw. Rhuf. 6.4, Gal. 5.1, a Phil. 2.12–13.¹⁷ Mae'n orchymyn i gydymffurfio â delw Crist. Mae'r rhai sydd 'yng Nghrist' i ymddwyn yn gwbl gyson â hynny (gw. Gal. 5.25 ac 1 Cor. 5.7).

'Mae'r gorchmynnol yn pwyso ar y realiti a roddwyd gyda'r mynegol, yn apelio ato, a'r bwriad yw ei ddwyn i ddatblygiad llawn (gw. Col. 3.1; Gal. 5.25).'¹⁸ Gwelir enghreifftiau o'r mynegol yn Rhuf. 5.1; 2 Cor. 5.17; Col. 1.13; Gal. 5.24; ac Effes. 2.5, 18; ac o'r gorchmynnol yn Gal. 5.13, 16, a 25. Gw. hefyd Rhuf. 6.8, 6 ac 11, 12; ac 8.2, 9, 12, 13.¹⁹ Ni ellir gwahanu'r mynegol achubol am farw ac atgyfodi Crist oddi wrth gorchmynnol y frwydr yn erbyn pechod (gw. hefyd Col. 3.3–10).²⁰ Dyna danlinellu bod y gorchmynion moesol wedi eu hamgáu mewn mynegiadau achubol.²¹

Disgrifia'r enghreifftiau o'r mynegol yr hyn mae Duw eisoes wedi'i gyflawni: mewn geiriau eraill, proclamasiwn diwinyddol ydynt, a hyn sy'n paratoi'r sylfaen i'r gorchmynnol, sy'n dweud wrth y Cristion beth sydd ganddo i'w gyflawni eto: mewn geiriau eraill, dyma'r anogaeth foesol. Mae'r mynegol yn sôn am yr hyn sy'n annibynnol ar weithred ddynol ac ar haeddiant dynol, ond nid yw'n gwahardd ufudd-dod dynol, er nad oes lle, wrth gwrs, ym meddwl Paul i haeddiant ac 'ymffrost' dynol.²² Cyhoeddir bod y bywyd newydd yn ei amlygiad moesol yn ffrwyth gwaith gwaredigol Duw yng Nghrist drwy'r Ysbryd Glân: dyma'r mynegol. Felly, ni chred Paul fod y bywyd newydd yn deillio oddi mewn i bobl eu hunain, ac nid yw, chwaith, yn yr eithaf arall, yn rhywbeth sy'n dod yn llwyr oddi allan gan adael dim lle i gyfrifoldeb a phenderfyniad dynol.²³

Ni ddylid dehongli'r gorchmynnol yn yr ystyr canlynol: 'dyma bosibilrwydd y gallwch yngyrraedd ato.' Felly, mae'n gamarweiniol i ddatgan bod y gorchmynnol i Paul yn 'seiliedig ar' neu'n 'deillio o'r' mynegol, fel yr awgryma Bultmann. Nid *posibilrwydd* bywyd newydd a gyflwynwyd i'r credadun, ond bodolaeth real a newydd. Yn awr y mae'n rhydd i ufuddhau i Dduw.²⁴ Bellach, meddiannwyd ei fywyd gan Grist (Gal. 2.20; Phil. 3.12).²⁵ Mewn perthynas â'r holl drafodaeth hon mae W. D. Davies yn rhybuddio rhag canolbwyntio'n unig ar y wedd unigolyddol: mae iddi oblygiadau cymunedol hefyd.[26]

Cyfnewid *(neu* interchange *yn Saesneg)*

Diffinir yr hyn a olygir wrth y term hwn ar sail dysgeidiaeth Irenaeus: 'Daeth Crist i fod yr hyn ydym ni i'n galluogi ninnau i fod yr hyn yw ef'.[27] Mae hon yn athrawiaeth a gysylltir yn arbennig ag ef ac a elwir 'Yr Atgrynhoi' *(Recapitulation)*.[28] Cyfeiria Hooker at y canlynol fel esiamplau o'r athrawiaeth hon: 'Ni wybu Crist beth oedd pechu, ond gwnaeth Duw ef yn un â phechod drosom ni, er mwyn i ni ddod yn gyfiawnder Duw ynddo ef' (2 Cor. 5.21), ac 'Oherwydd yr ydych yn gwybod am ras ein Harglwydd Iesu Grist, fel y bu iddo, ac yntau'n gyfoethog, ddod yn dlawd drosoch chwi, er mwyn i chwi ddod yn gyfoethog trwy ei dlodi ef' (2 Cor. 8.9; gw. hefyd Gal. 4.4–5, a Rhuf. 8:3–4).[29] Ychwanega:

> Danfonodd Duw ei Fab 'mewn ffurf debyg i'n cnawd pechadurus ni', gan 'gollfarnu pechod'; mae'r sawl yr oedd eu bywydau wedi'u rheoli gan gnawd pechadurus wedi eu gwneud yn feibion Duw, a gan eu bod bellach yn byw yn yr Ysbryd, maent yn byw yn unol â gofynion y gyfraith – nid oherwydd eu bod yn cadw gorchmynion penodedig y gyfraith, ond oherwydd bod yr Ysbryd ar waith yn eu bywydau [gw. Rhuf. 8.4], gan eu gwneud yn debyg i Grist: felly, cyflawnir gofynion y gyfraith ynddynt hwy. Dadl Paul â'r gyfraith yw nad yw'n gallu cyflawni ei amcanion, nid ei bod yn anghywir.[30]

Mae'r rhannu cyffredin â Christ yn digwydd drwy fedydd (Rhuf. 6). Mae Crist 'yn rhannu ein bywyd a'n marwolaeth; ac yr ydym ni, yn ein tro'n rhannu ei farwolaeth a'i fywyd, drwy farw i bechod a byw i Dduw.'[31] Canolog, felly, i gynllun Paul yw'r arwyddocâd moesol dwfn i'r unigolyn o'r profiad Cristnogol o farw ac atgyfodi gyda Christ: 'Yr wyf wedi fy nghroeshoelio gyda Christ; a mwyach, nid myfi sy'n byw, ond Crist sy'n byw ynof fi. A'r bywyd yr wyf yn awr yn ei fyw yn y cnawd, ei fyw trwy ffydd yr wyf, ffydd ym Mab Duw, yr hwn a'm carodd i ac a'i rhoes ei hun i farw trosof fi'

(Gal. 2.20; gw. hefyd Gal. 3.27, a Col. 3.1–4).Yna, yn Rhuf. 6.4, wedi iddo ddatgan: 'Trwy'r bedydd hwn i farwolaeth fe'n claddwyd gydag ef, fel, megis y cyfodwyd Crist oddi wrth y meirw mewn amlygiad o ogoniant y Tad', nid yw'n dweud 'y byddai i ninnau hefyd gael ein hatgyfodi oddi wrth y meirw.' Yn hytrach, yr hyn a ddywed yw: 'Y byddai i ninnau gael byw ar wastad bywyd newydd.'[32] Mae'r pwyslais hwn ar y bywyd moesol yn gwrthbwyso'r perygl o antinomiaeth a godwyd ar ddechrau'r chweched bennod hon o Rhufeiniaid: 'Beth, ynteu, sydd i'w ddweud? A ydym i barhau mewn pechod, er mwyn i ras amlhau? Ddim ar unrhyw gyfrif! Pobl ydym a fu farw i bechod; sut y gallwn ni, mwyach, fyw ynddo ?' (Rhuf. 6.1–2).

Er mai yn y dyfodol y gorwedd yr atgyfodiad ei hun (Rhuf. 6.5, 8), mae pŵer atgyfodiad Duw yng Nghrist eisoes ar waith ym mywyd presennol y crediniwr.[33] 'Mae bywyd o ffydd yn fywyd sydd eisoes yn arddangos arwyddion o nerth gwaredigol Duw' (gw. Rhuf. 6.13).[34]

Awgryma hyn oll nad o'r athrawiaeth am gyfiawnhad drwy ffydd y mae dysgeidiaeth foesol Paul yn deillio fel yr awgrymodd Bultmann,[35] ond, fel y pwysleisiodd Albert Schweitzer, o'r 'athrawiaeth gyfriniol am farw ac atgyfodi gyda Christ', a alwyd yn wir ar un cyfnod yn athrawiaeth foesol yn hytrach nag yn athrawiaeth gyfriniol Paul.[36]

Dengys y trydydd gris a nodwyd ar ddechrau'r bennod hon mai proses o sancteiddhad yw'r bywyd Cristnogol. Gellir ei alw hefyd yn broses o 'gael eich achub',[37] ac mae'n ein hatgoffa unwaith eto o bwysigrwydd eschatoleg yn strwythur meddwl Paul.[38] A gyda llaw, ceir yn yr athrawiaeth am gyfiawnhad, yn yr athrawiaeth gyfriniol am gyfrannu yng Nghrist ac yn y trawsffurfio (*metamorphosis*) (gw. Rhuf. 12.2; 2 Cor. 3.18; Phil. 3.10), a drafodir yn yr adran nesaf, y ddwy elfen o'r hyn sydd eisoes wedi digwydd ac wedi'i brofi, ar y naill law, a'r hyn sydd eto i ddod, ar y llaw arall: yr hyn a fynegir yn Saesneg yn y cymal 'Already – not yet'.[39]

Gwelwn fynegiant clir o'r darlun hwn o broses ym mhrofiad yr apostol yn Phil. 3.12–14:

Nid fy mod eisoes wedi cael hyn, neu fy mod eisoes yn berffaith, ond yr wyf yn prysuro ymlaen, er mwyn meddiannu'r peth hwnnw y cefais innau er ei fwyn fy meddiannu gan Grist Iesu. Gyfeillion, nid wyf yn ystyried fy mod wedi ei feddiannu; ond un peth, gan anghofio'r hyn sydd o'r tu cefn ac ymestyn yn daer at yr hyn sydd o'r tu blaen, yr wyf yn cyflymu at y nod, i ennill y wobr y mae Duw yn fy ngalw i fyny ati yng Nghrist Iesu.

Dyfynnaf yma'r hyn a ysgrifennais yn fy esboniad ar yr adran hon:

> Fel yr awgryma'r pennawd uwchben yr adran hon [yn *BCN*], dyn ar frys oedd yr apostol; rhedeg, neu *brysuro ymlaen* oedd ei amcan. Y mae'r defnydd a wna yn ei ymresymiad yma o'r gair allweddol a gyfieithir yn *perffaith*, ac a gysylltid â chrefyddau Groegaidd y cyfnod, yn awgrymu'n gryf eu bod yn apelio at rai o aelodau'r eglwys yn Philipi, neu'n hytrach iddynt fod ar un adeg yn ddilynwyr iddynt. Hawliai'r rhain eu bod eisoes wedi cyrraedd perffeithrwydd ac y gallent, fel petai, orffwys ar eu rhwyfau. I Paul ymddangosant yn gwbl rhy optimistig ynglŷn â'u cyflwr, a phwysleisia fel y mae'n rhaid i bawb sydd am ddilyn Crist ei ddilyn i'r eithaf heb laesu dwylo ar y ffordd. Gall ef ei hun ymffrostio uwchlaw pawb arall yn y datguddiad a ddaethai iddo adeg ei dröedigaeth, pan gafodd ei *feddiannu gan Grist Iesu*. Myn ef yn ei dro feddiannu Crist yn llawn, ac nid yw'r broses honno wedi'i chwblhau eto o bell ffordd.[40]

Mae'n glir hefyd fod perthynas agos rhwng ei ddysgeidiaeth foesol â'i Gristoleg: 'O'i Gristoleg y mae dealltwriaeth Paul o ansawdd neu gymeriad y bywyd newydd yng Nghrist a gyflwynwyd eisoes i'r credadun yn tarddu.'[41] Gellir ychwanegu sylw Styler at hyn: 'Nid yn unig bywyd y mae Crist yn cyfeirio ato yw'r bywyd yr ydym i'w fyw: bywyd Crist ei hun ydyw.'[42] Oherwydd ufudd-dod Crist mae'r rhai sy'n perthyn iddo drwy gredu ynddo yn derbyn bywyd a chyfiawnder (gw. Rhuf. 5.19).[43]

Imitatio Christi (Dynwared Crist)

Dim ond un apêl uniongyrchol i efelychu Crist a geir yn Paul, a daw hwnnw yn 1 Thes. 1.6. Eto, wedi dweud hyn, mae'r cysyniad o efelychu yn oblygedig mewn mannau eraill: mae hynny'n wir am yr adran adnabyddus yn Phil. 2.6–11, yn arbennig wrth ei hystyried yn ei chyd-destun.[44] Yna, mae ei alwad i fod yn 'gydefelychwyr

Dysgeidiaeth Foesol Paul

ohonof fi' yn Phil. 3.17 yn seiliedig ar ei brofiad o fod wedi 'cael ei gydymffurfio â'i farwolaeth ef (sef Crist)' (Phil. 3.10). Carwn ychwanegu:

> Nid peth dieithr yn yr hen fyd, ymhlith Iddewon a Groegiaid fel ei gilydd, oedd i athro alw ei ddisgyblion i'w efelychu yn eu bywydau. I Paul, Crist ei hun yw'r esiampl i'w efelychu mewn bywyd. Sylfaenodd ei fywyd ei hun arno ac felly gall yn ffyddiog annog ei ddarllenwyr i ymuno ag ef mewn efelychiad ohono, neu'n hytrach ei efelychu ef ei hun.[45]

Ceir mannau eraill lle mae'r un anogaeth i efelychu Crist yn oblygedig: Rhuf. 15.1–3, 7; neu i efelychu Duw (Effes. 4.32–5.1; gw. hefyd 1 Thes. 2.14), neu eto i'w efelychu ef ei hun yn unol â'r egwyddor a grybwyllwyd yn awr (1 Cor. 4.16; 11.1; 2 Thes. 3.7; Gal. 4.12).[46] Tynnir sylw at 'addfwynder a hynawsedd Crist' (2 Cor. 10.1) ac at ei ras 'fel y bu iddo, ac yntau'n gyfoethog, ddod yn dlawd drosoch chwi' (2 Cor. 8.9).[47] Pwysleisir yr angen am wasanaeth gostyngedig, hunanaberthol ynghyd â'r angen i ddioddef fel y dioddefodd Crist er mwyn bod yn ufudd.[48] Efallai fod y bennod fawr ar gariad (1 Cor. 13) yn adlewyrchiad o fywyd ac ymarweddiad Iesu ei hun. Yn wir, awgrymodd rhai y gellid gosod enw Iesu i mewn yn y testun yn lle'r gair 'cariad' bob tro yr ymddengys yn y bennod.[49] Felly, gallwn atgoffa'n gilydd yr un pryd o'r hyn a bwysleisiwyd eisoes mai person Crist yw'r norm neu'r safon ar gyfer deall moesoldeb, fel gyda phob agwedd arall ar fywyd, yn ôl y Testament Newydd.[50]

Bywyd yn yr Ysbryd

Fel y gwelsom eisoes, Ysbryd Mab Duw sy'n galluogi Cristnogion i fyw yn yr Ysbryd (Gal. 5), hynny yw mae dimensiwn moesol bob amser i weithgarwch yr Ysbryd.[51] Er hynny, yn 1 Cor. 7.40 yn unig mae Paul 'hyd yn oed yn awgrymu bod yr Ysbryd yn gweithredu fel tywysydd moesol mewn ffyrdd manwl a phenodol'.[52] Ychwanega Furnish ei bod yn rhyfeddol nad yw'n awgrymu yn Rhuf. 12.1–15.13 mai'r Ysbryd yw'r cyfrwng i arwain y Cristion i ddarganfod iddo'i hun ewyllys Duw.[53] Yn hytrach, yr hyn a bwysleisir yw mai bywyd 'yn yr Ysbryd' yw'r bywyd newydd (Rhuf. 7.6), sy'n cyfateb i fywyd yng Nghrist (Rhuf. 8.4–5, 14; Gal. 5.16, 18, 25),[54] ac mae'n fywyd mewn *koinônia* neu gymdeithas (2 Cor. 13.13; Phil. 2.1): 'Cymdeithas a bwysai'n drwm ar yr Ysbryd Glân oedd yr Eglwys Fore; ef yn wir a lywiai ei holl weithgarwch, a byddai'r aelodau yn cyfranogi o'r Ysbryd yn eu bywyd'.[55] Felly, mewn cyd-destun cymunedol yr oedd yn rhaid gwneud penderfyniadau moesol (gw. Rhuf. 14.19; 15.2).[56]

Eto, pwysleisir nad bywyd antinomaidd yw'r bywyd newydd: 'Yn Gal. 5 dengys [Paul] nad llwybr penrhyddid yw'r bywyd yn yr Ysbryd, nac ychwaith llwybr y gyfraith; fe'i disgrifiwyd yn briodol yn "brif-ffordd uwchben y ddau ohonynt".'[57] Ategir hyn yn ad.23: 'Nid oes cyfraith yn erbyn rhinweddau fel y rhain.' 'Diddorol yw sylwi i'r adnod hon adlewyrchu un o ddatganiadau'r athronydd mawr [Aristoteles] . . .; nid oes angen cyfraith ar y rhai sy'n arfer y rhinweddau hyn, yn wir, dônt yn ganllaw ac yn esiampl i eraill eu hefelychu.'[58]

Eschatoleg a Moesoldeb

'Mewn gwirionedd eschatoleg wedi'i fyw allan yw moesoldeb Cristnogol' yn ôl Käsemann.[59] Mewn gair, mae iddo nod a'r nod hwnnw yw bywyd tragwyddol: 'Ond yn awr yr ydych wedi eich rhyddhau oddi wrth bechod, a'ch gwneud yn gaethion i Dduw, ac y mae ffrwyth hyn yn eich meddiant, sef bywyd sanctaidd, a'r diwedd fydd bywyd tragwyddol' (Rhuf. 6.22).Yma mae'n rhaid tanlinellu eto gyfeiriad eschatolegol holl efengyl Paul (gw. Phil. 3.20).[60] Er enghraifft, yn Rhuf. 12–13, yn arbennig yn 12.2 a 13.11–14, canfyddwn anogaeth foesol oddi mewn i gyd-destun eschatolegol (gw. hefyd 1 Cor. 7,[61] ac 1 a 2 Thes.).[62]

Yn ôl Dodd, effeithiodd daliadau eschatolegol ar syniadau moesol Cristnogaeth gynnar mewn dwy ffordd: 'Yn gyntaf, lle'r oedd yr ymdeimlad o drychineb agos yn gryf, ymddangosai popeth yn y byd hwn yn fyrhoedlog a thros dro; yr unig bethau a fyddai'n teilyngu sylw fyddai'r rhai a oroesai nef a daear.'[63] Daeth i'r casgliad hwn:

Dysgeidiaeth Foesol Paul

Wrth wynebu'r gwirionedd bod y byd hwn, pa mor hir neu fyr y bo ei gwrs, yn hanfodol fyrhoedlog, fe'n galluogir i ystyried y gorchymyn moesol eithaf yn hawl ddiamod arnom, pa ffurfiau byrhoedlog a thros dro y cymer. Mae cydnabod y gwirionedd hwnnw'n nodwedd barhaol o bob meddylfryd Cristnogol iach.[64]

Ac yn ail, crëwyd sefyllfa hollol newydd gyda gwawrio Teyrnas Dduw – sefyllfa lle wynebai Duw bobl mewn ffordd newydd a'u gorfodi i ddod i benderfyniad.[65] Dyma'n wir agwedd ar 'eschatoleg gyflawnedig' – yr ymadrodd a boblogeiddiwyd gan Dodd ac a ddynodai fod y Deyrnas wedi cyrraedd ac ar waith ym mywydau credinwyr: felly, eisoes mae'r credadun yn 'greaduriaeth newydd' (2 Cor. 5.17; 6.2; Gal. 6.15). Mae'r hyn a roddir yn bresennol yn ei gyfanrwydd, er bod peth sy'n dal heb ei roi, hynny yw atgyfodiad oddi wrth y meirw a buddugoliaeth derfynol, gosmig nerth Duw dros farwolaeth.[66] Y term a ddefnyddir yn arferol heddiw, yn arbennig mewn perthynas ag eschatoleg 1 Corinthiaid, yw *inaugurated eschatology*, hynny yw mae'n dynodi bod rhywbeth tyngedfennol eisoes wedi digwydd ond nad yw eto'n gyflawn.[67] Mae dysgeidiaeth foesol Paul yn cynnwys dysgu'r Cristion i droedio 'rhwng yr amseroedd:'[68] felly, bywyd o fyw mewn tensiwn ydyw.

Materion Moesol Eraill

Cyn ymadael â'r ymdriniaeth hon ar ddysgeidiaeth foesol Paul ni allwn osgoi crybwyll dau faes arall y bu cryn drafod arnynt ers ei ddyddiau ef, ac yn wir maent yn feysydd a enynnodd gryn feirniadaeth o'i safbwynt oherwydd yr hyn a ystyrid gan lawer, mewn cyfnodau diweddarach, yn agwedd rhy oddefgar tuag atynt.[69] Sôn yr ydwyf am gaethwasiaeth ac am ei agwedd ymddangosiadol tuag at awdurdodau Rhufeinig ei gyfnod. Haerwyd hefyd fod y saith adnod, Rhuf. 13.1–7, wedi achosi mwy o anhapusrwydd a diflastod i Gristnogion yn y Dwyrain ac yn y Gorllewin nag unrhyw saith adnod arall yn y Testament Newydd drwy'r rhyddid y maent wedi'i estyn i deyrnedd ynghyd â'r gefnogaeth iddynt y tybiodd yr Eglwys fod yn rhaid iddi ei rhoi fel canlyniad i bresenoldeb yr adran hon yn y canon.[70]

Diwinyddiaeth Paul

Awdurdodau'r Cyfnod[71]

Yn Rhuf. 13.1–7 mae'n annog ufudd-dod i'r 'awdurdodau sy'n ben'. Cyhoedda eu bod wedi eu sefydlu gan Dduw, ac felly ni ddichon y Cristion eu gwrthwynebu (gw. hefyd 1 Tim. 2.2 a Tit. 3.1). Â ymlaen i ddatgan mai 'gwas Duw' yw'r awdurdod, yn wir 'dialydd i ddwyn digofaint dwyfol ar ddrwgweithredwyr', ac 'y mae rheidrwydd [hefyd] arnom ymostwng . . . o achos cydwybod' (Rhuf. 13.5). Dylid yn ogystal dalu trethi i'r awdurdodau (adn.6 a 7; gw. hefyd Mc 12.17). Mae Paul yma'n mynegi safbwynt a fyddai'n nodweddiadol o Iddewon y cyfnod.[72] Sylwer, ar y llaw arall,[73] nad yw Paul yn 1 Cor. 6 yn dangos parch tuag at yr awdurdodau yn y ddinas honno wrth orchymyn aelodau'r eglwys i beidio â mynd â'u hachosion i'w llysoedd: fe'u geilw yn 'annuwiol'(ad.1), hynny yw yn rhai paganaidd, ac yn 'farnwyr . . . sydd isaf eu parch yng ngolwg yr eglwys' (ad.4). 'Diddorol yw nodi hefyd na chredai'r Iddewon mewn ceisio cyfiawnder yn llysoedd cenedl ddynion. Diau i'w fagwraeth Iddewig lywio safbwynt yr apostol ar y mater dan sylw.'[74]

Pan sonia mewn cysylltiadau eraill am 'dywysogaethau ac awdurdodau'[75] (Effes. 1.21; 3.10; 6.12; Col. 1.16; 2.10, 15; gw. hefyd 1 Cor. 15.24; Effes. 2.2) neu am 'angylion a thywysogaethau' mae'n cyfeirio at fodau goruwchnaturiol yn hytrach na rhai daearol (Rhuf. 8.38), ac mae eu dylanwad yn gosmig. Gellir ystyried hefyd 1 Cor. 2.8, 'llywodraethwyr yr oes bresennol', yn unol â'r ystyr hwn.[76] Defnyddir yr un gair am 'lywodraethwyr' yn Rhuf. 13.3, a dadleuodd Morrison, gan adleisio safbwynt Cullmann, mai'r pwerau ysbrydol oedd y tu ôl i'r llywodraeth baganaidd.[77] Ategir hyn yn y defnydd o'r gair *exousia*, a gyfieithir ddwywaith yn 'awdurdod' yn Rhuf. 13.1, ac sy'n ymddangos ymhob un o'r enghreifftiau uchod o'r cyfieithiad 'awdurdodau'.[78] Eto, wedi datgan hyn, mae'n rhaid inni roi sylw i'r ffaith mai gwrthwynebus i Deyrnas Crist yw'r pwerau ysbrydol yn yr enghreifftiau uchod, ar wahân, wrth gwrs, i'r hyn a fynegir yn Rhuf. 13.1.[79]

Caethwasiaeth

Honnwyd gan rai y bu Paul yn llawer rhy oddefol yn ei agwedd at gaethwasiaeth; ar yr un pryd dylid cofio bod trefn economaidd y cyfnod i raddau helaeth yn seiliedig arni.[80] Gwelwyd hyn yn arbennig yn achos y caethwas Onesimus a anfonodd yn ôl at ei feistr Philemon heb unwaith annog hwnnw i'w ryddhau o'i gaethiwed. Ymddengys i hyn fod yn gyson â'r safbwynt a fynega mewn llythyrau diweddar: yn Effes. 6.5–8 mae'n annog caethweision i fod yn ufudd i'w meistri gan roi 'gwasanaeth ewyllysgar' iddynt, a'r un pryd dywed wrth y meistri i ymddwyn yn deg â hwy (gw. hefyd Col. 3.22–4.1).[81] Yna, yn 1 Cor. 7.21–4, lle mae'r cyd-destun yn ymdrin â'r cwestiwn a ddylai Cristnogion newid eu safleoedd neu eu cyflyrau wedi iddynt ddod i gred, mae'n cynghori caethweision i barhau yn y stad honno. O leiaf dyna fyddai'r darllenydd yn disgwyl ei weld ar sail ymresymiad yr apostol yn yr esiamplau eraill a ddefnyddia yn y bennod hon. Dyna felly pam fod *BCN* yn cynnig y cyfieithiad hwn ar waelod y ddalen ar gyfer ad.21: 'A hyd yn oed os gelli ennill dy ryddid, manteisia, yn hytrach, ar gyfle dy gaethiwed.' Eithr yr hyn a geir yn y testun ei hun yw: 'Ond os gelli ennill dy ryddid, cymer dy gyfle, yn hytrach na pheidio', sy'n awgrymu'r hyn nad yw'n gwbl gyson â'i ymresymiad yn y bennod hon.[82]

Ymddengys mai craidd cynghorion Paul i gaethweision fel i'w meistri yw'r angen i'r naill barchu'r llall gan eu hatgoffa bod eu perthynas â'i gilydd wedi'i sefydlu ar berthynas â Christ ei hun. Mae'n annog Philemon i dderbyn Onesimus yn ôl 'am byth, nid fel caethwas mwyach ond fel un sy'n fwy na chaethwas, yn frawd annwyl – annwyl iawn i mi, ond anwylach fyth i ti, fel dyn ac fel Cristion' (Philemon 15–16). Oni sefydlwyd yr egwyddor hon, felly, ar yr hyn a ddatgenir mewn mannau eraill? Cyfeiriwn yn arbennig at Gal. 3.28: 'Nid oes rhagor rhwng Iddewon a Groegiaid, rhwng caeth a rhydd, rhwng gwryw a benyw, oherwydd un person ydych chwi oll yng Nghrist Iesu', a Col. 3.11: 'Nid oes yma ragor rhwng Groegiaid ac Iddewon, enwaediad a dienwaediad, barbariad, Scythiad, caeth, rhydd; ond Crist yw pob peth, a Christ sydd ym mhob peth.'[83]

Cydwybod[84]

Yn ei Lythyrau at y Corinthiaid ac yn Rhufeiniaid y mae Paul yn defnyddio'r term *suneidêsis* (cydwybod) un deg pedwar o weithiau (Rhuf. 2.15; 9.1; 13.5; 1 Cor. 8.7, 10, 12; 10.25, 27, 28, 29 (*bis*); 2 Cor. 1.12; 4.2; 5.11). Mae'r ystyr gwreiddiol yn cyfleu'r ymdeimlad o atgno, edifeirwch neu ddwysbigiad: hynny yw, mae'n awgrymu'r elfen negyddol pan sylweddolwn ein bod wedi gwneud rhywbeth o'i le.[85] Awgrymodd Dodd ac eraill mai cysyniad a ddaeth oddi wrth y Stoïciaid ydyw,[86] ond yn ei astudiaeth drylwyr ar y cydwybod yn y Testament Newydd, gwrthododd Pierce hyn yn llwyr, a hynny'n bennaf am fod diffyg tystiolaeth o hynny yn llenyddiaeth y cyfnod cyn Crist a hefyd am fod â wnelo'r gydwybod â theimlad – rhywbeth a fyddai' n wrthun i'r Stoïciaid.[87] Eto, wedi dweud hyn, o'r byd Helenistaidd, ac nid oddi wrth Iddewiaeth, y tarddodd y cysyniad hwn.[88]

Mae'r enghreifftiau o'r cysyniad o gydwybod yn 1 Corinthiaid yn digwydd yn nhrafodaeth yr apostol ar fwyd wedi'i aberthu i eilunod:

> Myn Paul fod dau ddosbarth o gredinwyr i'w cael yng Nghorinth: y mae'r rhai sy'n meddu ar ffydd gadarn yn Nuw y Creawdwr: ganddynt hwy felly y mae'r gwir wybodaeth. Eithr y mae eraill sy'n llawer llai sicr eu cerddediad ac y mae eu cydwybod yn wan. Ni allant ymddihatru'n llwyr oddi wrth eu cefndir cynharach mewn paganiaeth . . . Felly, wrth ddychwelyd i'r temlau . . . i fwyta pryd o gig roeddent yn dal i'w ystyried fel peth wedi ei aberthu i eilunod (8.7). Byddai dod i gyffyrddiad unwaith yn rhagor ag eilunod yn llygru eu cydwybod wan sy'n gwegian am nad yw eu gafael ar hanfodion y ffydd yn ddigon cadarn eto . . . I'r Cristion cryf â'i gydwybod aeddfed, bwyd yw'r naill a'r llall [sef, bwyd cyffredin a'r cig a aberthwyd i eilunod; gw. hefyd 10.25]. Nid felly i'r un gwan.[89]

Ymddengys, felly, fod y gydwybod yn y cyswllt hwn yn cynrychioli ymwybyddiaeth foesol mewn Cristnogion, boed gryf neu wan.[90] Mae hefyd yn arfarnu ar weithredoedd eraill yn ogystal â gweithredoedd yr unigolyn ei hunan (gw. 1 Cor. 10.28–9; 2 Cor. 4.2; 5.11).[91] Yna yn Rhuf. 2.15 mae'r gydwybod yn gweithredu fel math o dribiwnlys mewnol er mwyn profi a chyfarwyddo ymddygiad moesol yn ôl safonau sydd hefyd yn yr achos arbennig hwn 'yn cyd-dystiolaethu â'r Gyfraith':[92] yn wir, gellir ei ystyried yn gweithredu'n union fel y Gyfraith Iddewig.[93] Awgrymir hefyd ei fod yn ffenomen gyffredinol mewn pobl.[94] Yn Rhuf. 9.1 sonia Paul am y gefnogaeth a dderbynia ei gydwybod oddi wrth Grist a'r Ysbryd Glân.[95] Ychwanegodd McDonald y farn mai hunanymwybyddiaeth yw'r gydwybod wedi'i feithrin drwy'r *koinônia* sy'n gynnyrch ffydd.[96]

Ceir chwe enghraifft o'r gair 'cydwybod' yn yr Epistolau Bugeiliol hefyd (1 Tim. 1.5, 19; 3.9; 4.2; 2 Tim. 1.3; Tit. 1.15).[97] Mewn tair ohonynt cysylltir cydwybod da neu bur â ffydd, ac mewn dwy ohonynt sonnir am gydwybod athrawon gau wedi ei serio neu ei lygru.

Mae'n eglur mai Paul o blith awduron y Testament Newydd a ddefnyddiodd y cysyniad hwn fwyaf, ac, yn wir, a'i dygodd i amlygrwydd ymhlith Cristnogion cynnar.[98] Eto, wedi dweud hyn, awgrymodd W. D. Davies mai term wedi'i fenthyg oddi wrth ei wrthwynebwyr yng Nghorinth ydyw ac nad yw Paul yn awyddus i'w ddefnyddio y tu allan i'r cyd-destun a ddarluniwyd uchod.[99]

Y Ddeddf Naturiol

Dywed yr apostol ddwywaith ar ddechrau Rhufeiniaid fod y ddynoliaeth yn gyffredinol yn gallu amgyffred Duw a'i briodoleddau yn ogystal â meddu'r reddf i ddewis rhwng y da a'r drwg (1.19–20; 2.14–15). Awgryma'r datganiadau hyn ei fod yn credu bod y fath beth â'r Ddeddf Naturiol.[100]

Sylw Dodd ar 1.19–20 oedd: "Does yr un adran arall o'r Testament Newydd sy'n cydnabod mor glir "crefydd naturiol" fel nodwedd sylfaenol y natur ddynol.'[101] O gofio'r hyn a gyhoeddai Iddewiaeth yn ei llyfrau Doethineb a geir yn yr Hen Destament ac yn yr Apocryffa, gellir ei chyffelybu i'r traddodiad moesol hwnnw a hyrwyddai'r syniad fod doethineb o fewn gafael pobl o bob cefndir.[102] Yn wir, ar sail yr hyn a ddywedir yn 2.14–15 am y Cenhedloedd yn reddfol yn cadw Cyfraith anysgrifenedig, aethpwyd mor bell ag awgrymu mai cysyniad Stoicaidd yn hytrach nag un beiblaidd am Gyfraith wedi'i ysgrifennu ar y galon ddynol a geir yma (gw. Jerem.

31.33).[103] Yn ddiweddarach, cyhoeddodd y Rabiniaid saith o'r hyn a elwid ganddynt yn 'Ddeddfau Noachaidd', hynny yw yn rhai a oedd yn rhwymedig ar bob cenedl gan eu bod oll yn ddisgynyddion Noa.[104] Er mai o'r drydedd ganrif OC y mae'r fersiwn cynharaf o'r deddfau hyn yn tarddu, gellir cymryd yn ganiataol eu bod yn hŷn gan fod cyfeiriad atynt a'u cynnwys yn Llyfr Jiwbili 7.20–1, a oedd, yn sicr, yn bodoli cyn y cyfnod Cristnogol gan fod dernynnau ohono wedi eu darganfod ymhlith Sgroliau'r Môr Marw a cheir cyfeiriadau penodol ato yn *Dogfen Damascus* a oedd yn amlwg yn boblogaidd yng nghymuned Qumrân.[105]

Nodwn hefyd[106] ddefnydd yr apostol o'r gair 'natur' ar derfyn ei ddadl gymhleth yn 1 Cor. 11.2–16 am berthynas gwŷr a gwragedd yn yr eglwys, ac yn benodol bwnc dadleuol yn eglwys Corinth, sef a ddylai gwragedd orchuddio eu pennau wrth addoli. Mae'n crynhoi

> y ddadl yn yr adran hon drwy ailddatgan yr hyn a ystyrir yn drefn 'natur ei hun' (ad.14) (rhesymeg y byddai athronwyr Groeg y cyfnod yn ei chanmol): y mae gwahaniaethau clir rhwng gwryw a benyw a rhaid eu parchu. Ni ddylai dyn geisio efelychu merch o ran ei gwallt hir, a dylai ei gwallt hir, naturiol hithau, ei gogoniant' (ad.15), fod yn symbol o'r angen iddi orchuddio'i phen wrth weddïo a phroffwydo.[107]

Patrymau Dysgeidiaeth Foesol Paul

Yn ôl Dodd, dilynwyd y patrwm o bregethu cynnar yr apostolion – yr hyn a alwodd yn *kerygma* ac a amlinellodd yn ei gyfrol *The Apostolic Preaching and Its Developments*[108] – gan batrwm cyffelyb o addysgu mewn moesoldeb, sef *didache* (dysgeidiaeth).[109] Honnodd y gellid ei ddarganfod yn epistolau'r Testament Newydd: 'Ymddengys', meddai, 'fod rhannau moesol yr epistolau wedi'u sylfaenu ar batrwm derbyniol o ddysgeidiaeth a â'n ôl i gyfnod cynnar iawn, ac y gellir penderfynu'n bur bendant ar ei ffurf a'i gynnwys yn gyffredinol.'[110] Awgrymwyd y ceir cyfeiriadau at y traddodiad hwn yn epistolau Paul: er enghraifft, dywedir yn 1 Thes. 4.1: 'Bellach, gyfeillion, fel y cawsoch eich hyfforddi gennym ni pa fodd y dylech fyw er mwyn boddhau Duw', ac yn 2 Thes. 3.6: 'Yr ydym yn gorchymyn i chwi, gyfeillion, yn enw ein Harglwydd Iesu Grist, gadw draw oddi wrth

Dysgeidiaeth Foesol Paul

bob crediniwr sy'n segura yn lle byw yn ôl y traddodiad a dderbyniodd gennym ni' (gw. hefyd Rhuf. 6.17; 16.17, a 1 Cor. 11.2).[111] Lluniwyd y patrymau hyn, sef ffurf ar gatecism cynnar, ar gyfer newydd-ddyfodiaid i'r ffydd Gristnogol, hynny yw ar gyfer y sawl a oedd newydd dderbyn defod bedydd.[112] Ceir ynddynt ailadrodd geiriau allweddol megis *anastrophê* ('ymarweddiad': Gal. 1.13; Effes. 4.22; gw. hefyd 1 Tim. 4.12, ac ymddengys chwe gwaith yn 1 Pedr), *paralambanô* ('derbyn': 1 Cor. 11.23; 15.1, 3; Gal. 1.9, 12; Phil. 4.9; Col. 2.6; 4.17; 1 Thes. 2.13; 4.1; 2 Thes. 3.6), *apechesthai* ('ymgadw, cadw draw oddi wrth':1 Thes. 4.3; 5.22; gw. hefyd 1 Tim. 4.3), a *paradosis* ('traddodiad':1 Cor. 11.2; Gal. 1.14; Col. 2.8; 2 Thes. 2.15; 3.6).[113] Awgrymodd W. D. Davies fod trefn arbennig i'r adrannau hyn o'r Epistolau, ac yn wir fod tebygrwydd rhyngddynt yn hyn o beth i epistolau eraill yn y Testament Newydd, megis 1 Pedr ac Iago, ac i raddau llai Hebreaid.[114]

Eithr yn y gyfrol hon canolbwyntiwn yn unig ar y llythyrau Paulaidd. Canfyddir, felly, y cyfarwyddiadau canlynol yn Col. 3.8–4.12 ac Effes. 4.22–6.18, sydd mwy neu lai'n dilyn yr un drefn:

Col.	Effes.
i. Rhoi heibio (3.8).	Creadigaeth newydd: 'rhoi heibio'r hen natur (4.22), a 'gwisgo amdanoch y natur ddynol newydd'(4.24).
ii. Creadigaeth newydd: 'diosg yr hen natur ddynol' (3.9), a 'gwisgo amdanoch y natur ddynol newydd'(3.10).	Rhoi heibio (4.25).
iii. Addoli Duw (3.16–17).	Addoli Duw (5.19–20).
iv. 'Byddwch ddarostyngedig' (3.18) ac 'ufuddhewch' (3.20, 22).	'Byddwch darostyngedig'(5.21–2) ac 'ufuddhewch' (6.1, 5).
v. Gwylio a gweddïo (4.2–3).	Sefyll a gwrthwynebu (6.10–17).
vi. Sefyll (4.12).	Gweddïo a gwylio (6.18).[115]

Ar sail y dystiolaeth hon, maentumiodd W. D. Davies fod deunydd cyffredin ar gyfer hyfforddi i'w gael at ddefnydd awduron y Testament Newydd.[116]

Fodd bynnag, taflwyd amheuaeth ar ddilysrwydd damcaniaeth Dodd am gynnwys y *kerygma*, a theimlaf fod yr un am y *didache* hyd yn oed yn fwy ansicr.[117]

Nodiadau

[1] Whiteley 1964, tt. 205–13; Furnish 1968; a Schnackenburg 1982, tt. 268–96.
[2] Schrage 1988, t. 172; gw. hefyd W. D. Davies 1984a, t. 281, a Hays 1997, t. 19.
[3] W. D. Davies 1984a, tt. 280, a 391, n.19.
[4] Cynigir y patrwm hwn gan Styler 1973, t. 176.
[5] Gw. Styler 1973, t. 177.
[6] Gw. hefyd Dunn 1998, tt. 628–31.
[7] Furnish 1968, tt. 98–106.
[8] L. H. Marshall 1950, t. 219.
[9] L. H. Marshall 1950, t. 243.
[10] Gw. hefyd Hays 1997, t. 18.
[11] Hooker 1985, 3.
[12] Furnish 1990, 151 a 157.
[13] Bultmann 1995, tt. 195–216; gw. Dunn 1998, tt. 626–31. Yn ôl Furnish 1968, t. 9, y berthynas rhwng y ddau yw'r broblem dyngedfennol wrth geisio dehongli moeseg Paul. Gwêl Marxsen 1993, tt. 180–8, broblemau â chynllun Bultmann.
[14] Er bod Ridderbos 1977, t. 254, yn gwadu bod hyn yn bosibl.
[15] Dunn 1998, t. 631. Gw. hefyd Dodd 1959, t. 113.
[16] Schnackenburg 1988, t. 29.
[17] Dunn 1998, t. 627.
[18] Ridderbos 1977, t. 255; gw. Stauffer 1955, t. 181.
[19] Tannehill 1966, tt. 8–9.
[20] Ridderbos 1977, t. 254. Gw. hefyd W. D. Davies 1980, t. 122.
[21] Schrage 1983, t. 243.
[22] Whiteley 1964, t. 208; gw. Bultmann 1952, t. 333; Ridderbos 1977, t. 253.

Dysgeidiaeth Foesol Paul

23 Ridderbos 1977, t. 253.
24 Furnish 1968, tt. 225–6.
25 Furnish 1968, t. 233; gw. hefyd Marxsen 1993, tt. 180–8.
26 W. D. Davies 1984a, tt. 392–3, n.25. Gw. hefyd tt. 283–4.
27 Irenaeus, *Adversus haereses*, 5, rhagair. Gw. Kelly 1958, t. 172.
28 Gw. R. Tudur Jones 1979, tt. 76–7.
29 Hooker 1985, 6–7.
30 Hooker 1985, 7.
31 Hooker 1985, 7. Gw. hefyd W. D. Davies 1984a, tt. 281–3, a Dunn 1998, t. 484.
32 Furnish 1968, t. 217, yn dyfynnu G. Bornkamm, *Das Ende des Gesetzes* (Munich, 1952), t. 38.
33 Furnish 1968, t. 217. Gw. hefyd W. D. Davies 1984a, t. 392, n.25.
34 Furnish 1968, t. 217.
35 Bultmann 1952, t. 332.
36 Schweitzer 1931, tt. 220–6, 295, a gefnogir gan Sanders 1977, tt. 439–40.
37 Dunn 1998, t. 462.
38 Dunn 1998, t. 462.
39 Dunn 1998, t. 467–8. Sylwer hefyd ar ddaliadau Dodd a drafodir yn yr adran 'Eschatoleg a Moesoldeb' isod.
40 J. Tudno Williams 2001, tt. 80–1. Gw. hefyd Dodd 1958, tt. 125–6.
41 Furnish 1968, t. 217.
42 Styler 1973, t. 186.
43 Furnish 1968, t. 218.
44 J. Tudno Williams 2001, tt. 68–9. Gw. hefyd W. D. Davies 1980, t. 147, ac 1984a, t. 394, a Fee 2007, t. 372, n.6, a hynny'n groes i farn Martin 1983, t. xiv, a 2005, *passim*.
45 J. Tudno Williams 2001, t. 81.
46 Furnish 1968, tt. 218–23.
47 Gw. W. D. Davies 1984a, tt. 282–3.
48 Gw. Dodd 1951, tt. 40–2.
49 Gw. J. Tudno Williams 1991, t. 120. Gw. hefyd Dodd 1958, tt. 162–3, a W. D. Davies 1984a, t. 283.
50 W. D. Davies 1984a, tt. 279–80. Felly hefyd John Morgan Jones 1926, tt. 1076–7.
51 W. D. Davies 1984a, tt. 280–1. Gw. hefyd Dodd 1958, tt. 146–9.
52 Furnish 1968, t. 231.
53 Furnish 1968, tt. 231, 233. Gw. hefyd Sanders 1977, tt. 440, 513.

54 Furnish 1968, tt. 238–9.
55 J. Tudno Williams 2001, t. 67.
56 Furnish 1968, tt. 233–5.
57 Styler 1973, t. 179.
58 J. Tudno Williams 2001, t. 53.
59 Käsemann 1980, t. 185.
60 Furnish 1968, t. 214.
61 Furnish 1968, tt. 215–16, a Kreitzer 1993a, t. 266.
62 Kaye 1975, 47–57.
63 Dodd 1951, t. 28.
64 Dodd 1951, t. 30.
65 Gw. Dodd 1951, tt. 32 a 59.
66 Furnish 1968, t. 215. Gw. hefyd Hays 1999, 401, 403–4, a Malcolm 2016/17, 121–2.
67 Wenkel 2016/17, 64.
68 Sampley 1991. Gw. Dunn 1998, tt. 464, 496–7. Gw. hefyd yr adran ar eschatoleg Paul.
69 Yn achos ei agwedd at yr awdurdodau, gw. Klausner 1950, tt. 521–3. Trafodir problemau a gyfyd yr adran hon gan W. B. Griffiths 1955, tt. 113–16. Gw. hefyd D. G. Davies 1984, tt. 228–30.
70 O'Neill 1975, t. 209. Mae Cassidy 2009/10, 388–9, yn gwrthod yr awgrym hwn yn bendant.
71 Gw. Morrison 1960; Barrett 1962a, tt. 244–9; D. R. Griffiths 1970, tt. 91–103; Mott 1993, tt. 141–3; a Cassidy 2009/10, 383–9. Gwêl Borg 1972/3, 205–18, yr adran fel anogaeth ar i Gristnogion Iddewig beidio â gwrthryfela yn erbyn Rhufain. Gw. hefyd W. D. Davies 1999, t. 700.
72 Barrett 1962a, t. 245. Gw. hefyd D. R. Griffiths 1970, tt. 98–9. Am farn wahanol, gw. Dodd 1959, tt. 208–9.
73 Dodd 1953a, t. 114.
74 J. Tudno Williams 1991, t. 42.
75 Ar y termau hyn ac eraill sy'n gysylltiedig, gw. Macgregor 1954/5, 18, 21–5; Caird 1956, tt. viii–x; a Reid 1993, tt. 746–52. Gw. hefyd Morrison 1960, tt. 116–20.
76 Morrison 1960, tt. 23–4; D. R. Griffiths 1970, tt. 91–2; Bruce 1984, 85; a Reid 1993, t. 748. I'r gwrthwyneb, llywodraethwyr megis Pilat a Chaiaffas a olygir yma: gw. J. Tudno Williams 1991, t. 17. Ond efallai fod y ddau esboniad mewn golwg yma: D. R. Griffiths 1970,

Dysgeidiaeth Foesol Paul

t. 93, oherwydd, medd Stewart 1951, 296, Macgregor 1954/5, 22–3 a Caird 1956, tt. 16–17, y pwerau goruwchnaturiol hyn oedd y tu ôl iddynt.

77 Cullmann 1951, tt. 191–210. Gw. Morrison 1960, tt. 25–30. Gw. hefyd Caird 1956, tt. 22–3. Gwrthodir hyn gan Bruce 1984, 82, 87–9, a McDonald 1989, 543.

78 Morrison 1960, tt. 25–6. Ond cyflwyna, yn tt. 40–54, wrthddadleuon hefyd.

79 Gw. Morrison 1960, tt. 45–6.

80 Preiss 1954, t. 40; Dunn 1998, tt. 698–9. Yn ei ymdriniaeth drylwyr â'r mater, pwysleisia J. M. G. Barclay 1991, 161–86, gymhlethdod caethwasiaeth y cyfnod ynghyd â'r elfen gref o amwysedd yn y cyngor a rydd Paul i Philemon. Gw. hefyd J. M. G. Barclay 1997, tt. 97–126.

81 Gw. hefyd isod yn 'Patrymau Dysgeidiaeth Foesol Paul'.

82 Ond dyma'r hyn y mae Fee 1987, tt. 315–18, yn ei ffafrio; felly hefyd L. H. Marshall 1950, t. 328. Ar y llaw arall, cefnogi'r dewis cyntaf a wnaeth Edwards 1903, tt. 183–5, ac W. D. Davies 1999, t. 700. Sylwer nad yw'r cyfieithiadau gwahanol yn digwydd oherwydd darlleniadau amrywiol yn y testun Groeg. Y gwir yw y rhannwyd ysgolheigion ar y mater ar hyd yr oesau. Gw. hefyd J. Tudno Williams 1991, tt. 57–8.

83 Gw. ymhellach Preiss 1954, tt. 32–42.

84 Gw. Bultmann 1952, tt. 216–20; Pierce 1955; W. D. Davies 1984c, tt. 243–56, a Gundry-Volf 1993a, tt. 153–6.

85 Whiteley 1964, t. 210.

86 Dodd 1935, t. 36.

87 Pierce 1955, tt. 13–16. Gw. hefyd W. D. Davies 1984c, tt. 244–6.

88 Pierce 1955. Gw. Thrall 1967/8, 118.

89 J. Tudno Williams 1991, tt. 70–1.

90 Fee 1987, t. 381.

91 Stacey 1956, t. 207; Thrall 1967/8, 119–25. *Pace* Pierce 1955, tt. 78, 87–8.

92 Gundry-Volf 1993a, t. 154.

93 Thrall 1967/8, 124.

94 Bultmann 1952, t. 218. Mae Martens 1994, 60, n.22, yn datgan ac yna'n gofyn: 'Nid yw'n glir sut mae natur yn perthyn i gydwybod: ai amlygiad o natur yn yr unigolyn yw cydwybod?'

95 Gundry-Volf 1993a, t. 154.

96 McDonald 1989, 544.

97 Gw. ymhellach W. D. Davies 1984c, tt. 254–5; Gundry-Volf 1993a, tt. 155–6.
98 W. D. Davies 1984c, t. 250.
99 W. D. Davies 1984c, tt. 253–4. Gw. hefyd Pierce 1955, tt. 64–5, a Gundry-Volf 1993a, t. 153.
100 Dodd 1953b, tt. 140–1. Awgrymodd hefyd ei fod yn gysylltiedig â'r hyn a ddywed am y wladwriaeth yn Rhuf. 13.1–6: Dodd 1953b, t. 134.
101 Dodd 1959, t. 51.
102 Gw. hefyd Dunn 1998, tt. 661–2.
103 Martens 1994, 61–4, 66.
104 Gw. Dodd 1953b, tt. 138–9; W. D. Davies 1980, tt. 114–17; Segal 1990, tt. 194–201.
105 Sparks 1984, t. 5. Gw. hefyd Segal 1990, tt. 195–6.
106 Gw. Dodd 1953b, t. 133.
107 J. Tudno Williams 1991, t. 96.
108 A gyhoeddwyd gyntaf yn 1936 gydag argraffiad newydd yn 1944.
109 Dodd 1951, t. 10.
110 Dodd 1951, t. 20. Gw. hefyd Hunter 1961, tt. 52–7, 128–31, a John 1978, tt. 115–16.
111 Gw. Hunter 1961, tt. 52–3.
112 W. D. Davies 1984a, t. 287. Gw. hefyd Hunter 1961, t. 130.
113 Ar y traddodiadau, gw. Dodd 1951, tt. 15–17.
114 W. D. Davies 1980, tt. 122–9.
115 Ar yr *Haustafel* (rheolau cartref) hyn, gw. J. M. G. Barclay 1997, tt. 68–74, a Dunn 1998, tt. 666–7.
116 W. D. Davies 1980, tt. 128–9. Gw. hefyd Dodd 1951, tt. 17–22.
117 J. Tudno Williams 1985, t. 3.

9

Yr Eglwys yn Paul

■ ■ ■

Fedrwch chi ddim bod yn Gristion ar eich pen eich hun! Mae'n amlwg bod Paul yn credu hynny oherwydd, er iddo bwysleisio'r angen am ffydd bersonol yng Nghrist, a defnyddio enghraifft Abraham o hynny i gyfleu ei ddarlun o ffydd, eto pwysleisia mai corffoledig a chymunedol yw'r berthynas rhwng Cristnogion â Christ yn ei hanfod.[1] Adleisiwn eiriau W. D. Davies: 'Gŵyr y Testament Newydd ddim am grefydd ar eich pen eich hun a gŵyr ddim am foesoldeb unigolyddol: cyfeiria'n hytrach at gymuned sydd â bywyd i'w fyw'.[2]

Yr ymadrodd *en Christô*, yn ogystal ag ymadroddion a gysylltir ag ef, yw'r un mwyaf cyffredin a ddefnyddia Paul mewn perthynas â'r cysyniad o Eglwys. Cyfyd yn uniongyrchol yr holl gwestiynau pwysig sy'n ymwneud â pherthynas yr Eglwys â Christ.[3] Nid yw Cristion 'yng Nghrist' ar ei ben ei hun, yn grediniwr ar wahân i bawb arall;[4] yn hytrach mae'r ymadrodd yn disgrifio perthynas o gymdeithas bersonol rhwng Cristnogion a Christ, a hefyd perthynas Cristnogion â'i gilydd a'u perthynas ynghyd â Christ ei hun.[5] Bydd yr agwedd a gymer y Cristion tuag at y sawl sydd yng Nghrist yn wahanol i'r un a gymer at y sawl nad ydynt yn rhannu'r berthynas hon. Mae'r rhai cyntaf wedi eu huno fel brodyr a chwiorydd yng Nghrist: 'Felly yr ydym ni, sy'n llawer, yn un corff yng Nghrist, ac yn aelodau bob un i'w gilydd' (Rhuf. 12.5).[6] Disgrifir yr undod hwn weithiau yn nhermau adeilad (Effes. 2.1–2), neu'n gorff, neu

Diwinyddiaeth Paul

fel 'un person' (Gal. 3 .28). Mewn geiriau eraill, Crist yw'r siâp ac ynddo ef mae iachawdwriaeth.[7] Nid yw Cristnogion yn colli eu hunaniaeth 'yng Nghrist': yn hytrach, rhoddir iddynt ddyletswyddau, gyfrifoldebau, a pherthynas â'i gilydd am eu bod 'yng Nghrist'.[8] Cyflwynir holl fendithion y bywyd Cristnogol yng Nghrist: gwaredigaeth, bywyd tragwyddol, sancteiddhad, gras. Gwneir y credadun 'yn llawn, 'fe'i cysurir' a'i 'wneud yn rhydd'. Felly, mae'r fformiwla 'yng Nghrist' yn cynnwys dau gysyniad sylfaenol: mae credinwyr yng Nghrist ac mae iachawdwriaeth yng Nghrist.[9] Cred Best yw bod y ddeubeth yn cael eu dal at ei gilydd gan y cysyniad o Grist fel personoliaeth gyfun (*corporate personality*), ond mae amheuon bellach ynglŷn â'r cysyniad hwn:[10] Crist ynddo'i hun enillodd iachawdwriaeth i gredinwyr ac maent yn aelodau o'i bersonoliaeth ef.[11] Er enghraifft, yn Gal. 3.14: 'Y bwriad oedd cael bendith Abraham i ymledu i'r Cenhedloedd yng Nghrist Iesu, er mwyn i ni dderbyn, trwy ffydd, yr Ysbryd a addawyd'. Darlunnir Crist nid yn unig fel unigolyn, ond mewn rhyw ystyr yn ffigur sy'n ymgorffori.[12]

Awgrymodd Schweitzer mai perthynas gyfriniol a ddynodir gan yr ymadrodd 'yng Nghrist', ond gwrthodwyd y dehongliad hwn gan y rhan fwyaf o esbonwyr.[13] Yn hytrach, fel yr awgrymwyd eisoes, un eglwysig ydyw,[14] a byddai rhai am ychwanegu bod iddo elfen eschatolegol, gan mai cymuned eschatolegol yw corff Crist.[15] Yn sicr, hefyd mae'n rhaid cynnwys iachawdwriaeth yn y pictiwr, fel yr awgrymwyd yn barod uchod. Gorau oll yw mynegiant W. D. Davies o'r sefyllfa pan ddywed ei fod yn eglwysig, ond yn golygu hefyd berthynas bersonol. Rhaid hefyd, meddai, ddehongli 'yng Nghrist' yng ngoleuni'r adnodau hynny sy'n sôn am farw a chyfodi gyda Christ.[16]

Gellir cymharu perthynas Crist â'r gymdeithas sydd ynddo i'r cysyniad o undod pob un yn Adda, ac mae cysylltiad rhwng marwolaeth pobl a phechod Adda (Rhuf. 5.15). Gan mai Adda oedd pen yr hil ddynol a'i weithredoedd yn effeithio ar ei holl aelodau, felly Crist yw pen yr hil newydd, ac y mae ei weithredoedd yn cael effaith ar y sawl sy'n credu ynddo gan drosglwyddo iddynt gyfiawnder a bywyd. Maent yn rhad i bawb sy'n eu derbyn yn bersonol. Yn 1 Cor. 15.20–3 dywed Paul fod atgyfodiad Crist yn galluogi atgyfodiad cyffredinol credinwyr i ddigwydd. Trwy Adda daeth marwolaeth i'r byd, ond trwy Grist daeth atgyfodiad i'r byd gan ymestyn i bob un.[17]

Yr Eglwys yn Paul

Defnyddia Paul yr ymadrodd *sun Christô* (gyda Christ) i egluro'r berthynas glòs rhwng Crist a chredinwyr. Mae'r rhain yn rhannu ym mhrofiadau Crist ei hun, yn ei ddioddefiadau, ei farwolaeth, ei gladdedigaeth, ei atgyfodiad a'i ddyrchafiad. Ar sail marwolaeth ac atgyfodiad Crist y bu'r uniad hwn mewn bod a chafodd ei selio i'r crediniwr unigol yn yr act o fedyddio. O'r adeg honno mae'r uniad yn gyflawn, ond y mae'n rhaid ymdrechu i'w wireddu.[18] Dywed Wedderburn:

> Mae galwad Paul ar gredinwyr i ymgysylltu â Christ i'w ddeall nid yn nhermau efelychu ei ffydd, ond yn hytrach yn nhermau ymuniaethu mwy sylweddol â phatrwm ei fywyd, dioddef ag ef er mwyn cael ein gogoneddu ag ef (Rhuf. 8.17), dwyn yn ein cyrff ei farwolaeth ef er mwyn i'w fywyd gael ei ddwyn i'r amlwg ynom (2 Cor. 4.10–11).[19]

Mae pob Cristion yn marw ac yn atgyfodi ag ef; felly, ni ellir honni mai'r Eglwys gyfan sydd gyda Christ yn ei farwolaeth a'i atgyfodiad. Ac eto, gan fod pob Cristion 'gyda Christ', felly mae'n rhaid bod yr holl gymuned ynddo hefyd. Eto, pwysleisiai Best yn y cyswllt hwn y cysyniad o 'bersonoliaeth gyfun' sydd, fel y gwelsom yn barod, wedi bod dan dipyn o gwmwl ers tro.[20] Iddo ef, Crist sydd yn y safle allweddol oddi mewn i'r bersonoliaeth gyfun hon. Tra bo Cristnogion yn sefyll ochr yn ochr ag ef ynddi, ef sy'n gweithredu ar eu rhan; rhannant yn ei brofiad a'i ganlyniadau, ond nid ydynt yn helpu i greu'r profiad hwnnw oherwydd ohono ef yn unig mae'n deillio, ac fe'i cyflawnir er eu mwyn.[21] Nid yw'r ymadrodd *sun Christô* yn meddu'r un natur gymdeithasol ag *en Christô*. Ni chaiff Cristnogion eu dwyn yn agosach at ei gilydd ganddo, ac ni roddir iddynt ddyletswyddau cyffredin ganddo oherwydd ei fod yn pwysleisio perthynas y crediniwr unigol â Christ yn hytrach na pherthynas pob un â'r gweddill.[22]

Mae'r ymadrodd *eis Christon* (i Grist) yn aml yn ymddangos mewn cysylltiad â bedydd: mae cael eich bedyddio i Grist yn golygu dod yn aelod o'r gymuned Gristnogol sydd 'yng Nghrist': 'Oblegid yr ydych bawb, trwy ffydd, yn blant Duw *yng* [*en*] Nghrist Iesu. Oherwydd y mae pob un ohonoch sydd wedi ei fedyddio *i* [*eis*] Grist wedi gwisgo Crist amdano. Nid oes rhagor rhwng Iddewon a Groegiaid, rhwng caeth a rhydd, rhwng gwryw a benyw, oherwydd un person ydych chwi oll *yng [en]* Nghrist Iesu' (Gal. 3.26–8).[23] Ni ddywed yr ymadrodd 'bedyddio i Grist' wrthym unrhyw beth am berthynas gymdeithasol y naill grediniwr a'r llall oherwydd ei fod yn disgrifio mynedfa i gyflwr, nid y cyflwr ei hun.[24]

Er mai dim ond mewn un adnod yn unig yn Paul y digwydd y gair *melê* (aelodau)[25] – yn yr ymadrodd 'aelodau Crist' (1 Cor. 6.15) – i ddynodi perthynas hynod agos rhwng Crist a chymuned y credinwyr, mae'r cysyniad sydd y tu ôl iddo, sef uniaethu'r gymuned o gredinwyr â Christ, yn ymddangos mewn mannau eraill yn ei lythyrau: gweler 1 Cor. 1.12–13; 12.12, a Gal. 3.15–29.[26] Yn 1 Cor. 6.12–20 awgrymir bod yr Eglwys, neu'r gymuned o gredinwyr, i'w uniaethu â Christ, sef mai Crist yw'r Eglwys,[27] ond mae'r math hwn o iaith yn eithriadol yn y llythyrau cynnar, tra yn y llythyrau diweddar pwysleisir arwahanrwydd Crist oddi wrth yr Eglwys: ef yw llywodraethwr yr Eglwys. Mae'r Eglwys yn bod erbyn hynny yn gymuned ynddi'i hun, wedi'i disgrifio'n briodasferch neu'n ddyn llawn-dwf, ac yn gorfod ufuddhau iddo. Mae hefyd ar wahân iddi yn gymaint ag ef sy'n ei hachub, yn ei bwydo ac yn ei huno, ac yn ei llenwi â'i lawnder dwyfol ei hun.

Mewn dwy adran yn arbennig defnyddia Paul y ddelwedd o gorff i ddynodi'r eglwys, sef Rhuf. 12.4–8 a 1 Cor. 12.12–31; gw. hefyd 1 Cor. 10.16–17; 11.24, 27, 29. Gofynnwyd yn aml o ble y cafodd y trosiad hwn o'r corff. Awgrymodd W. D. Davies ei fod wedi'i ddylanwadu gan syniadau Rabinaidd am Adda wrth ddatblygu'i syniadaeth am yr eglwys fel Corff Crist.[28] Roedd y trosiad o'r 'Corff' (*sôma*) i ddynodi'r ddinas neu'r wladwriaeth yn bodoli eisoes yn y diwylliant Groegaidd, a'r hyn a wnaeth Paul oedd ei gysylltu'n uniongyrchol â Christ:[29] ef yn wir oedd y cyntaf i fathu'r ymadrodd yn llawn am yr Eglwys, ac yn dilyn hynny datblygodd y darlun o Gristnogion yn aelodau o gorff.[30] Fel y gwelwyd eisoes, cysylltir yr ymadrodd ag eraill sy'n disgrifio perthynas credinwyr â Christ, a'i brif bwyslais yw ar undod credinwyr ag ef yn hytrach nag ar eu perthynas â'i gilydd. Yn adeg yr apostol defnyddid y gair *sôma* yn gynyddol i ddisgrifio cyfangorff o bobl a hefyd undod natur cyfan gyda'r Duw goruchel. Nid oedd yr ymadroddion y soniwyd amdanynt yn gyntaf yn gallu gwneud cyfiawnder â'r ymdeimlad o gydgysylltiad Cristnogion fel cyfangorff â Christ, ac felly roedd yn rhaid i Paul ddefnyddio'r ymadrodd 'aelodau Crist' a awgrymai'n syth gorff:

Yr Eglwys yn Paul

felly daeth Cristnogion yn 'aelodau o Gorff Crist.' Byddai'r gair 'aelodau' ar ei ben ei hun yn awgrymu uniaethiad rhy glòs rhwng Crist a Christnogion, tra bo 'corff' yn dynodi nad ydynt wedi'u huniaethu â Christ er eu bod wedi eu cysylltu ag ef.[31] Felly'n drosiadol, ac mae hyn yn anochel, ac nid yn llythrennol, fel y credir yn y traddodiad Pabyddol, y dylid ystyried yr ymadrodd 'Corff Crist' fel disgrifiad o'r eglwys.[32]

Yn ei drafodaeth estynedig ar y Corff a swyddogaethau ei aelodau yn 1 Cor. 12.12–27 (gw. hefyd Rhuf. 12.3–8) pwysleisia Paul mai Duw yw'r un sy'n gosod y corff wrth ei gilydd (ad.24) gan wneud pob aelod yn ddibynnol ar y gweddill a 'rhoi parchusrwydd neilltuol i'r aelod oedd heb ddim parch' (ad.24). Mae pob aelod â'i swyddogaeth arbennig yn angenrheidiol i'r aelodau eraill er daioni y cyfan, oherwydd dim ond wrth weithredu felly y mae'r corff yn gyflawn. Ni all yr aelodau a ystyrir yn uwch a gwell eu datgysylltu eu hunain oddi wrth y rhai gwannaf neu ddadlau nad ydynt yn rhan o'r corff. Yn wir, dylai pob aelod rannu yn nioddefaint a llawenydd pob un aelod.[33]

Yn 1 Cor. 10.16–17 disgrifir yr Eglwys yn Gorff mewn cysylltiad â'r Ewcharist: 'Cwpan y fendith yr ydym yn ei fendithio, onid cyfranogiad o waed Crist ydyw? A'r bara yr ydym yn ei dorri, onid cyfranogiad o gorff Crist ydyw? Gan mai un yw'r bara, yr ydym ni, a ninnau'n llawer, yn un corff, oherwydd yr ydym i gyd yn cyfranogi o'r un bara.' Mae cyfranogi o'r Ewcharist yn gyfystyr â chyfranogi o Grist gan greu cymdeithas ag ef. Mae cymryd rhan yn yr Ewcharist yn weithred o adnewyddu a pharhau ein haelodaeth yng Nghrist, ein bywyd atgyfodedig newydd ag ef, ein aelodaeth yn ei gorff. Gosodir y pwyslais ar undod: mae pob un sy'n cyfrannu wedi'i gydgysylltu â'r cyfangorff, ac nid yw'r cyfangorff ar wahân i Grist; ei Gorff ef ydyw. Yr arwydd o hyn yw ein bod yn bwyta o'r un bara, sy'n dynodi un Corff.[34] Dadleuodd Byers mai Shema yr Iddew sydd y tu ôl i'r pwyslais hwn ar undod yr Eglwys wrth gyfrannu o'r Ewcharist.[35] Eto, nid yw hyn yn golygu bod Crist a'r eglwys i'w huniaethu â'i gilydd,[36] nac ychwaith, fel y dadleuodd John Robinson, fod y gymuned Gristnogol i'w huniaethu â chorff atgyfodedig Crist.[37]

Wrth ddweud wrth yr eglwys yng Nghorinth: 'Chwi yw corff Crist, ac y mae i bob un ohonoch ei le fel aelod' (1 Cor. 12.27),

Diwinyddiaeth Paul

nid yw'n golygu mai dim ond yr eglwys yng Nghorinth yw corff Crist. Yn hytrach, yr holl eglwys yw corff Crist, y mae Cristnogion Corinth yn rhan ohoni. Ac nid y cymunedau unigol a ddynodir yn aelodau'r corff ond y credinwyr unigol.[38] Nid meddwl felly yn nhermau corff cosmig yr oedd yr eglwys yng Nghorinth, er enghraifft, ei bod yn fraich ohono, neu'r un yn Rhufain yn goes a bysedd troed ohono fel petai. Drwy estyniad, mae pob eglwys ymhob man yn cyfateb i gorff Crist yn y lle hwnnw.[39] Ac yn hyn i gyd, mae'n amlwg hefyd fod Paul am bwysleisio'r elfen leol yn ei ddarlun o'r eglwys: yr eglwys yn cyfarfod mewn tŷ, er enghraifft Rhuf. 16.5, a Phm. 2, neu mewn gwlad neu ardal arbennig, megis Jwdea a Galatia.[40] Felly, yn ôl Dodd, byddai Paul yn cymeradwyo'r cysyniad o'r eglwys leol yn gymuned yr Ysbryd ac yn ymgorfforiad amlwg o'r un Eglwys. Byddai'n un â Christ, wedi'i harwain gan ei Ysbryd, ac yn cymryd camau i roi corff i'r ysbryd hwnnw.[41] Eto, nid yw hyn yn cau allan y posibilrwydd bod ambell gyfeiriad at *ecclesia* yn Paul yn cyfeirio at yr eglwys ehangach: gw.1 Cor. 10.32; 12.28; 15.9; Gal. 1.13; a Phil. 3.6.[42] Roedd ychwanegu enw Duw wrth y gair yn awgrymu ei bod yn gyffredinol, hynny yw yn fyd-eang:[43] felly, ceir 'eglwys Dduw' (er enghraifft 1 Cor. 1.2; 10.32) neu 'eglwysi Duw' (1 Cor. 11.16; 1 Thes. 2.14). Cred Thrall mai o'r cysyniad o 'gorff Crist' y datblygodd y gair *eclēsia* i olygu'r eglwys fyd-eang (1 Cor. 12.27–8).[44] Daw hyn yn fwy amlwg mewn llythyrau diweddarach, sef Col. ac Effes., fel y nodir yn nes ymlaen ym mhennod 11 y gyfrol hon.

Y gair *ecclēsia* yw'r un a ddefnyddia Paul amlaf i ddisgrifio'r grwpiau hynny o bobl a ymgynullai yn enw Crist.[45] Mae'r enw, mae'n siŵr, yn tarddu o'r defnydd mynych ohono yn y Beibl Groeg (LXX) i ddisgrifio cynulliad pobl yr Arglwydd, cynulliad Israel.[46] Arwain hyn yn naturiol at y cysyniad mai'r eglwys oedd yr Israel newydd, er nad yw'r disgrifiad hwn o'r eglwys yn ymddangos yn y Testament Newydd ei hun.[47] Neu gellir dweud mai dim ond yr Eglwys yw Israel yn yr ystyr cywir[48] (gw. Gal. 6.16). Eto, pwysleisia W. D. Davies yr elfen o barhad rhwng Israel a'r eglwys,[49] ac fel y dywed W. S. Campbell, nid yw'n fater syml o drosglwyddo'r addewidion a roddwyd gynt i Israel i'r Cenhedloedd. Yn hytrach, mater yw o estyn rhagorfreintiau'r Iddewon, pobl y cyfamod, i'r Cenhedloedd.[50] Ni ddylid, felly, feddwl am yr Eglwys yn syml 'fel

Israel Newydd' (gw. Rhuf. 9.24; 11.7),[51] ac nid yw ei dynodi felly o angenrheidrwydd yn awgrymu gwadu ei pharhad â'r hen Israel.[52] Nid yw Dunn, fodd bynnag, yn fodlon ar ddarlun o'r penodau Rhuf. 9–11 fel rhai sy'n canolbwyntio ar 'yr eglwys ac Israel'. Yn hytrach, yr hyn a geir yma yw ymdrech i ddiffinio 'Israel' a sut mae'r eglwys i'w chynnwys oddi mewn i Israel.[53] Felly, ceisir lleihau'r elfen o doriad rhwng yr hen a'r newydd (Gal. 4),[54] ond eto gwelir y tensiwn rhwng y ddeubeth ar waith yn Rhuf. 9–11[55] (gw. hefyd 2 Cor. 3.4–18).[56]

Yn Rhuf. 9–11, felly, wynebir Paul gan ddwy broblem sy'n gysylltiedig â'i gilydd: beth yw perthynas pobl newydd Duw â'r hen Israel, a sut y bu i bobl Dduw wrthod ei Feseia ac fel canlyniad gael eu gwrthod gan Dduw ei hun?[57] Mae'n ein hatgoffa yn Rhuf. 9.6 nad 'yw pawb sydd o linach Israel yn wir Israel.' Nid term ethnig neu genedlaethol yn unig yw Israel, ond teitl pobl ddewisedig Duw.[58] Felly, nid cenedligrwydd fel y cyfryw ond ffydd sy'n penderfynu a yw un yn aelod o'r wir Israel ai peidio (9.30–1). Mae lle allweddol i weddill ffyddlon yn Israel i sicrhau'r parhad rhwng yr hen a'r newydd (Rhuf. 9.6–13, 27; 11.1–5). Yn yr un modd, dynoda'r darlun o Israel ym mhennod 11 fel olewydden (11.17–24) y cysyniad o barhad,[59] ac, er i ganghennau o'r hen Israel gael eu torri i ffwrdd ac i aelodau o'r Cenhedloedd gael eu himpio i mewn i'r olewydden yn eu lle (11.19),[60] deil i obeithio y bydd aelodau o'r hen genedl yn dychwelyd i'r gorlan wrth iddynt drwy ras a thrugaredd Duw gael eu hadfer i ffydd (11.25–36; gw. hefyd 11.11–12).[61] Rhaid anghytuno yma â honiad Dodd fod Paul ym mhennod 11 yn tanseilio'i ddadleuon cynharach ac yn dangos ffafriaeth arbennig i'w genedl ei hun yma.[62] Rhydd W. D. Davies, er yn feirniadol o agweddau ar safbwynt Dodd,[63] hefyd gryn bwyslais ar y flaenoriaeth gynhenid a berthyn i'r genedl etholedig (gw. 11.17–18, 24), a hynny nid yn gymaint ar sail cenedligrwydd, ond ar sail eu hanes.[64] Yn Rhuf. 9–11 dangosir bod gras Duw i Israel yn anghymarus gan nad yw Israel yn ei haeddu o ran ei gwerth. Hyn, felly, a rydd gysondeb diwinyddol i'r penodau hyn.[65] Dyfodiad Crist a rydd ystyr i holl ymwneud Duw ag Israel ac i'r genhadaeth i'r Cenhedloedd (gw. 9.5, 32–3; 10.6–13; 11.26).[66]

Heblaw *ecclēsia* ceir nifer fawr o ddelweddau eraill i ddynodi'r eglwys. Awgrymodd Minear fod cryn naw deg pump ohonynt yn y Testament Newydd, er nad yw'n cynnwys *ecclēsia* yn eu plith![67] Nodwn yma ac ym mhennod 11 ond ychydig ohonynt. Cyfeiriwn yma'n unig at y ddelwedd o'r eglwys fel adeilad (*oikodomê* (1 Cor. 3.9) neu deml: 'Chwi yw teml Dduw' (1 Cor. 3.16–17; gw. hefyd 6.19; 2 Cor. 6.16): hynny yw, mae Duw'n preswylio'n uniongyrchol yn y credadun.[68] Trafodwn ddelweddau eraill ym mhennod 11.

Ceir y disgrifiad o aelodau'r eglwys yn 'saint' dri deg naw o weithiau yn llythyrau Paul.[69] Fe'u dynodir, felly, yn rhinwedd y ffaith eu bod yn perthyn i gymuned sanctaidd yr eglwys.[70] Y maent hefyd yng Nghrist Iesu (1 Cor. 1.2, 30; Effes. 1.1; Phil. 1.1; 4.21; Col. 1.2), ffaith hefyd ag oblygiadau corfforaethol iddo, fel y nodwyd eisoes yn y bennod hon.[71] Drwy alwad Duw y maent yn 'saint': Rhuf. 1.7; 1 Cor. 1.2; gw. hefyd 1 Thes. 4.7.[72] Maent yn ymffurfio'n gymuned eschatolegol a fydd yn etifeddu Teyrnas Dduw (1 Cor. 6.1–2; gw. hefyd yr hyn a briodolir i Paul yn Act. 20.32; 26.18, a hefyd Col. 1.12; Effes. 1.18, ac 1 Cor. 6.10–11).[73] Nodweddir y gymuned hon gan rodd yr Ysbryd Glân (Rhuf. 8.9, 11, 27; Effes. 6.18)),[74] sy'n ernes o'r hyn sydd i ddod (2 Cor. 1.22; 5.5; Effes. 1.14).[75]

Wrth grynhoi, tynnwn sylw at ddarlun Dodd o'r eglwysi Paulaidd yn gymunedau annibynnol yn cael eu harwain gan yr Ysbryd yn hytrach na'u bod yn gymunedau lleol yn ddibynnol ar hierarchaeth y Fam-eglwys.[76] '"Eglwys Dduw sydd yng Nghorinth" (1 Cor. 1.2) sy'n arwyddo perthynas yr Eglwys (*ecclēsia*) fyd-eang â'r eglwys leol', meddai.[77] Honnwyd mai un canlyniad o'i ymchwil ym maes y Testament Newydd oedd iddo fabwysiadu darlun aruchel o'r holl Eglwys fel Corff Crist, yn uned fyw gyda'r un Ysbryd yn trigo ynddi.[78]

Nodiadau

[1] Dunn 1998, t. 534. Gw. hefyd Evans 1975, tt. 125–6, a Dodd 1958, t. 152.
[2] W. D. Davies 1984a, t. 284. Gw. hefyd 1980, tt. 86–7.
[3] Best 1955, t. 1. Gw. hefyd Thrall 1973, tt. 168–9.
[4] Best 1955, t. 20, a Dodd 1958, t. 159.
[5] Best 1955, t. 7.

Yr Eglwys yn Paul

6 Best 1955, tt. 7, 20.
7 Best 1955, t. 20.
8 Best 1955, t. 23.
9 Best 1955, t. 24.
10 Best 1955, t. 29. Am yr amheuon hynny, gw. Rogerson 1970. Hefyd ceir galwad gan Wedderburn 1985c, 97, n.52, am inni fod yn ochelgar wrth gyfeirio at y cysyniad hwn, gan awgrymu'r disgrifiad *representative figures* am Abraham a Christ yn Paul.
11 Best 1955, t. 29. Defnyddia Dodd 1959, t. 108, y cysyniad hwn hefyd i ddisgrifio undod â Christ yn ei eglwys.
12 Ziesler 1990, tt. 51–2.
13 Gw. Bultmann 1952, tt. 311–12.
14 Mae Käsemann 1971, t. 101, yn gwadu hyn.
15 Bultmann 1952, t. 311.
16 W. D. Davies 1980, tt. 86–8.
17 Ar y paragraff uchod, gw. Best 1955, tt. 34–8.
18 Best 1955, tt. 55–6.
19 Wedderburn 1971, 91.
20 Ziesler 1990, tt. 62–3. Gw. n.10 uchod.
21 Best 1955, tt. 57–8.
22 Best 1955, t. 59.
23 Best 1955, tt. 65, 69. Fy mhwyslais i.
24 Best 1955, t. 73.
25 Awgrymodd Dodd 1958, t. 159, y gair 'organau' fel cyfieithiad ohono.
26 Best 1955, t. 74.
27 Best 1955, t. 78.
28 W. D. Davies 1980, tt. 53, 57. Am awgrymiadau eraill, gw. J. A. T. Robinson 1952, tt. 55–6.
29 J. A. T. Robinson 1952, t. 49, n.1, a Dunn 1998, tt. 550–1. Gwrthgyferbynner ar darddiad y darlun: Best 1955, t. 85, a Ridderbos 1977, t. 376.
30 Best 1955, t. 85, a Banks 1994, t. 66.
31 Best 1955, tt. 93–4. Gw. hefyd Ziesler 1990, t. 65.
32 Best 1955, tt. 98–100; Whiteley 1964, tt. 192, 197–9; Thrall 1973, t. 171; a J. Tudno Williams 1991, t. 109. Am farn wahanol, gw. J. A. T. Robinson 1952, t. 51.
33 Best 1955, tt. 101–4. Gw. hefyd J. Tudno Williams 1991, t. 111.
34 Best 1955, t. 106; Banks 1994, tt. 58–9. Gw. hefyd Dodd 1958, t. 147, a J. Tudno Williams 1991, tt. 86–7.

35 Byers 2016, 526.
36 Whiteley 1964, t. 193.
37 J. A. T. Robinson 1952, tt. 55–8. Gwrthodir y dyfaliad hwn gan Whiteley 1964, tt. 192–8, a Dunn 1998, t. 549, n.95. Gw. hefyd n.32 uchod.
38 Best 1955, t. 113.
39 Dunn 1993b, tt. 22–3; Banks 1994, t. 59.
40 Whiteley 1964, tt. 186–7; Dunn 1998, t. 540.
41 Dodd 1931a, tt. 15–16. Gw. hefyd W. D. Davies 1950.
42 Whiteley 1964, tt. 187–90. Gw. hefyd Beale 2015, 155.
43 Thrall 1994, t. 90.
44 Thrall 1994, t. 93.
45 Dunn 1998, t. 537.
46 Bultmann 1952, tt. 94–8; I. H. Marshall 1973, 359–63; Dunn 1998, tt. 537–8, a Beale 2015, 151–68. Nid yw Thrall 1994, tt. 91–2, mor gysurus â'r farn hon. Cred W. S. Campbell 2018, t. 257, fod Paul wedi defnyddio, ac efallai wedi bathu'r enw i ddynodi ymgyfarfyddiad y Cristnogion cenhedlig.
47 W. D. Davies 1984a, t. 279. Mae W. S. Campbell 2018, tt. 211, 268, a 305, yn dadlau'n chwyrn yn erbyn y cysyniad hwn mewn perthynas â'r eglwys.
48 Schweizer 1961, tt. 89–90, 95.
49 W. D. Davies 1984a, t. 279; gw. hefyd 1984ch, t. 126, ac 1994, t. 171; W. S. Campbell 1991a, t. 263; Dunn 1998, tt. 538–9; Johnson 2003, t. 201.
50 W. S. Campbell 2013a, t. 78, a 2018, tt. 193, 196, a 237–46.
51 W. S. Campbell 1991b, t. 48. Gw. i'r gwrthwyneb Ridderbos 1977, tt. 333–4.
52 Evans 1975, t. 125.
53 Dunn 1998, tt. 507–8. Beirniada W. S. Campbell 2002, 192 (gw. hefyd W. S. Campbell 2018, t. 317) Dunn am honni i Paul greu ffurf genhedlig ar Gristnogaeth sy'n dod yn norm i'r holl eglwys, a bod hynny'n rhwystro credinwyr Iddewig rhag cadw eu cenedligrwydd. Yn hytrach, yr hyn y mae Paul yn ei geisio yw 'undeb mewn amrywiaeth, nid Cristnogaeth genhedlig unlliw.' Gw. yn llawnach hefyd W. S. Campbell 2018, tt. 84–5, 130, 169, 210, a 272, a hefyd 2013b, tt. 206 a 218.
54 Ziesler 1990, tt. 66–7.

55 Johnson 2003, t. 207.
56 Ziesler 1990, t. 68.
57 Ziesler 1990, tt. 68–70.
58 W. S. Campbell 1991b, t. 44. Gw. hefyd 1989, 466.
59 Ziesler 1989, t. 278, ac 1990, t. 69, a Dunn 1998, tt. 519–22, a 525–6.
60 Ond ni olyga hynny fod Israel wedi'i ddisodli'n llwyr: Donaldson 1993, 85.
61 Gw. J. M. G. Barclay 2015, t. 521. Gw. hefyd Sanders 1985b, t. 47.
62 Dodd 1959, t. 192; gw. hefyd tt. 68, 86, a 184–92. Gwrthwynebir y farn hon sy'n bur gyffredin gan Thielman 1994, 169–82; W. S. Campbell 2013a, tt. 67–90, a 2018, t. 74, n.51, t. 77, n.84, a t. 223, n.84, a J. M. G. Barclay 2015, t. 556, a n.82.
63 W. D. Davies 1984ch, t. 147.
64 W. D. Davies 1984ch, tt. 144–9. Gw. hefyd Sanders 1991, t. 122.
65 J. M. G. Barclay 2015, tt. 521, 556–8; gw. hefyd tt. 520–61. Ar sail beirniadaeth rethregol (*rhetorical criticism*), dadleuodd J. D. Kim 2000 fod Paul yn gwbl gyson yn ei ymresymiad yn y penodau hyn. Gw. hefyd Dunn 1998, tt. 509–14.
66 J. M. G. Barclay 2015, tt. 560–1.
67 Minear 1960. Gw. Dunn 1998, t. 536, n.13, a t. 537, n.15.
68 Dunn 1998, t. 545.
69 Evans 1975, t. 42. Yn wir, mae'n aml yn cyfnewid y ddau enw *hagioi* (saint) ac *ecclēsia* wrth gyfeirio at yr eglwys (gw. 1 Cor. 1.2; 2 Cor. 1.1; Col. 1.2) (gw. Copenhaver 2018, tt. 65–6).
70 Evans 1975, tt.124-6.
71 Gw. Evans 1975, tt. 126–8.
72 Evans 1975, tt. 128–30.
73 Evans 1975, tt. 130–1.
74 Gw. Johnson 2003, tt. 206–7.
75 Evans 1975, tt. 132–3. Gw. hefyd Minear 1960, t. 137.
76 Dodd 1931a, t. 9.
77 Dodd 1931a, tt. 12–13.
78 Dillistone 1977, t. 222, a J. Tudno Williams 2007, tt. 161–2.

10

Eschatoleg Paul

■ ■ ■

Nid atodiad i'w ddiwinyddiaeth oedd eschatoleg Paul, ond rhan hanfodol ohoni; yn wir rhed elfennau eschatolegol drwyddi draw.[1] Yn sicr, dylanwadwyd ar Paul gan apocalyptiaeth Iddewig, yr apocalyptiaeth y magwyd ef yn ei sŵn; eithr fe'i mowldiodd i'w bwrpas ei hun.[2]

Awgrymwyd y gellir olrhain datblygiad yn ei eschatoleg a chyfundrefnodd R. H. Charles ei datblygiad oddi mewn i bedwar gris:[3]

(1) Cynrychiolir y gris cyntaf gan y ddau lythyr at y Thesaloniaid. Ynddynt, gan ddilyn dull apocalyptiaeth Iddewig, ceir disgrifiad manwl o'r modd y deuai Duw â diwedd i'r byd wedi i ddrygioni gyrraedd ei anterth.[4] Gyda llaw, daliaf at y farn mai 2 Thes. yw'r cyntaf o'r llythyrau hyn i'w gyfansoddi am fod derbynwyr yr ail lythyr yn cael eu disgrifio fel rhai sy'n dioddef erledigaeth a gorthrymderau ar y pryd (1.4.), tra yn y llythyr cyntaf (1.6; 2.14) cyfeirir at y dioddefiadau hyn fel rhywbeth a ddigwyddodd yn y gorffennol.[5] Cyfeiria Paul at ail ddyfodiad Crist a nodweddir gan farn ar y rhai sy'n gwrthod yr efengyl (2 Thes. 1.7–9); er nad yw'n hollol eglur pryd yn union y bydd hynny, mae ef a derbynwyr y llythyrau'n disgwyl byw i'w weld yn digwydd (gw. 1 Thes. 1.10; 2.19; 3.13; 5.2, 15, 17, 23; 2 Thes. 2.1). Yr un pryd mae'n eu rhybuddio i anwybyddu unrhyw ddysgeidiaeth sy'n honni bod

Diwinyddiaeth Paul

Dydd yr Arglwydd eisoes wedi dod (2 Thes. 2.1–2). Cyn y gallai hynny ddigwydd byddai'n rhaid i'r 'gwrthgiliad' (*apostasia*) ddod yn gyntaf (2 Thes. 2.3). Gwrthryfel gwleidyddol yw ystyr *apostasia* yn y lle cyntaf (gw. hefyd 1 Mac. 2.15; Act. 21.21), ond yna daeth i olygu gwrthgiliad crefyddol. Roedd gwrthgiliad yn nodwedd gyson poenau esgor y Meseia mewn Iddewiaeth.[6] Eto nid yw Paul yn dewis manylu ar yr union fath o wrthgiliad oedd ganddo mewn golwg.

Ynghyd â'r gwrthgiliad deuai'r 'un digyfraith' (*ho anthrôpos tês anomias*), neu, yn ôl darlleniad arall, 'dyn pechod'(*hamartias*), hynny yw pechod mewn ffurf ddynol, a elwir yn yr un adnod yn 'blentyn colledigaeth' (*ho huios tês apôleias*), hynny yw y dyn a dynghedwyd i golledigaeth (2 Thes. 2.3). Disgrifir Jwdas Iscariot yn yr un modd yn Ioan 17.12. Teip ydyw o'r Anghrist (gw. 1 Io. 2.18, 22; 4.3; 2 Io. 7), a hawlia iddo'i hun safle'r duwdod (cymharer y disgrifiad o'r brenin Antiochus Epiffanes yn Daniel 11.36–7[7]).

Yn adnodau 6 a 7 ail bennod 2 Thes. â Paul ymlaen i sôn am 'rym dirgelwch anghyfraith' ac am 'yr hyn sydd yn ei ddal yn ôl' (*to catechon*), ynghyd â'r 'hwn sydd yn awr yn dal yn ôl' (*to catechôn*) yr un digyfraith.[8] Ers dyddiau Tertwlian, awgrymwyd mai'r Ymerodraeth Rufeinig a'i Hymerawdwr ydynt: hwy a gynrychiolai'r drefn a ddaliai weithgarwch drygioni'n ôl.[9] Teimlwyd, fodd bynnag, mai prin y byddai Cristnogion y ganrif gyntaf yn cymryd agwedd gadarnhaol tuag at yr ymerodraeth hon,[10] ac yn arbennig mewn dogfen apocalyptaidd. Felly cynigiodd Cullmann[11] a Munck[12] ddamcaniaeth arall – un y gellir ei holrhain yn ôl i dadau'r Eglwys Fore a hefyd i Galfin: yn ôl y ddamcaniaeth hon yr hyn sy'n dal yr Anghrist yn ôl yw pregethiad yr efengyl i'r Cenhedloedd (gw. Mc. 13.10; Math. 24.14; gw. hefyd Math. 28.19; Luc 24.47; Act. 1.8; 3.21; Rhuf. 15.22; 1 Cor. 15.24–5; 2 Pedr 3.9), ac felly'r person a fyddai'n gyfrifol am wneud hyn fyddai Paul ei hun. Ar y llaw arall, tynnwyd sylw at y ffaith y dywedir yn ad.7 y byddai'r 'hwn sydd yn awr yn ei ddal yn ôl wedi ei symud o'r ffordd', sy'n awgrymu y byddai'n marw'n fuan, a byddai hynny'n mynd yn groes i ddisgwyliad Paul y byddai'n byw i weld yr ail ddyfodiad (1 Thes. 4.15).[13] Yn wyneb y fath anawsterau efallai y byddai'n ddoethach cydnabod nad hawdd yw ceisio datrys y fath feddylfryd apocalyptaidd ac y byddai'n well peidio â phlymio'n rhy ddwfn i mewn i'r fath fanylion, ond yn unig er mwyn cydnabod bod symbolaeth o'r natur hwn yn ceisio pwysleisio llaw Duw mewn gweithredoedd o'r math hwn.[14]

Mae'n amlwg bod aelodau'r eglwys yn Thesalonica yn ymboeni â phroblemau'n ymwneud â disgwyliadau'r Cristnogion bore, ac nid hwy oedd yr unig rai yn yr Eglwys Fore a wnâi hynny ychwaith. Ymddengys y credid yn gyffredinol na fyddai'r genhedlaeth gyntaf yn cilio o'r byd hwn cyn y *parousia* (gw. Math. 10.23; Mc. 9.1; 13.30; Io. 21.23).[15] Ceisiai Paul sicrhau ei ddarllenwyr na fyddai'r rhai a fu farw eisoes yn colli'r bendithion a fwynheid gan y rhai a fyddai'n dal yn fyw pan ddeuai'r *parousia* (yr ail ddyfodiad) (1 Thes. 4.13–15; 5.10).[16] Yn wir, ymddengys i safbwynt Paul ar y mater hwn wrthddweud y gred Iddewig arferol sy'n datgan mai dim ond y rhai a fyddai'n fyw pan ddeuai'r Meseia a gâi gyfranogi o'r Oes Feseianaidd a mwynhau ffrwythau'r Deyrnas Feseianaidd (gw. 2 Esdras 13.24: 'Gwybydd mai mwy yw gwynfyd y rhai a adewir na'r eiddo y rhai a fu farw', er i 5.41–2 yr un llyfr groesddweud hyn). Beth bynnag, dim ond dros dro y byddai'r deyrnas hon yn parhau (1 Enoch 91.12–14).[17] Awgrymwyd yr un pryd y byddai'r credinwyr hynny a fyddo'n marw cyn diwedd y deyrnas honno yn cael eu cadw yn eu 'hun' nes i'w diwedd ddod, a hynny a fyddai'n arwain at yr Oes i Ddod (*hâ'lâm habâ*). Felly, yn ôl Schweitzer, bu'n rhaid i Paul ragdybio ar eu cyfer atgyfodiad neilltuol yn y Deyrnas Feseianaidd, megis yr un a ddisgrifia yn 1 Thes. 4.16 ac 1 Cor. 15.18, 23.[18] Eto, cyfeddyf Schweitzer na rydd Paul ddisgrifiad o'r fath Deyrnas Feseianaidd.[19] Gwrthyd W. D. Davies awgrym Schweitzer o atgyfodiad deublyg, a wnaeth ar sail y gred apocalyptaidd Iddewig.[20] Dywed nad oes angen y fath gynllun ar gyfer deall dysgeidiaeth Paul oherwydd dysgai y byddai'r rhai a oedd 'yng Nghrist' yn cael eu trawsnewid i ffurf ar fywyd yr atgyfodiad heb angen profi marwolaeth yn gyntaf. Fel y dengys Rhuf. 6.5, roeddent eisoes wedi symud o farwolaeth i fywyd.[21]

Arweiniai'r holl drafodaeth hon am ddyfodiad y *parousia* rai aelodau o'r eglwys i beidio â mynd ymlaen â'u gwaith (1 Thes. 4.9–12; 5.14; 2 Thes. 3.6–12). Pam yn wir fod yn rhaid gweithio a'r diwedd ar ddod? Eithr eu beirniadu'n hallt am y fath ffwlbri a wnaeth yr apostol.

(2) Erbyn cyrraedd 1 Corinthiaid ni welir yno unrhyw gyfeiriad at yr Anghrist, ond ceir mynych gyfeiriadau at ail ddyfodiad Crist (1.7–8;4.5; 7.29; 11.26; 15.51–2; 16.22). Daliai Paul i gredu y byddai'r *parousia* yn dod cyn iddo ef ei hun farw (15.51–2; cymharer 1 Thes. 4.15–17).[22] Cefnogir hyn gan destun adnod 51 yn *BCN*: 'Nid ydym i gyd i huno, ond yr ydym i gyd i gael ein newid', ac yna yn yr adnod ddilynol ceir y gwahaniaeth rhwng 'y meirw'n cael eu cyfodi yn anllygredig, a *ninnau'n* cael ein newid', sy'n awgrymu y byddai Paul yn disgwyl bod yn fyw adeg y *parousia*.[23] Pwysleisir y bydd yn rhaid i bawb fynd drwy broses o newid corfforol, y rhai sy'n feirw eisoes a'r rhai byw adeg y *parousia* ei hun, a dim ond yn yr adnodau hyn yn y Testament Newydd, sef 51 a 52, y defnyddir y ferf Roeg *allasso* sy'n dynodi'r newid. Gwelir felly mai adeg y *parousia*, ac nid adeg eu marwolaeth y derbyniai credinwyr eu cyrff atgyfodedig (gw. hefyd 1 Thes. 4.13–17; 2 Cor. 5.1–10).[24] A olygai hynny wedyn, fel y soniwyd yn barod, fod ryw fath o gyflwr cysglyd rhwng marwolaeth y credadun a'i atgyfodiad, hynny yw 'huno' (1 Thes. 4.13–16; 5.10; 1 Cor. 15.18–20, a 51–3), neu ei fod ym mhresenoldeb Crist hyd yn oed wedi marwolaeth lle mae'r credadun 'oddi cartref o'r corff' ac yn 'cartrefu gyda'r Arglwydd' (2 Cor. 5.8; gw. hefyd Phil. 1.23)?

Rhagflaenid y *parousia* gan dreialon llym – yr 'argyfwng' y cyfeirir ato yn 1 Cor. 7.26. Yn fy esboniad ar yr adnod hon ysgrifennais:

> Credai'r Iddewon y deuai gwaeau a thrybini mawr cyn Dydd yr Arglwydd, ac etifeddodd Cristnogaeth lawer o'r delweddau hyn a'u haddasu ar gyfer eu disgwyliadau am ailddyfodiad Crist. Nid yw'n hollol glir a yw'r argyfwng wedi dod eto ai peidio. O leiaf mae megis ar y trothwy. Os yw wedi dod, yna mae'n dynodi'r holl bwysau sydd ar aelodau'r eglwys yn y cyfnod rhwng dau ddyfodiad Crist.[25]

Yn wir, byr fyddai'r cyfnod hwnnw (1 Cor. 7.29). Felly, o dan yr amgylchiadau hyn, cyngor yr apostol ar faterion yn ymwneud â phriodas yw 'i bob un aros fel y mae'(7.26): os yw'n ddibriod ceisied aros yn y stad honno, ac yn yr un modd os yw'n briod peidied â cheisio ysgariad (gw. 7.25–40).[26]

Cysylltir y *parousia* â'r farn eithaf pan fyddai Crist ei hun yn farnwr (1 Cor. 4.4–5; gw. hefyd 1.8; 5.5, a 2 Cor. 5.10; a chysylltir Duw a Christ â'r farn yn Rhuf. 2.16).[27] Fe ddilyn felly'r hyn a ddadleuwyd eisoes na ddisgwyliai'r apostol y byddai teyrnas Feseianaidd dros dro neu filflwyddiant (gw. Datg. 20.4–5) yn digwydd wedi'r *parousia* ond cyn i Grist drosglwyddo'i deyrnas i Dduw. Ceid cred debyg mewn Iddewiaeth (gw. 2 Esdras 7.28), ond ni ddylid dehongli geiriau Paul yn 1 Cor. 15.24–5 i olygu'r un math o beth.[28] Ymddengys fod y diwedd i ddod yn union ar ôl atgyfodiad y credinwyr,[29] ac ystyr *to telos* (y diwedd, ad.24) yn y man hwn yw'r cyflawniad terfynol.[30]

(3) Canfyddir datblygiadau pellach erbyn inni gyrraedd 2 Corinthiaid a Rhufeiniaid.[31] Am y tro cyntaf, y mae'r apostol yn wynebu'r posibilrwydd na fyddai'n goroesi i weld dyfodiad y *parousia* (2 Cor. 4.12; 5.1–8,[32] ar wahân i ad.4 lle mae'n dymuno byw i weld y *parousia* er mwyn osgoi diddymdra'r corff daearol a chael ei drawsffurfio'n fyw;[33] ond gw. hefyd 1 Thes. 5.10 a Phil. 1.20–3).Yma hefyd y dysg y byddai'r atgyfodiad yn dilyn yn union ar ei ymadawiad â'r bywyd hwn,[34] gan sicrhau dilyniant uniongyrchol rhwng ffurfiau daearol a nefol y corff. Efallai y gellir egluro'r gwahaniaethau rhwng darlun apocalyptaidd 1 Cor. 15 o ddigwyddiadau'r diwedd a'r darlun mwy personol o dynged yr unigolyn a geir yn 2 Cor. 4–5 fel gwahaniaethau sy'n deillio o wahanol amgylchiadau'r ddau gyddestun, y naill yn darlunio sefyllfa credinwyr yn gyffredinol a'r llall yn sôn yn benodol am gyflwr y Cristion unigol.[35] Ond, yn gynharach, roedd Dodd wedi pwyso ar yr hyn a fynegodd Paul ynglŷn â phrofiad a ddaeth i'w ran yn Asia pan fu'n agos iawn at farw (2 Cor. 1.8–9) i egluro'r gwahaniaeth yn ei safbwynt rhwng 1 Cor. a 2 Cor. Cred fod hyn wedi llywio ei agwedd at y materion hyn, ac yn arbennig at y posibilrwydd y byddai ef ei hun yn marw cyn y *parousia*.[36]

Yn 2 Cor. 5.1–8 dadleua Paul fod y credadun yn hyderus y caiff wedi'i farwolaeth 'adeilad oddi wrth Dduw' i breswylio ynddo: 'tŷ sydd yn dragwyddol yn y nefoedd' (ad.1). Nid rhywbeth sydd ganddo eisoes ydyw,[37] ond rhywbeth a fyddai ganddo yn y dyfodol:[38] cyfeirio at y dyfodol mae'r ferf yn y presennol yn ad.1: 'y mae gennym', sy'n golygu, felly: 'Mi fydd gennym maes o law adeilad oddi wrth Dduw': yn wir, mae'n dyheu amdano (ad.2).Yn gynharach, mynegodd ei hyder: 'Er ein bod yn allanol yn dadfeilio, yn fewnol fe'n hadnewyddir ddydd ar ôl dydd'(4.16). Uchafbwynt y broses hon fydd i'r credadun gael ei drawsffurfio'n gorff yr atgyfodiad mewn modd tebyg i'r hyn a ddisgrifiwyd uchod ar sail 1 Cor. 15.51–4.[39] Yn y cyfamser, rhwng marwolaeth a'r *parousia* a ragwelai Paul gyflwr canol?[40] Gallai'r ansoddeiriau 'noeth' ac 'o'n gwisgo felly' (neu, yn ôl darlleniad arall, 'hyd yn oed os byddwn heb ein gwisgo')[41] yn 2 Cor. 5.3 ddisgrifio'r cyflwr anorffenedig hwnnw y byddai'n rhaid ei ddatrys gyda chorff newydd yr atgyfodiad (5.4). Crybwyllwyd y posibilrwydd hwn o fwlch rhwng dau gyflwr eisoes, ac mae'n dal yn bwnc dadleuol ymhlith esbonwyr.[42] Fel y soniwyd uchod, cynigiodd Moule yr awgrym mai adlewyrchu safbwynt yr unigolyn mae'r dyhead am farw er mwyn bod gyda Christ (Phil. 1.23), ond mai adlewyrchu sefyllfa'r eglwys gyfan, lle mae rhai eisoes wedi marw ac yn aros neu'n cysgu yn y cyfamser wrth ddisgwyl am y cyflawniad yn y diwedd pan fydd pawb bellach gydag ef, y mae adnodau fel 1 Thes. 4.13–18 a 2 Thes. 2.1.[43] Yr hyn sy'n eglur yn hyn i gyd yw y bydd Duw'n sicrhau atgyfodiad y corff ar y dydd olaf am iddo roi inni yr Ysbryd yn ernes (2 Cor. 5.5; gw. hefyd Rhuf. 8.11).[44] Pwynt arall y dylid ei bwysleisio yn y cyswllt hwn hefyd yw y gallai holl ddysgeidiaeth foesol Paul ganolbwyntio ar baratoi'r Cristion sut i fyw yn y cyfnod rhwng marwolaeth ac atgyfodiad Iesu Grist a'i *parousia* yn y dyfodol: hynny yw, byw 'rhwng yr amserau' y mae.[45] Dadleuodd Thiselton, ar sail tystiolaeth 1 Corinthiaid, mai eschatoleg 'realistig' a geir ganddo, a hynny mewn gwrthgyferbyniad â gorenthiwsiastiaeth aelodau'r eglwys leol yno: pobl yw Cristnogion sy'n 'disgwyl am ddatguddiad ein Harglwydd Iesu Grist' (1.7) ac yn hepgor rhag 'barnu dim cyn yr amser, nes i'r Arglwydd ddod' (4.5). Etifeddu teyrnas Dduw yw eu bwriad (gw. 6.9), ac felly mae angen iddynt ymdrechu yn y bywyd presennol i fod yr hyn yr ydynt yn amcanu bod yn y dyfodol.[46]

Yn ôl Rhufeiniaid hefyd y mae'r *parousia* yn agos (13.11–12[47]; gw. hefyd 16.20; cymharer 1 Cor. 7.29 a Phil. 4.5).[48] Yn y llythyr hwn yn ogystal pwysleisir fel y bydd y ddynoliaeth gyfan yn cael ei thrawsnewid gan yr efengyl (Rhuf. 11.25–6). Yn union fel y bydd amlygiad o Grist adeg ei ailddyfodiad (2 Thes. 1.7; 1 Cor. 1.7), sef amlygiad o'r gogoniant yr oedd eisoes yn ei feddiannu, felly hefyd yr amlygir y gogoniant a feddai'r credinwyr (gw. Col. 3.4). Trawsffurfir yr hen gorff i fod yn debyg i'w gorff gogoneddus ef (Phil. 3.20–1; gw. hefyd 1 Cor. 15.42–3), a thrwy hyn pwysleisir eto'r dilyniant o'r hen i'r newydd (gw. hefyd Rhuf. 8.11, 23).[49] Yn wir, nid oedd angen atgyfodi'r rheiny a oedd eisoes wedi marw ac atgyfodi gyda Christ ac wedi derbyn eu corff nefol. Cânt eu datguddio yn y cyflawniad (gw. Rhuf. 8.19; Col. 3.4).[50]

Gyda llaw, cred W. D. Davies y gellir cysoni'r gwahanol safbwyntiau a amlinellwyd uchod drwy droi at gysyniad y Rabiniaid o'r Oes a Ddaw. Fe'i darluniwyd ganddynt yn realiti tragwyddol a hefyd yn ddigwyddiad i'r dyfodol, ac o'r herwydd gwêl y gellid cynnal syniadau am atgyfodiad yn union wedi marwolaeth ac atgyfodiad adeg y *parousia* heb unrhyw wrthdaro rhyngddynt.[51]

(4) Cyrhaeddir uchafbwynt datblygiad eschatoleg Paul yn y llythyrau at y Philipiaid, y Colosiaid a'r Effesiaid, sef yr epistolau a ysgrifennwyd o garchar, lle y pwysleisir arwyddocâd cosmig Crist.[52] Ef yn wir yw diben y greadigaeth: 'Trwyddo ef ac er ei fwyn ef y mae pob peth wedi ei greu' (Col. 1.16), a dygir 'yr holl greadigaeth i undod yng Nghrist' (Effes. 1.10) ei phen. 'Teyrnas Crist a Duw' yw'r deyrnas derfynol (Effes. 5.5), teyrnas sy'n estyn i gwmpasu ac i gymodi popeth, gan gynnwys y byd ysbrydol (Col. 1.20).

Yn y llythyrau olaf hyn hefyd, yn ôl Dodd, tymherwyd ar y disgwyliadau eschatolegol: yn wir, pyla ei ddiddordeb yn *parousia* buan Crist;[53] bellach rhoddir sylw i'r bywyd nefol (bywyd yr oes newydd) a fyddai'n cael ei fyw yma ar y ddaear mewn cymundeb â Christ.[54] Wele'n wir yr hyn a eilw yn 'drawsffurfio eschatoleg yn gyfriniaeth.'[55] Canfyddir wedyn nad rhywbeth yn perthyn yn gyfan gwbl i'r dyfodol yw'r atgyfodiad, ond rhywbeth sydd eisoes wedi digwydd ym mhrofiad y credadun (Col. 2.12; 3.1–4; Effes. 1.3; 3.16–19).[56] Yn wir, gellir canfod yma eto yn y Testament Newydd yr hyn a alwodd Dodd yn 'eschatoleg gyflawnedig' yn gymaint â bod pwerau'r oes i ddod eisoes ar waith yn atgyfodiad Crist.[57] Yr un pryd, mae'n rhaid cydnabod dau ddimensiwn hanfodol i eschatoleg Paul, sef y presennol a'r dyfodol, neu'r mewnfodol a'r trosgynnol, neu efallai'n fwy defnyddiol fyddai eu galw'n rhai fertigol a gwastad, neu'n ofodol ac amserol.[58]

Wrth dynnu'r drafodaeth hon i'w therfyn, a ninnau wedi canfod yr amrywiaethau, onid ar brydiau, efallai, y gwrthddywediadau, yn ei eschatoleg, nid annheg yw sylw Dunn mai tameidiog a heb eu cymathu'n llawn yw elfennau o ddysgeidiaeth Paul yma.[59]

Diwinyddiaeth Paul

Ond wedi dweud hyn mae'n rhaid cyfeirio'n olaf at y datganiad cryno a ganlyn gan Baird[60] o'r ffactorau yn yr eschatoleg Baulaidd sy'n bresennol ar ei hyd: 'Ar waethaf yr amrywiaeth mewn mynegiant ymddengys fod rhai ffactorau yn yr eschatoleg Baulaidd yn gyson drwyddi draw':

(1) Mae marwolaeth ac atgyfodiad Crist, y digwyddiad eschatolegol tyngedfennol, eisoes wedi digwydd. Sylfaenir ffydd gyda golwg ar y *parousia* ar y ffaith bod Crist wedi marw a'i atgyfodi (1 Thes. 4.14).

(2) Yn y dyfodol, yn y cyflawniad, y dygir bwriadau Duw i ben. Disgrifir y dyfodol hwn mewn amrywiol ffyrdd: *parousia* Crist (1 Thes. 4.15;1 Cor. 15.23), brawdle Crist (2 Cor. 5.10) neu Dduw (Rhuf. 14.10), darostwng popeth i Grist (1 Cor. 15.24–8; Phil. 3.21) ac yn derfynol i Dduw (1 Cor. 15.28).

(3) Er i union ffurf cyflawniad Duw aros yn amhendant, gellir wynebu'r dyfodol gyda hyder oherwydd undod â Christ.

(4) Amodir y presennol gan ddigwyddiad eschatolegol y gorffennol a gobaith cyflawnder yn y dyfodol. I lygaid ffydd yn unig mae'r agwedd eschatolegol hon yn hysbys.

(5) Uwchlaw popeth, mae'n eglur bod iaith eschatolegol Paul wedi ei thrawsnewid, ond nid yw'n ddatblygiad graddol o ffurfiau Iddewig i rai Helenistaidd. Eto, yng nghanol amrywiaeth o ran iaith, arhosodd y prif gysyniadau eschatolegol yn gymharol sefydlog. Ond oni cheir gostyngiad yn yr iaith apocalyptaidd? Er i elfennau apocalyptaidd ymddangos yn Rhuf. a Phil., lleihawyd swm apocalypteg ers cyfansoddi 1 Thes.[61] Oherwydd bod iaith apocalyptaidd yn cael ei defnyddio yn bennaf i ddisgrifio'r dyfodol annisgrifiadwy, mae'r lleihad mewn apocalypteg yn golygu consérn cynyddol am y gorffennol a'r presennol. Yr un pryd, tyfodd meddwl eschatolegol Paul yn gynyddol bersonol. Nid yw'r newidiadau mewn iaith eschatolegol yn 1 Cor. 5 a Phil. 1 yn golygu'n bennaf newid yn syniad Paul am amser y diwedd, ond yn hytrach newid yn ymwybyddiaeth Paul o'i berthynas ei hun â'r diwedd.

Eschatoleg Paul

Nodiadau

1. Schweitzer 1912, t. 53; Barrett 1953, 143–50; Ridderbos 1977, t. 487; Beker 1980, t. 144, a W. D. Davies 1980, t. 285. Am ddylanwad Schweitzer ar y meddylfryd hwn, gw. Matlock 1996, t. 73.
2. Rhydd Beker 1980, tt. 145–6, fanylion am y modd y gwnaeth Paul hyn.
3. Charles 1913, tt. 437–63. Gw. sylwadau beirniadol arno gan Vos 1961, tt. 172–205, a Kümmel 1974, t. 235. Credai Dodd 1953a, tt. 109–14, hefyd y gellid canfod newid agwedd yn syniadau eschatolegol Paul, a gw. sylwadau W. D. Davies 1994, tt. 208–10, arno (gw. hefyd J. A. T. Robinson 1957, tt. 17, 104, a 160, n.1, a Hunter 1961, tt. 98–102, a 148), ond fe'i gwrthwynebwyd gan Lowe 1941, 138–42, a Moule 1964, 1–15, ac 1982, tt. 184–99. Gw. hefyd Thrall 1973, tt. 173–5; Beker 1980, t. 142; Baird 1970/1, 316; Reumann 1982, t. 48, a Dunn 1998, t. 310, n.81, a tt. 312–13.
4. Gw. Dunn 1977, tt. 325–8.
5. Rhydd Evans 1984, tt. 61–4, resymau dros ddilyn y drefn arferol. Gw. hefyd Carson, gyda Moo a Morris, 1992, tt. 350–1, a Dunn 1998, t. 298, n.23.
6. Gw. Whiteley 1964, t. 235.
7. Yn wir, mae'n gefndir i feddylfryd Paul yma: gw. Aus 1977, 542–3; Bruce 1977a, tt. 231–2; a Dunn 1977, t. 327. Ond gw. hefyd Esec. 28.1–19 yn ôl Kreitzer 1993a, t. 262. Cyfeiria Dodd 1944, t. 38, at yr awgrym mai'r ymerawdwr Caligula sydd mewn golwg yma. Felly hefyd Caird 1994, tt. 114–15.
8. Cyfieithiad yw o ferf Hebraeg yn Eseia 66.9 sy'n golygu 'atal, dal yn ôl', yn ôl Aus 1977, 544–6.
9. Dodd 1953a, t. 114; Morris 1959, t. 226; D. R. Griffiths 1970, tt. 90–1, a Bruce 1977a, tt. 233–4. Ond gw. Ridderbos 1977, t. 523.
10. Er, wrth gwrs, mae'n rhaid tynnu sylw at yr agwedd bositif at awdurdodau'r cyfnod yn Rhuf. 13.1–7. Gw. pennod 8.
11. Cullmann 1951, tt. 164–6.
12. Munck 1959, tt. 36–42. Gw. hefyd Aus 1977, 540 a 549.
13. Am drafodaeth lawn ar safbwynt Cullmann a Munck, gw. Whiteley 1964, tt. 238–40. Gw. hefyd feirniadaeth Ridderbos 1977, tt. 523–4.
14. Am drafodaeth lawn ar 2 Thes. 2.1–11 gw. Ridderbos 1977, tt. 508–28.

Diwinyddiaeth Paul

[15] Gw. Dodd 1944, tt. 31–5; Mearns 1980/1, 140–1, ac 1984, 27–8; Lüdemann 1984, tt. 202–5. Cynigia Mearns 1980/1, 137–57, ddamcaniaeth mai eschatoleg gyflawnedig a gyflwynai Paul gyntaf i'r Thesaloniaid, ond y bu'n rhaid iddo ei haddasu drwy ychwanegu eschatoleg ddyfodolaethol ati yn wyneb y ffaith i'r ail ddyfodiad oedi dod. Gwrthoda Dunn 1998, t. 299, n.26, y farn hon.

[16] Roedd hon yn broblem i Iddewon y cyfnod hefyd: gw. Rowland 1985, tt. 91–2.

[17] Gw. ymhellach Glasson 1990b, 517–25. Ceir cyfieithiad o'r adnodau hyn gan M. A. Knibb yn Sparks 1984, tt. 292–3.

[18] Schweitzer 1931, tt. 93–7.

[19] Schweitzer 1931, t. 66. Ar sail 1 Cor. 15.23–4, ffafria Kreitzer 1987, tt. 90 a 147, hefyd fodolaeth teyrnas dros dro rhwng gweithred eschatolegol cychwynnol Duw a'r digwyddiad olaf. Gw. hefyd Bultmann 1952, t. 307, a Turner 2003, 323–42. Gwrthodir y farn hon yn gyffredinol: gw. Sumney 2017, t. 115.

[20] Gw. Kreitzer 1987, tt. 135–6.

[21] W. D. Davies 1980, tt. 288–98, a 317–18. Gw. hefyd Dodd 1944, tt. 62–3, ac 1959, tt. 108–9. Beirniada Kreitzer 1987, tt. 137–9, W. D. Davies am orgyfundrefnu eschatoleg Paul yn lle gadael gofod iddo wyro weithiau, fel yn 1 Cor. 15.20–8, oddi wrth ei ddysgeidiaeth arferol.

[22] Dodd 1953a, t. 110; Whiteley 1964, t. 243; Thrall 1973, tt. 173–4. Sylwer mai dim ond yn 1 Cor. 15.23 yr ymddengys y gair *parousia* gyda'r ystyr hwn yn Llythyrau Paul y tu allan i'r Llythyrau at y Thesaloniaid: J. A. T. Robinson 1957, t. 17.

[23] Fy mhwyslais i. Gw., er enghraifft, Dodd 1953a, t. 110; Barrett 1971, t. 381; Ridderbos 1977, tt. 490–2; Fee 1987, t. 800. Gw. hefyd J. Tudno Williams 1991, tt. 147–9. Ond gw. wrthddadleuon Perriman 1989, 512–16, sy'n honni na fyddai nifer sylweddol o Gristnogion (gan gynnwys, efallai, Paul ei hun) yn disgwyl bod yn fyw adeg y *parousia*. Roedd yn rhaid marw'n gyntaf cyn gallu etifeddu teyrnas Dduw (gw. ad.50); gw. hefyd Ridderbos 1977, t. 546.

[24] Ellis 1960, 218; Vos 1961, tt. 189–94; Barrett 1973, t. 151; Ridderbos 1977, t. 501; Lincoln 1981, tt. 63–5; Moule 1982a, t. 203; Fee 1987, t. 801.

[25] J. Tudno Williams 1991, t. 61.

[26] Ar yr adran hon, gw. J. Tudno Williams 1991, tt. 60–3.

27 W. D. Davies 1980, tt. 296–7, sy'n cyfeirio'n benodol at 1 Cor. 1.7–8; 2 Cor. 1.14; Phil. 1.6, 10, a 2.16. Gw. hefyd Kreitzer 1993a, t. 261. Ond nid yw Rhuf. 2.16 yn crybwyll y *parousia* fel y cyfryw: J. A. T. Robinson 1957, t. 20; gw. hefyd 2 Cor. 5.10.
28 Sumney 2017, t. 115. Cred Kreitzer 1987, tt. 90, 147, a Turner 2003, 332–7, fel arall yn hollol. Gw. hefyd n.19 uchod.
29 J. Tudno Williams 1991, t. 138.
30 W. D. Davies 1980, t. 295. Gwrthoda Kreitzer 1987, t. 139, y dehongliad cyfyng hwn.
31 Charles 1913, tt. 455–61.
32 Gw. hefyd Dodd 1953a, t. 110; Moule 1965/6, 119, ac 1982a, tt. 195 a 216; Thrall 1973, t. 174.
33 Charles 1913, t. 458.
34 Bruce 1971a, tt. 200–1, 204, a 1971b, 470–1; Harris 1983, tt. 98–101; Glasson 1990a, 154. Gw. hefyd Charles 1913, tt. 453 a 457–9. Ond cred Osei-Bonsu 1991, 178–81, mai yn ôl yr adnodau hyn yn 2 Cor. adeg y *parousia* y digwydd hyn.
35 Moule 1982a, tt. 195–6. Felly hefyd Harris 1983, t. 256. Gwneir yr un pwynt yng nghorff y paragraff nesaf hefyd.
36 Dodd 1953a, tt. 110–11.
37 *Pace* Glasson 1990a, 148.
38 Barrett 1973, tt. 151–2; Ridderbos 1977, t. 501, n.35; Osei-Bonsu 1986, 86, ac 1991, 179.
39 Gw. Dunn 1998, t. 489.
40 Ar y pwnc hwn gw. Kreitzer 1993b, tt. 438–41.
41 Beth bynnag yw'r dewis o ran testun erys dyhead Paul am wisgo'r 'corff o'r nef' (ad.2) er mwyn peidio bod heb gorff (Omanson 2006, tt. 361–2).
42 Ar hyn i gyd gw. Dunn 1998, tt. 489–90. Mae Moule 1982a, t. 218, yn ei erbyn. Gw. hefyd Ellis 1960, 222 a 224.
43 Moule 1982a, t. 194.
44 Cullmann 1951, tt. 239–42. Gw. hefyd Moule 1982a, t. 215.
45 Kreitzer 1993a, t. 266. Cymharer deitl cyfrol Sampley, *Walking Between the Times* (1991).
46 Thiselton 1977/8, 515 a 517. Beirniadir safbwynt Thiselton gan Hays 1999, 407, n.41.
47 Ond i gydweddu â'i safbwynt bod agosrwydd y *parousia* wedi cilio erbyn llythyrau diweddar megis Rhuf., meddai Dodd 1953a, t. 111:

Diwinyddiaeth Paul

'The time is that of an earnest preacher, but not that of the herald of an imminent catastrophe.' I'r gwrthwyneb dadleua Lowe 1941, 134–5 a 141, y gall eschatoleg gyflawnedig a dyfodolaethol gydfodoli yn Paul. Gw. hefyd Dunn 1998, tt. 310–13.

[48] W. D. Davies 1980, t. 319.
[49] Whiteley 1964, tt. 249–50. Gw. hefyd Sider 1974/5, 428 a 432; Fee 1987, tt. 776–7. Ymadrodd M. E. Dahl 1962, tt. 10 a 94, yw 'somatic identity'; gw. hefyd t. 31, n.1. Ymhlith y rhai sy'n gwrthod y dehongliad hwn mae Conzelmann 1969, tt. 188–9.
[50] W. D. Davies 1980, t. 318.
[51] Gw. W. D. Davies 1980, tt. 314–20.
[52] Charles 1913, tt. 461–3.
[53] Dodd 1939, t. 404. Gw. hefyd Dunn 1977, tt. 345–6, a W. D. Davies 1980, t. 319. Ar Colosiaid, gw. Lohse 1968/9, 216.
[54] Dodd 1944, t. 63 ac 1953a, t. 112.
[55] Dodd 1944, tt. 63–4 ac 1953a, t. 113.
[56] Boakye 2016/17, 54. Gw. hefyd Wedderburn 1993, tt. 59–60.
[57] Cymharer W. D. Davies 1980, tt. 297–8. Gw. hefyd Dodd 1944, t. 65, a Hunter 1961, tt. 102–4.
[58] Kreitzer 1993a, t. 254. Gw. hefyd J. M. G. Barclay 1997, tt. 89–90.
[59] Dunn 1998, tt. 308–10.
[60] Baird 1970/1, 325–7.
[61] Gw. hefyd Dunn 1998, tt. 310–15.

11

Y Llythyrau Diweddar a'r Epistolau Bugeiliol

■ ■ ■

Mae'r Epistolau at yr Effesiaid a'r Colosiaid yn ymdebygu i'w gilydd o ran syniadaeth, geirfa ac arddull,[1] a cheir llawer o drafod ynglŷn â'u dilysrwydd, yn enwedig Effesiaid. Yn wir, awgrymwyd gan amryw mai awdur yn efelychu ieithwedd Colosiaid sy'n gyfrifol am Effesiaid,[2] ond eto'n gwahaniaethu yn y modd mae'n defnyddio geiriau allweddol.[3] Yn ogystal, dadleuwyd bod awdur Effesiaid wedi gwneud defnydd helaeth o lythyrau eraill Paul.[4] Nid yw'n fwriad yn y gyfrol hon i bwyso a mesur yr holl ddadleuon o blaid ac yn erbyn awduriaeth yr apostol ohonynt.[5] Yn hytrach, byddwn yn canolbwyntio yma ar eu cyfraniad i ddiwinyddiaeth Baulaidd, ac yn enwedig fel y credwn iddi ddatblygu naill ai o dan ei law ef ei hun neu yn y genhedlaeth a ddaeth yn union ar ei ôl. Yn wir, mae'r rhai sy'n gwadu awduriaeth Paul o Effesiaid yn gosod y mwyaf o bwysau ar y gwahaniaethau diwinyddol rhyngddo a'r epistolau a ystyrir yn gyffredinol yn rhai dilys.[6] Yn benodol, fe restrwn yma wahaniaethau sy'n ymwneud â'r eglwys, gan sylwi'n arbennig ar gyfraniadau Effes. a hefyd Col. i'r darlun Paulaidd o'r eglwys.[7]

1. Yr Eglwys Fyd-eang[8]

Nid yw awdur Effesiaid byth yn sôn am eglwysi lleol, ond yn unig am yr un Eglwys. Yn wir, bob tro mae'n cyfeirio at yr Eglwys, a gwna hynny naw gwaith (1.22; 3.10, 21; 5.23, 24, 25, 27, 29, 32), mae'n golygu'r Eglwys fyd-eang.[9] Mae'n darganfod yn yr Eglwys gymdeithas ysbrydol fawr wedi'i 'hadeiladu ar sylfaen yr apostolion a'r proffwydi' (2.20). Dywed am ei ddarllenwyr cenhedlig: 'Nid estroniaid a dieithriaid ydych mwyach, ond cyd-ddinasyddion â'r saint ac aelodau o deulu Duw' (2.19).[10] Gellir yn wir fynd ymlaen i honni nad apostol i'r Cenhedloedd yn unig oedd Paul bellach, ond apostol yr Eglwys gyfan.[11]

Tra ceir yn ei lythyrau'n gyffredinol ble am gytgord oddi mewn i eglwysi unigol, yn Effes. gelwir am undod ymhlith yr holl unedau sy'n ffurfio'r Eglwys gyfan (4.3–6). Yn wir, mae'r cysyniad o undod yr Eglwys mor amlwg fel bod gwaith Crist yn cael ei gyflwyno'n cael effaith uniongyrchol arni yn hytrach nag ar unigolion (2.14, 16, 18:[12] cymharer 5.25–7, 29, 32, a Gal. 2.20[13]).

2. Corff Crist

Dim ond yn y llythyrau hyn y dywedir mai'r Eglwys yw corff Crist.[14] Mae'n digwydd ddeg gwaith yn Effesiaid (1.23; 2.16; 3.6; 4.4, 12, 16 (*bis*); 5.23, 29; gw. hefyd Col. 1.18, 24; 2.19; 3.15), ac, fel y dywedwyd eisoes, mae'n cyfeirio at yr un Eglwys fyd-eang.[15]

3. Pen yr Eglwys

Yn y llythyrau cynharach nid oes i ben y corff safle neu anrhydedd arbennig: 'Ni all y llygad ddweud wrth y llaw, "Nid oes arnaf dy angen di", na'r pen chwaith wrth y traed, "Nid oes arnaf eich angen chwi"' (1 Cor. 12.21). Eithr yn Colosiaid ac Effesiaid nid yw'r sefyllfa hon yn ddilys bellach, oherwydd ynddynt portreadir Crist yn ben y corff. Felly, rhoddir i'r pen safle arbennig o flaenllaw ac nis ystyrir yn aelod cyffredin o'r corff. Disgrifir perthynas y pen i'r corff yn Col. 2.19: 'Oddi wrth y pen y mae'r holl gorff yn cael ei gynnal a'i gydgysylltu trwy'r cymalau a'r gewynnau, ac felly'n prifio â phrifiant sydd o Dduw.' Dynoda penaethiad oruchafiaeth ac felly lywodraeth neu gyfeiriad. Darlunnir llywodraeth y pen fel llywodraeth fewnol yn esgor ar undod ac o ganlyniad, mewn amser, tyfiant. Mae'r pen yn porthi ac yn uno'r corff er mwyn iddo brifio (2.19), ond mae'r pwyslais ar undod y corff â'r pen yn hytrach nag ar ei oruchafiaeth dros ei gorff.[16] Felly, er i'r corff ddibynnu ar y pen, nid yw'r pen yn dibynnu ar y corff.[17]

Rhydd Effesiaid fwy o bwyslais ar gydberthynas aelodau'r corff nag a wna Colosiaid: 'Yr ydym yn aelodau o'n gilydd' (Effes. 4.25).[18] Cysylltir y ddelwedd hon â'r un o Grist fel pen yn 4.15-16: 'Gadewch i ni ddilyn y gwir mewn cariad, a thyfu ym mhob peth i Grist. Ef yw'r pen, ac wrtho ef y mae'r holl gorff yn cael ei ddal wrth ei gilydd a'i gysylltu drwy bob cymal sy'n rhan ohono. Felly, trwy weithgarwch cyfaddas pob un rhan, ceir prifiant yn y corff, ac y mae'n ei adeiladu ei hun mewn cariad.' Unir Iddewon a Chenhedloedd yn un corff (Effes. 2.16; 3.6).[19] Dywedir mai Crist sy'n llenwi'r corff y mae ef yn ben arno, yn union fel y mae ef wedi'i lenwi â'r holl rasusau a phwerau a berthyn i Dduw: 'Darostyngodd Duw bob peth dan ei draed ef, a rhoddodd ef yn ben ar bob peth i'r eglwys; yr eglwys hon yw ei gorff ef, a chyflawniad yr hwn sy'n cyflawni pob peth ym mhob man'(Effes. 1.22-3, troednodyn BCN). Mae'r Eglwys felly i gyrraedd aeddfedrwydd cyflawnder (*pleroma*) Crist, sef mesur priodoleddau a phwerau Crist. Tyfiant mewn ansawdd cariad yn hytrach nag mewn maint a bwysleisir.[20]

4. Delweddau Pellach o'r Eglwys

Cymhwysir y trosiad o adeilad (*oikodome*) at y corff yn Effes. 4.12 a 16: 'Neilltuir holl fywyd y gymuned Gristnogol i adeiladu Eglwys Crist',[21] a chyflwynir rhoddion ysbrydol y Crist dyrchafedig i'r pwrpas hwn. Mae'n broses barhaus, ddiddiwedd.[22] Sylfaenir yr adeilad ar yr apostolion a'r proffwydi, ac y mae wedi'i gyflawni a'i gydgysylltu gan Grist: 'Yr ydych wedi eich adeiladu ar sylfaen yr apostolion a'r proffwydi, a'r conglfaen yw Crist Iesu ei hun. Ynddo ef y mae pob rhan a adeiledir yn cyd-gloi yn ei gilydd ac yn codi'n deml sanctaidd yn yr Arglwydd' (Effes. 2.20–1).[23] Delwedd, a'r datblygiad ohoni yma, ydyw sy'n ddibynnol ar 1 Cor. 3.6, 9–12, 16.[24] Felly, adeiledir credinwyr i mewn i'r deml hon mewn proses o dyfiant (Effes. 4.22).[25] Mae'r ddelwedd o'r deml yn briodol gan ei bod yn ein hatgoffa bod Duw yn yr Hen Destament yn llenwi'r deml â'i bresenoldeb; yn yr un modd mae cyflawnder Crist yn llenwi'r Eglwys. Dyna, mae'n debyg, yw'r hyn a olygir yn Effes. 1.23: 'Yr eglwys hon yw ei gorff ef, a chyflawniad yr hwn sy'n cael ei gyflawni ym mhob peth a thrwy bob peth' (neu 'yr hwn sy'n cyflawni pob peth ym mhob man', sef y troednodyn yn *BCN*): adnod anodd ei chyfieithu a'i dehongli yw hon.[26]

Cysylltir y trosiad 'Priodasferch Crist' yn agos iawn â'r darlun o'r Eglwys yn Effes. 5.22–33 (gw. hefyd 2 Cor. 11.2). Yn y drafodaeth hon ar berthynas gŵr a gwraig, pwysleisir mai'r pen sy'n tra-arglwyddiaethu neu'n llywodraethu ar y corff, sy'n ddarostyngedig ac yn gorfod ufuddhau iddo. Felly, mae'r holl gorff i ufuddhau i Grist, ac eto dywedir ei fod yn un cnawd ag ef. Darlunia'r trosiad priodasol yr eglwys yn berson yn ei rhinwedd ei hun. Addysgir y wraig i fod yn ufudd i'w gŵr yn union fel mae'r eglwys yn ufudd i Grist. Eto, mae gwahaniaeth rhwng perthynas yr eglwys a Christ a pherthynas gwraig a gŵr, oherwydd mai Crist yw gwaredwr y corff, tra nad yw'r gŵr yn waredwr y wraig. Mae'n rhaid i'r gŵr garu ei wraig yn union fel y mae Crist yn caru'r eglwys. Felly, ni uniaethir Crist â'i eglwys[27] oherwydd mae'n ei gwaredu ac yn ei glanhau a'i sancteiddio. Eto, nid yw'n annibyniaeth lwyr oherwydd ar wahân i Grist ni allai'r eglwys 'fod yn sanctaidd a di-fai' (5.27).[28] Felly, mae'r awdur yn dychwelyd at thema undod yr eglwys â Christ: 'Yn yr un modd, dylai'r gwŷr garu eu gwragedd fel eu cyrff eu hunain' (5.28), am eu bod yn rhan o'u cyrff eu hunain, yn union fel y mae'r eglwys yn gorff Crist ac y mae ef yn ei charu.[29] Yn gymaint ag yr ystyrir yr eglwys yn briodasferch, fe'i hystyrir yn 'gyflawn' ynddi'i hun ac yn 'berson'; yn gymaint ag y'i hystyrir yn briod, fe'i hystyrir yn ffurfio rhan o'r 'cyfan'; y gweddill ohono yw Crist a daw'r ddau ynghyd i ymffurfio'n un 'person'.[30]

5. Swyddogaethau yn yr Eglwys

Rhoddir awdurdod anghyffredin iddynt, sy'n awgrymu ymgais i dderbyn bod yn rhaid wrth arweinwyr cydnabyddedig yn yr eglwys yn y genhedlaeth ar ôl yr apostol.[31] Ymddiriedir iddynt fel apostolion, proffwydi, efengylwyr, bugeiliaid ac athrawon ran bwysig mewn adeiladu undod yr eglwys a'i dwyn i aeddfedrwydd (Effes. 2.20; 3.5; 4.11–12).[32]

Gellir diweddu'r adran hon drwy ddatgan mai yn Effesiaid y ceir y mynegiant llawnaf ac aeddfetaf yn y casgliad Paulaidd o lythyrau o natur a chenhadaeth yr Eglwys.[33]

Yr Epistolau Bugeiliol

Yn wahanol i'r sefyllfa gyda'r Llythyr at yr Effesiaid, y farn gyffredinol, hyd yn oed ymhlith rhai ysgolheigion ceidwadol, yw nad yr Apostol Paul yw awdur yr Epistolau Bugeiliol. Gellir cydnabod bod ynddynt rai darnau dilys yn tarddu oddi wrth yr Apostol ei hun,[34] ond, ar y cyfan, mae amgylchiadau ac amserlen yr epistolau hyn, ynghyd ag elfennau o'r athrawiaeth a geir ynddynt, yn awgrymu'n gryf na ellir eu cynnwys oddi mewn i gyd-destun yr hyn a gredwn, yn bennaf ar sail tystiolaeth Llyfr yr Actau, oedd cwmpas ei weinidogaeth gyhoeddus.[35] Yn ychwanegol at hyn, fel y trafoder yn awr, mae'r darlun a roddir ynddynt o drefniadaeth a gweinidogaeth yr eglwys yn awgrymu cyfnod diweddarach, hynny yw ôl-Baulaidd, yn hanes datblygiad yr Eglwys Fore.[36]

Defnyddiwyd yr ansoddair 'bugeiliol' gyntaf gan Paul Anton yn y ddeunawfed ganrif i ddynodi'r ddau Epistol at Dimotheus a'r un at Titus am eu bod yn cael eu hystyried yn esiamplau da o ysgrifeniadau a fyddai'n ddefnyddiol i rai'n paratoi ar gyfer y weinidogaeth Gristnogol. Eto, mae'n amlwg nad ydynt yn cynnwys popeth ar gyfer gwaith bugeiliol, ac, yn wir, na fwriadwyd iddynt fod felly. Mae eu tebygrwydd o ran iaith, arddull a dysgeidiaeth yn awgrymu y dylid eu hystyried gyda'i gilydd. Enwant yr Apostol fel eu hawdur ac fe'u cyfeirir at gynorthwywyr iau iddo, ei gyfeillion agos a'i gydweithwyr ar ei deithiau cenhadol. Fe'u hawdurdodir ganddo i weithredu fel cynrychiolwyr iddo, wedi eu comisiynu ganddo i oruchwylio bywyd a threfniadaeth yr eglwysi ac i wrthsefyll gau athrawon.

Trefn a Swyddogaethau Eglwysig

Mae'r Epistolau Bugeiliol yn rhagdybio datblygiad mewn trefniadaeth eglwysig sy'n annhebygol yng nghyfnod yr apostol ei hun. Cynrychiolir y weinidogaeth gyffredinol gan Dimotheus a oedd wedi'i ordeinio gan yr apostol gyda chymorth henaduriaeth leol, ac a oedd yn arfer awdurdod dros eglwysi lleol, gan roi sylw arbennig i ordeinio a disgyblu gweinidogaeth leol. Cyfrifoldeb cyntaf Timotheus oedd cywiro'r athrawon yn Effesus a ddilynai lwybrau gwyrgam (1 Tim. 1.3). Golygai hyn fesur o awdurdod dros bawb yn y lle hwnnw a oedd yn addysgu. Deliai hefyd â materion gweinyddol: roedd yn rhaid iddo wrando cyhuddiadau yn erbyn henuriaid, a'u collfarnu'n glir ac yn gyhoeddus o'r drwgweithredu a brofwyd yn eu herbyn, gan osgoi rhagfarn a gweithredu bob amser yn ddiduedd (1 Tim. 5.19–21). Ni ddylai ruthro 'i arddodi dwylo ar neb, a thrwy hynny gyfranogi ym mhechodau pobl eraill' (1 Tim. 5.22). Yn amlwg, felly, llanwai Timotheus safle o awdurdod a'i gorfodai i weithredu fel barnwr ar henuriaid. Eto, wedi dweud hyn, ni ddarlunia'r epistolau hyn esgobawd monarchaidd ar batrwm yr hyn a ddatblygodd yn nes ymlaen yn yr ail ganrif OC. Nid oedd yma ddim mwy na gweinidogaeth leol 'arolygwyr a diaconiaid' y cyfeiria Phil. 1.1 atynt.[37]

Cynrychiolai Titus hefyd yr apostol yng Nghreta ac am gyfnod cyfyngedig, gan ddilyn gwaith cyffelyb wrth iddo osod sylfeini (Tit. 1.5). Meddai ef, felly, fesur arbennig o awdurdod, ac roedd i'w ddefnyddio i ddwyn trefn ar gymunedau a ymddangosai'n brin ohoni ac a amlygai ddiffyg disgyblaeth. Roedd yn rhaid iddo'n ogystal gywiro a rheoli athrawon a cheisio argyhoeddi unigolion yn gyffredinol o'r angen am barch at ei gilydd a hunanddisgyblaeth ym mywyd y gymdeithas (Tit. 1.9–16).

Felly y ceir darlun o weinidogaeth leol sy'n cynnwys henuriaid neu henuriaid sy'n llywodraethu, a oedd yn ymarfer llywodraeth a rheolaeth dros y gymuned leol. Cydweithredent â'r cynrychiolydd apostolaidd wrth ordeinio a disgyblu, ac roeddynt hefyd yn gyfrifol

Y Llythyrau Diweddar a'r Epistolau Bugeiliol

am addysgu a thrwytho aelodau'r eglwys ac am gywiro a gwrthsefyll dysgeidiaeth hereticaidd.

Gyda golwg ar y termau a ddefnyddir i ddisgrifio eu swyddogaethau, sylwn i ddechrau ar y gair *prostôtes* (1 Tim. 5.17; gw. hefyd 3.4–5, 12; Tit. 3.8, 14), sy'n tarddu o ferf yn golygu 'bod yn bennaeth ar', 'llywodraethu dros' neu 'cyfarwyddo' personau.[38] Felly, mae'n disgrifio'r cyfrifoldeb o lywyddu cymdeithas a rheoli ei gofalon, ac fe'i cysylltir yn 1 Tim. 5.17 yn agos â'r term *presbuteros*. Roedd dwy wedd i'w swyddogaethau, y naill yn golygu *episcopê*, llywodraeth, a'r llall *diaconia*, gwasanaeth. Ar gyfer y swydd gyntaf, roedd yn rhaid wrth gymeriad dilychwyn, a bod yn ddisgybledig, anrhydeddus, lletygar, ac yn athro da (1 Tim. 1.19; 3.2–7). Felly, mae gennym ddosbarth o *episcopoi*, swyddogion a elwir hefyd yn *presbuteroi* (enw a ddefnyddir yn unig yn yr Epistolau Bugeiliol ymysg y llythyrau Paulaidd). Fel canlyniad, ymddengys y gellir cyfnewid y termau *episcopos* a *presbuteros* (1 Tim. 3.1–2; 5.17; Tit. 1.5–7) yn y cyfnod hwn.[39] Ac y mae hynny yn wir am yr hyn a ddynodir yn Actau 20.17 a 28 hefyd.[40]

Yr ail ddosbarth oedd y *diaconoi*, y diaconiaid neu henuriaid gwasanaethgar, cynorthwywyr y lleill mewn materion yn ymwneud â rheoli, wedi eu hordeinio gan y cynrychiolydd apostolaidd mewn cydweithrediad â'r henuriaid eraill. Golyga *diaconia*, felly, y gwasanaeth a gyflawnwyd gan un israddol, sef un o dan awdurdod yr *episcopos* (1 Tim. 3.8–13). Sylwn yr un pryd, er hynny, fod Paul yn Phil. 1.1 yn gosod y ddau derm *episcopoi* a *diaconoi* ochr yn ochr â'i gilydd mewn modd sy'n awgrymu nid yn gymaint urddau gweinidogaethol arbennig ond yn hytrach swyddogaethau rhai oedd yn gyfrifol am arwain yr eglwys yn Philipi. Ystyr cyffredinol ac annhechnegol a geir yma.[41] Nid yw'n sôn yma am y *presbuteroi*, ffaith sy'n ategu'r safbwynt a fynegir yma, sef nad oedd y term hwn yn un y dewisai ef hun ei ddefnyddio.[42]

Gellir crynhoi'r dystiolaeth uchod am ddatblygiad y weinidogaeth Gristnogol drwy ddefnyddio casgliad O. E. Evans:

> Nid oes unrhyw arwydd, yn y defnydd a wneir o'r termau 'esgob', 'henuriad' a 'diacon', fod y patrwm triphlyg o weinidogaeth eisoes mewn bod; ond y mae'r safle arbennig a roddir i Timotheus a Titus yn awgrymu'r posibilrwydd bod yr arfer o ddyrchafu un o'r henuriaid

Diwinyddiaeth Paul

i safle o arweiniad ac o awdurdod arbennig ymhlith ei gymrodyr eisoes wedi *dechrau*. Ond nid yw'r un a ddyrchafwyd felly yn 'esgob' eto, yn ystyr diweddarach y term.[43]

Purion yw ychwanegu sylw Towner fod y pwyslais mwyaf ar gymeriad yr arweinwyr newydd yn hytrach nag ar drefn swyddogol haearnaidd.[44]

Yn wahanol i'r hyn a ddisgrifiwyd uchod yn achos yr Epistol at yr Effesiaid, gwelir yn yr Epistolau Bugeiliol fod pwyslais ar yr eglwys leol (gw. 1 Tim. 3.5; 5.17) yn y disgrifiadau o swyddogaethau Timotheus a Titus yn eu cylchoedd arbennig. Ond, ar yr un pryd, ni chollir golwg ar y dimensiwn byd-eang ar yr eglwys (gw.1 Tim. 3.15; 2 Tim. 2.19–21).[45] At hynny, cyffelybir yr Eglwys i dŷ (*oikos*) Duw (1 Tim. 3.15).[46] Cydnebydd Towner[47] fod datblygiad yn y darlun Paulaidd o'r Eglwys, ond cred fod hynny wedi digwydd rhwng y genhedlaeth gyntaf a'r ail, yn hytrach na rhwng yr ail a'r drydedd genhedlaeth fel yr awgryma'r ysgolheigion sy'n gwrthod credu mai Paul ei hun sy'n gyfrifol am yr Epistolau Bugeiliol.

Nodiadau

[1] Cyfeddyf Dodd mai'r arddull yw'r ddadl gryfaf yn erbyn awduriaeth Paulaidd (gw. Mitton 1951, t. 10). Ond iddo ef Effes. yw 'coron Pawliniaeth (*Paulinism*): gw. Dodd 1928, t. 1224 ac 1929, tt. 122, 124 ac 125.

[2] Dibelius 1912, tt. 113–14; Cadbury 1958/9, 101; Evans 1984, tt. 152–4; Lincoln 1993, tt. 84–5. Ond gw. hefyd Evans 1984, tt. 158–9. Gwrthoda Best 1997, 72–96, ddibyniaeth y naill lythyr ar y llall, gan gynnig damcaniaeth mai dau aelod o'r un cylch Paulaidd oedd awduron y ddau lythyr.

[3] Gw. Thomas 1963, tt. 108–9; Evans 1984, t. 154.

[4] Evans 1984, tt. 152–3; Lincoln 1993, tt. 88–9. Ond gw. hefyd Evans 1984, tt. 157–8.

[5] Gw. Evans 1984, tt. 151–73, a daw Evans i'r casgliad mai Paul yw eu hawdur. Yr un modd Thomas 1963, t. 110. Ond gedy J. Gwili Jenkins 1928, tt. 345–6, fater awduriaeth Effes. yn agored. Gw. hefyd Dodd 1953a, t. 107, n.1. Mae awdur Colosiaid yn wahanol i Paul yn ôl Lohse

1968/9, 211–20 a Wedderburn 1993, tt. 58–63. Ar y mater hwn, gw. yn ddiweddar Copenhaver 2018, t. 40, n.2, sy'n pleidio'r awduriaeth draddodiadol.

6 McNeile 1953, t. 172; Lincoln 1993, t. 84.
7 Johnson 2003, tt. 208–9.
8 Gw. Dunn 1998, t. 541. Felly hefyd Col.: Schweizer 1961, t. 106, a Lohse 1968/9, 215. Gw. Col. 1.18 a 24.
9 Mitton 1951, t. 18; Evans 1984, t. 155; Lincoln 1993, tt. 92–3, 132 a 137. Ond sylwer fod Col. hefyd yn cyfeirio at eglwysi lleol yn 4.15–16 (gw. J. M. G. Barclay 1997, tt. 27 a 87, a Copenhaver 2018, t. 66, n.85).
10 Gw. Lincoln 1993, tt. 105–8, 159.
11 W. S. Campbell 2018, t. 24.
12 Lincoln 1993, t. 94.
13 T. K. Abbott 1897, t. xix; gw. Mitton 1951, t. 18.
14 Whiteley 1964, t. 191.
15 Lincoln 1993, t. 133.
16 Best 1955, tt. 127–8. Gw. hefyd yr holl adran, Best 1955, tt. 115–38.
17 Best 1955, t. 137; Lincoln 1993, t. 98.
18 Best 1955, t. 139.
19 Best 1955, tt. 145–6, 154.
20 Best 1955, t. 156. Gw. hefyd Best 1955, tt. 139–59, a Lincoln 1993, t. 116.
21 Best 1955, t. 161.
22 Best 1955, t. 161.
23 Best 1955, t. 166.
24 Lincoln 1993, t. 88.
25 Best 1955, t. 167.
26 Lincoln 1993, tt. 99–100.
27 Lincoln 1993, t. 98.
28 Ar yr uchod, gw. Best 1955, tt. 175 a 182–3.
29 Best 1955, t. 177.
30 Best 1955, t. 179, a Lincoln 1993, t. 99.
31 Os yw hyn yn wir am Effes. nid yw'n cael ei adlewyrchu yn Col.: gw. J M G Barclay 1997, t. 24.
32 Mitton 1951, t. 19; Evans 1984, t. 155; Lincoln 1993, tt. 80 a 101. Ond gw. hefyd Evans 1984, t. 160.
33 Johnson 2003, t. 209. Gw. hefyd I. H. Marshall 1973, 364.

34 Ceisiodd Harrison 1921, tt. 115–26, eu dynodi.
35 Nid oedd J. A. T. Robinson 1976, tt. 67–71, wedi'i argyhoeddi gan y dadleuon hyn.
36 Dunn 1977, tt. 114–15; Evans 1977, tt. 126 a 128. Ond cefnogai Parry 1920, tt. lix–lxxx, y farn y gallasent berthyn i gyfnod Paul ei hun.
37 J. A. T. Robinson 1976, t. 68.
38 BAGD, *proistêmi*, t. 707.
39 Evans 1977, t. 127. Gw. hefyd Parry 1920, tt. lix–lxi. Nid yw Young 1994, tt. 104–11, yn argyhoeddedig y cynrychiolai'r term *presbuteros* swydd gyfatebol i *episcopos*; yn hytrach, aelodau hŷn cyngor yr eglwysi lleol oeddynt ar batrwm y synagog Iddewig. Gw. hefyd Dunn 1977, tt. 115–16.
40 Gw. Evans 1977, t. 124.
41 Evans 1977, t. 124.
42 Evans 1977, tt. 124–5.
43 Evans 1977, t. 130.
44 Towner 1995, 313–14. Gw. hefyd Young 1994, t. 112.
45 Towner 1995, 292–3.
46 Towner 1995, 309 a 313.
47 Towner 1995, 312 a 314.

Llyfryddiaeth

∎ ∎ ∎

Abbot, E. 1888. *The Authorship of the Fourth Gospel and Other Critical Essays.* Boston: G. H. Ellis.

Abbott, T. K. 1897. *A Critical and Exegetical Commentary on the Epistles to the Ephesians and to the Colossians* (ICC). Edinburgh: T. & T. Clark.

*Adams, David. 1897. *Paul yng Ngoleuni'r Iesu* (arg. 1af). Dolgellau: William Hughes.

*— 1910. *Paul yng Ngoleuni'r Iesu* (2il arg.). Merthyr Tydfil: Joseph Williams.

Allison, D. C., Jr. 1982. 'The Pauline Epistles and the Synoptic Gospels. The Pattern of the Parallels', *NTS*, 28: 1–32.

Anderson, G. A. 1999. 'Is Eve the Problem?', yn C. Seitz a K. Greene-McCreight (goln), *Theological Exegesis*. Grand Rapids, Mich.: Eerdmans, tt. 96–123.

Aus, R. D. 1977. 'God's Plan and God's Power: Isaiah 66 and the Restraining Factors of 2 Thess. 2:6–7', *JBL*, 96: 537–53.

Avemarie, F. 1999. 'Erwählung und Vergeltung. Zur optionalen Struktur rabbinischer Soteriologie', *NTS*, 45: 108–26.

Badenas, R. 1985. *Christ: The End of the Law: Romans 10:4 in Pauline Perspective* (JSNTSup, 10), Sheffield: JSOT Press.

Baird, W. 1970/1. 'Pauline Eschatology in Hermeneutical Perspective', *NTS*, 17: 314–27.

Bammel, E. 1962/3. 'Paul and Judaism', *Modern Churchman*, 6: 279–85.

Llyfryddiaeth

Banks, R. 1994. *Paul's Idea of Community* (arg. diwyg.). Peabody, Mass.: Henrickson.

Barclay, J. M. G. 1986. Adolygiad o H. Hübner, *Law in Paul's Thought*, *JTS*, 37: 183–9.

— 1986/7. 'Paul and the Law: Observations on Some Recent Debates', *Them*, 12: 5–15.

— 1991. 'Paul, Philemon and the Dilemma of Christian Slave-Ownership', *NTS*, 37: 161–86.

— 1993. 'Jesus and Paul', yn *DPL*, tt. 492–503.

— 1995. 'Paul among Diaspora Jews: Anomaly or Apostate?', *JSNT*, 60: 89–120.

— 1997. *Colossians and Philemon* (NTG). Sheffield Academic Press.

— 2015. *Paul and the Gift*. Grand Rapids, Mich.: Eerdmans.

— 2017. 'The Gift and its Perfections: A Response to Joel Marcus and Margaret Mitchell', *JSNT*, 39: 331–44.

Barclay, W. 1958. 'Rom. 5.12–21', *ExpTim*, 70: 132–5 ac 172–5.

Barrett, C. K. 1953. 'New Testament Eschatology', *SJT*, 6: 143–50.

— 1962a [1957]. *A Commentary on the Epistle to the Romans* (BNTC). London: A. &. C. Black.

— 1962b. *From First Adam to Last: A Study in Pauline Theology*. London: A. & C. Black.

— 1971 [1968]. *A Commentary on The First Epistle to the Corinthians* (BNTC) (2il arg.). London: A. & C. Black.

— 1973. *A Commentary on the Second Epistle to the Corinthians* (BNTC). London: A. & C. Black.

— 1976/7. 'Acts and the Pauline Corpus', *ExpTim*, 88: 2–5.

— 1981. 'What is New Testament Theology? Some Reflections', yn D. Y. Hadidian (gol.), *Intergerini Parietis Septum (Eph. 2:14)* (Essays Presented to Markus Barth), Pittsburgh, Pa.: The Pickwick Press, tt. 1–22; ailargraffwyd yn C. K. Barrett, *Jesus and the Word and Other Essays*, 1995. Edinburgh: T. & T. Clark, tt. 241–58.

— 1983. 'The Centre of the New Testament and the Canon', yn U. Luz a H. Weder (goln), *Die Mitte des Neuen Testaments: Einheit und Vielfalt Neutestamentlicher Theologie* (Festschrift für E. Schweizer), Göttingen: Vandenhoeck & Ruprecht, tt. 5–21; ailargraffwyd yn C. K. Barrett, *Jesus and the Word and Other Essays*, 1995. Edinburgh: T. & T. Clark, tt. 259–76.

— 1985. *Freedom and Obligation: A Study of the Epistle to the Galatians*. London: SPCK.

— 1994. *Paul: An Introduction to His Thought*. London: Geoffrey Chapman.

Llyfryddiaeth

— 1995. 'Paul and the Introspective Conscience', yn W. P. Stephens (gol.), *The Bible, the Reformation and the Church: Essays in Honour of James Atkinson*. Sheffield: Sheffield Academic Press, tt. 36–48.

Barth, K. 1959. *A Shorter Commentary on Romans*, cyf. D. H. van Daalen. London: SCM Press.

Barth, M. 1967. 'The Kerygma of Galatians', *Int*, xxi: 131–46.

Bauckham, R. 1992. 'Jesus, Worship of', yn *ABD*, 3, tt. 812–19.

— 1993a. *The Theology of the Book of Revelation*. Cambridge: Cambridge University Press.

— 1993b. *The Climax of Prophecy: Studies on the Book of Revelation*. Edinburgh: T. & T. Clark.

— 1998. *God Crucified: Monotheism and Christology in the New Testament*. Carlisle: Paternoster.

Beale, G. K. 2015. 'The Background of ἐκκλησία Revisited', *JSNT*, 38: 151–68.

Beasley-Murray, P. 1980. 'Colossians 1:15–20: An Early Christian Hymn Celebrating the Lordship of Christ', yn D. A. Hagner ac M. J. Harris (goln), *Pauline Studies: Essays Presented to F. F. Bruce*. Exeter: Paternoster, tt. 169–83.

Beker, J. C. 1980. *Paul the Apostle: The Triumph of God in Life and Thought*. Edinburgh: T. & T. Clark.

— 1989. 'Paul the Theologian: Major Motifs in Pauline Theology', *Int*, 43: 352–65.

Bell, R. H. 2002. 'Sacrifice and Christology in Paul', *JTS*, 53: 1–27.

Belleville, L. L. 1986. ' "Under Law": Structural Analysis and the Pauline Concept of Law in Galatians 3:21–4:11', *JSNT*, 26: 53–78.

Best, E. 1955. *One Body in Christ: A Study of the Relationship of the Church to Christ in the Epistles of the Apostle Paul*. London: SPCK.

— 1997. 'Who Used Whom? The Relationship of Ephesians and Colossians', *NTS*, 43: 72–96.

Betz, H. D. 1979. *Galatians* (Hermeneia). Philadelphia, Pa.: Fortress.

Bird, M. F., a P. M. Sprinkle (goln). 2009. *The Faith of Jesus Christ: The Pistis Christou Debate*. Milton Keynes: Paternoster.

Black, M. 1954. 'The Pauline Doctrine of the Second Adam', *SJT*, vii: 170–9.

— 1973. 'The Maranatha Invocation and Jude 14, 15 (1 Enoch 1:9)', yn B. Lindars ac S. S. Smalley (goln), *Christ and Spirit in the New Testament*. Cambridge: Cambridge University Press, tt. 189–96.

Boakye, A. 2016/17. 'Inhabiting the "Resurrectiform" God: Death and Life as Theological Headline in Paul', *ExpTim*, 128: 53–62.

Boers, H. 1970. 'Critical Note: Jesus and the Christian Faith: New Testament Christology since Bousset's "Kyrios Christos"', *JBL*, 89: 450–6.
Boobyer, G. H. 1967/8. 'Jesus as "Theos" in the New Testament', *BJRL*, 50: 247–61.
Borg, M. 1972/3. 'A New Context for Romans xiii', *NTS*, 19: 205–18.
Bornkamm, G. 1971. *Paul*, cyf. D. M. G. Stalker. New York, NY: Harper & Row.
Bousset, W. 2013 [1913]. *Kyrios Christos: A History of the Belief in Christ From the Beginnings of Christianity to Irenaeus*, cyf. J. E. Steely. Waco, Tex.: Baylor University Press.
Brauch, M. T. 1977. 'Perspectives on "God's Righteousness" in Recent German Discussion', yn Sanders 1977, tt. 523–42.
Bruce, F. F. 1971a. *1 and 2 Corinthians* (NCB). London: Oliphants.
— 1971b. 'Paul on Immortality', *SJT*, 24: 457–72.
— 1974/5. 'Paul and the Law of Moses', *BJRL*, 57: 259–79.
— 1975/6. 'Is the Paul of Acts the Real Paul?', *BJRL*, 58: 282–305.
— 1977a. *Paul: Apostle of the Free Spirit*. Exeter: Paternoster.
— 1977b. *Paul and Jesus*. London: SPCK.
— 1982. *The Epistle of Paul to the Galatians* (NIGTC). Exeter: Paternoster.
— 1984. 'Paul and "The Powers That Be"', *BJRL*, 66: 78–96.
Bultmann, R. 1952. *The Theology of the New Testament*, i, cyf. K. Grobel. London: SCM Press.
— 1960a. *Existence and Faith: Shorter Writings of Rudolf Bultmann*, cyf. S. M. Ogden. New York, NY: Meridian Books.
— 1960b [1956]. *Primitive Christianity in its Contemporary Setting*, cyf. R. H. Fuller. Edinburgh: Collins.
— 1964. 'Δικαιοσύνη Θεου', *JBL*, 83: 12–16.
— 1969. *Faith and Understanding*, cyf. L. P. Smith. London: SCM Press.
— 1995 [1924]. 'The Problem of Ethics in Paul', yn B. S. Rosner (gol.), *Understanding Paul's Ethics: Twentieth Century Approaches*. Carlisle: Paternoster, tt. 195–216.
Burnett, G. W. 1998. 'Individual and Collective Aspects of Pauline Soteriology in Romans 3', *IBS*, 20: 159–88.
Burney, C. F. 1926. 'Christ as the *arche* of Creation', *JTS*, xxvii: 160–77.
Byers, A. 2016. 'The One Body of the Shema in 1 Corinthians: An Ecclesiology of Christological Monotheism', *NTS*, 62: 517–32.
Cadbury, H. J. 1958/9. 'The Dilemma of Ephesians', *NTS*, v: 91–102.
Caird, G. B. 1956. *Principalities and Powers: A Study in Pauline Theology*. Oxford: Oxford University Press.

Llyfryddiaeth

— 1968. 'The Development of the Doctrine of Christ in the New Testament', yn N. Pittenger (gol.), *Christ for Us Today*. London: SCM Press, tt. 66–80.

— 1976. *Paul's Letters from Prison* (New Clarendon Bible). Oxford: Oxford University Press.

— 1978. Adolygiad o E. P. Sanders, *Paul and Palestinan Judaism*', *JTS*, xxix: 538–43.

— 1994. L. D. Hurst (gol.), *New Testament Theology*. Oxford: Clarendon Press.

Campbell, D. A. 2005. *The Quest for Paul's Gospel: A Suggested Strategy* (*JSNTSup*, 274). London: T. & T. Clark.

— 2009. *The Deliverance of God: An Apocalyptic Rereading of Justification in Paul*. Grand Rapids, Mich.: Eerdmans.

— 2011. 'An Attempt to be Understood: A Response to the Concerns of Matlock and Macaskill with *The Deliverance of God*', *JSNT*, 34: 162–208.

— 2012a. 'An Apocalyptic Rereading of "Justification" in Paul: Or, an overview of the argument of Douglas Campbell's *The Deliverance of God* – by Douglas Campbell', *ExpTim*, 123: 382–93.

— 2012b. 'Is Tom Right?: An Extended Review of N. T. Wright's *Justification: God's Plan and Paul's Vision*', *SJT*, 65: 323–45.

— 2012c. 'Beyond Justification in Paul: The Thesis of *The Deliverance of God*', *SJT*, 65: 90–104.

— 2014a. 'Douglas Campbell's Response to Robin Griffith-Jones', yn Tilling 2014, tt. 175–81.

— 2014b. 'Rereading Paul's ΔΙΚΑΙΟ-Language', yn Tilling 2014, tt. 196–213.

★Campbell, W. S. 1980. 'Christ the End of the Law: Romans 10:4', yn E. A. Livingstone (gol.), *Studia Biblica 1978: Papers on Paul and Other New Testament Authors*, iii (*JSNTSup*, 3). Sheffield: JSOT Press, tt. 73–81.

★— 1981. 'The Freedom and Faithfulness of God in Relation to Israel', *JSNT*, 13: 27–45; ailargraffwyd yn W. S. Campbell, *Paul's Gospel in an Intercultural Context: Jew and Gentile in the Letter to the Romans*, 1991. Frankfurt am Main: Peter Lang, tt. 43–59.

★— 1989. 'Did Paul Advocate Separation from the Synagogue?: A Reaction to Francis Watson: *Paul, Judaism and the Gentiles: A Sociological Approach*', *SJT*, 42: 457–67.

★— 1991a [1981]. 'Romans III as a Key to the Structure and Thought of the Letter', *NovT*, 23: 22–40; ailargraffwyd yn K. P. Donfried (gol.), *The Romans Debate* (arg. diwyg. a ehangwyd, 1991). Peabody, Mass.: Henrickson, tt. 251–64.

*— 1991b. *Paul's Gospel in an Intercultural Context: Jew and Gentile in the Letter to the Romans*. Frankfurt am Main: Peter Lang, 1991.

*— 2002. 'Significant Nuances in Contemporary Pauline Interpretation', *IBS*, 24: 184–200.

*— 2013a. [2000] 'Divergent Images of Paul and His Mission', yn W. S. Campbell, *Unity and Diversity in Christ: Interpreting Paul in Context: Collected Essays*. Eugene, Oreg.: Cascade Books, tt. 67–90.

*— 2013b. '"I Rate All Things as Loss": Paul's Puzzling Accounting System: Judaism as Loss or the Re-evaluation of All Things in Christ?', yn W. S. Campbell, *Unity and Diversity in Christ: Interpreting Paul in Context: Collected Essays*. Eugene, Oreg.: Cascade Books, tt. 203–23.

*— 2018. *The Nations in the Divine Economy: Paul's Covenantal Hermeneutics and Participation in Christ*. Lanham, Md.: Lexington Books.

Carras, G. P. 2019. 'Jewish Sensibilities and the Search for the Jewish Paul – The Lukan Paul Viewed Through Josephean Judaism: Interplay with *Apion* 2:190–219', yn I. W. Oliver a G. Boccaccini (goln), *The Early Reception of Paul the Second Temple Jew: Text, Narrative and Reception History* (LSTS, 92). London: T. & T. Clark, tt. 167–78.

Carson, D. A., gyda D. J. Moo ac L. Morris. 1992. *An Introduction to the New Testament*. Grand Rapids, Mich.: Zondervan.

Casey, P. M. 1982. 'Chronology and the Development of Pauline Christology', yn M. D. Hooker ac S. G. Wilson (goln), *Paul and Paulinism: Essays in Honour of C. K. Barrett*. London: SPCK, tt. 124–34.

— 1991. *From Jewish Prophet to Gentile God: The Origins and Development of New Testament Christology*. Cambridge: James Clarke.

Cassidy, R. 2009/10. 'The Politicization of Paul: Romans 13.1–7 in Recent Discussion', *ExpTim*, 121: 383–9.

Catchpole, D. R. 1974/5. 'The Synoptic Divorce Material as a Traditio-Historical Problem', *BJRL*, 57: 92–127.

Chadwick, H. 1994. *Tradition and Exploration: Collected Papers on Theology and the Church*. Norwich: Canterbury.

Charles, R. H. 1913. *A Critical History of the Doctrine of a Future Life in Israel, in Judaism, and in Christianity*. London: A. & C. Black.

Charlesworth, J. H. 2019. 'Why Should Experts Ignore Acts in Pauline Research?', yn I. W. Oliver a G. Boccaccini (goln), *The Early Reception of Paul the Second Temple Jew: Text, Narrative and Reception History* (LSTS, 92). London: T. & T. Clark, tt. 151–66.

Chester, S. J. 2003. *Conversion at Corinth: Perspectives on Conversion in Paul's Theology and the Corinthian Church*. London: T. & T. Clark.

Llyfryddiaeth

— 2009. 'It is No Longer I Who Live: Justification by Faith and Participation in Martin Luther's Exegesis of Galatians', *NTS*, 55: 315–37.
Chilton, B. D., a J. Neusner. 1995. *Judaism in the New Testament: Practices and Beliefs*. London: Routledge.
Cho, Ho Hyung. 2018/19. 'Another Look at ἔννομος Χριστοῦ in I Corinthians 9:21', *ExpTim*, 130: 62–71.
Clavier, H. 1968. 'Notes sur un mot-clef du johannisme et de la sotériologie biblique: *hilasmos*', *NovT*, x: 287–304.
Collange, J.-F. 1979. *The Epistle of Saint Paul to the Philippians*, cyf. A. W. Heathcote. London: Epworth.
Conzelmann, H. 1968. 'Current Problems in Pauline Research', *Int*, 22: 171–86.
— 1969. *An Outline of the Theology of the New Testament*, cyf. J. Bowden. London: SCM Press.
Copenhaver, A. 2018. *Reconstructing the Historical Background of Paul's Rhetoric in the Letter to the Colossians* (LNTS, 585). London: Bloomsbury T. & T. Clark.
Cranfield, C. E. B. 1969. 'On Some of the Problems in the Interpretation of Romans 5.12', *SJT*, 22: 324–41.
— 1970. 'St. Paul and the Law', yn R. Batey (gol.), *New Testament Issues*. London: SCM Press, 1970, tt. 148–72 (a ymddangosodd yn gyntaf yn *SJT*, 17 (1964), 43–68).
— 1975. *The Epistle to the Romans* (ICC), i. Edinburgh: T. & T. Clark.
— 1979. *The Epistle to the Romans* (ICC), ii. Edinburgh: T. & T. Clark.
— 1985. *Romans: A Shorter Commentary*. Edinburgh: T.& T. Clark.
— 1990. ' "Giving a Dog a Bad Name": A Note on H. Räisänen's *Paul and the Law*', *JSNT*, 38: 77–85.
— 1993. 'Has the Old Testament Law a Place in the Christian Life? A Response to Professor Westerholm', *IBS*, 15: 50–64.
— 1998. *On Romans and Other New Testament Essays*. Edinburgh: T. & T. Clark.
Cullmann, O. 1951. *Christ and Time: The Primitive Christian Conception of Time and History*, cyf. F. V. Filson. London: SCM Press.
— 1953. *Early Christian Worship*, cyf. A. S. Todd a J. B. Torrance (SBT, 10). London: SCM Press.
— 1963 [1959]. *The Christology of the New Testament*, cyf. S. C. Guthrie a C. A. M. Hall (2il arg.). London: SCM Press.
Dahl, M. E. 1962. *The Resurrection of the Body: A Study of I Corinthians 15* (SBT, 36). London: SCM Press.
Dahl, N. A. 1954. 'Die Theologie des Neuen Testaments', *TRu*, 22: 21–49.

— 1977. *Studies in Paul: Theology for the Early Christian Mission.* Minneapolis, MN.: Augsburg.
— 1991. 'The Messiahship of Jesus in Paul', yn D. H. Juel (gol.), *Jesus the Christ: The Historical Origins of Christological Doctrine.* Minneapolis, MN.: Fortress, tt. 15–25.
D'Angelo, M. R. 1979. *Moses in the Letter to the Hebrews* (SBLDS, 42). Ann Arbor, Mich.: SBL.
*Daniel, J. E. 1933. *Dysgeidiaeth yr Apostol Paul.* Abertawe: Llyfrfa'r Annibynwyr Cymraeg.
Davids, P. H. 1988. 'The Epistle of James in Modern Discussion', *ANRW,* 25.5, tt. 3621–45.
*Davies, D. G. 1984. *Dod a Bod yn Gristion: Myfyrdodau ar Lythyr Paul at y Rhufeiniaid.* Caernarfon: Gwasg Pantycelyn.
*Davies, D. P. 1978. *Yr Efengylau a'r Actau* (Cyfres Beibl a Chrefydd: 2: Arweiniad i'r Testament Newydd: 1). Caerdydd: Gwasg Prifysgol Cymru.
*Davies, E. W. 1987. *Bultmann* (Cyfres Be' Ddywedodd, 6). Y Colegiwm Cymraeg.
*— 1989. *Yr Epistolau Cyffredinol* (Cyfres Beibl a Crefydd: 8: Arweiniad i'r Testament Newydd, 3). Caerdydd: Gwasg Prifysgol Cymru.
*Davies, W. D. 1950. *A Normative Pattern of Church Life in the New Testament: Fact or Fiction?* London: James Clarke.
*— 1966. 'Paul and Judaism', yn J. P. Hyatt (gol.), *The Bible in Modern Scholarship.* London: Carey Kingsgate Press, tt. 178–86.
*— 1980 [1948]. *Paul and Rabbinic Judaism* (4ydd arg.). Philadelphia, Pa.: Fortress.
*— 1984a. 'The Moral Teaching of the Early Church', yn W. D. Davies, *Jewish and Pauline Studies.* London: SPCK, tt. 278–88 a 387–99.
*— 1984b. 'Paul and the Law: Reflections on Pitfalls in Interpretation', yn W. D. Davies, *Jewish and Pauline Studies.* London: SPCK, tt. 91–122 (a ymddangosodd gyntaf yn M. D. Hooker ac S. G. Wilson (goln), *Paul and Paulinism: Essays in Honour of C. K. Barrett,* 1982. London: SPCK, tt. 4–16).
*— 1984c. 'Conscience and its Use in the New Testament', yn W. D. Davies, *Jewish and Pauline Studies.* London: SPCK, tt. 243–56.
*— 1984ch. 'Paul and the People of Israel', yn W. D. Davies, *Jewish and Pauline Studies.* London: SPCK, tt. 123–52.
*— 1994 [1974]. *The Gospel and the Land: Early Christianity and Jewish Territorial Doctrine* (The Biblical Seminar, 25); ailargraffwyd gan Sheffield: JSOT Press.

Llyfryddiaeth

★— 1999. 'Paul: from the Jewish Point of View', yn W. Horbury, W. D. Davies a J. Sturdy (goln), *CHJ*, *3: The Early Roman Period*. Cambridge: Cambridge University Press, tt. 678–730.

Davis, P. G. 1994. 'Divine Agents, Mediators, and New Testament Christology', *JTS*, 45: 479–503.

Deidun, T. 1992. 'James Dunn and John Ziesler on Romans in New Perspective', *HeyJ*, 33: 79–84.

De Lacey, D. R. 1978. Adolygiad o H. Hübner, *Das Gesetz bei Paulus*, *JSNT*, 1: 70–2.

deSilva, D. A. 2002. *Introducing the Apocrypha: Message, Context, and Significance*. Grand Rapids, Mich.: Baker Academic.

Dibelius, M. 1912. *Die Briefe des Apostels Paulus. II. An die Kolosser, Epheser, an Philemon (HNT)* (3edd gyfrol). Tübingen: Mohr (Paul Siebeck).

Dillistone, F. W. 1977. *C. H. Dodd: Interpreter of the New Testament*. London: Hodder & Stoughton.

★Dodd, C. H. 1928. *Ephesians* (ANTC). New York, NY: Abingdon.

★— 1929. *Colossians* (ANTC). New York, NY: Abingdon.

★— 1931a. 'The Church in the New Testament', yn A. Peel (gol.), *Essays Congregational and Catholic*. London: Congregational Union of England and Wales, tt. 1–16.

★— 1931b. 'Ἱλάσκεσθαι, its cognates, derivatives, and synonyms, in the Septuagint', *JTS*, xxxii: 352–60; ailargraffwyd yn Dodd 1935, tt. 82–95.

★— 1931/2. 'The Framework of the Gospel Narrative', *ExpTim*, xliii: 396–400; ailgyhoeddwyd yn *New Testament Studies*, Manchester: Manchester University Press, 1953, tt. 1–11.

★— 1935. *The Bible and the Greeks*. London: Hodder & Stoughton.

★— 1938. *History and the Gospel*. London: Nisbet.

★— 1939. 'The History and Doctrine of the Apostolic Age', yn T. W. Manson (gol.), *A Companion to the Bible*. Edinburgh: T. & T. Clark, tt. 390–417.

★— 1944 [1936]. *The Apostolic Preaching and its Developments*. London: Hodder & Stoughton.

★— 1951. *Gospel and Law: the relation of faith and ethics in early Christianity*. Cambridge: Cambridge University Press.

★— 1953. *New Testament Studies*. Manchester: Manchester University Press.

★— 1953a [1934]. 'The Mind of Paul: II', yn *New Testament Studies*, Manchester: Manchester University Press, tt. 83–128.

★— 1953b [1946]. 'Natural Law in the New Testament', yn *New Testament Studies*, Manchester: Manchester University Press, tt. 129–42.

Llyfryddiaeth

★— 1958 [1920]. *The Meaning of Paul for Today*. London: Collins.
★— 1959 [1932]. *The Epistle to the Romans* (MNTC). London: Collins.
★— 1968. *More New Testament Studies*. Manchester: Manchester University Press.
Donaldson, T. L. 1993. '"Riches for the Gentiles' (Rom. 11:12): Israel's Rejection and Paul's Gentile Mission, *JBL*, 112: 81–98.
Downing, F. G. 2010. 'Ambiguity, Ancient Semantics, and Faith', *NTS*, 56: 139–62.
Duke, R. K. 2017/18. 'Simon Gathercole's *Defending Substitution*: Why I Am Unconvinced and Concerned', *ExpTim*, 129: 458–65.
Duncan, G. S. 1934. *The Epistle of Paul to the Galatians* (MNTC). London: Hodder & Stoughton.
Dungan, D. L. 1971. *The Sayings of Jesus in the Churches of Paul: The Use of the Synoptic Tradition in the Regulation of Early Church Life*. Oxford: Blackwell.
Dunn, J. D. G. 1970. '2 Corinthians 3:17 – "The Lord is the Spirit"', *JTS*, 21: 309–20; ailargraffwyd yn J. D. G. Dunn, *The Christ and the Spirit: Volume 1: Christology*, 1998. Edinburgh: T. & T. Clark, tt. 115–25.
— 1973a. 'Jesus – Flesh and Spirit: an Exposition of Rom. 1.3–4', *JTS*, xxiv: 40–68.
— 1973b. 'I Corinthians 15:45 – last Adam, life-giving Spirit', yn B. Lindars ac S. S. Smalley (goln), *Christ and Spirit in the New Testament*. Cambridge: Cambridge University Press, tt. 127–41; ailargraffwyd yn J. D. G. Dunn, *The Christ and the Spirit: Volume 1: Christology*, 1998. Edinburgh: T. & T. Clark, tt. 154–66.
— 1975a. *Jesus and the Spirit*. London: SCM Press.
— 1975b. 'Rom. 7, 14–25 in the Theology of Paul', *TZ*, 31: 257–73.
— 1977. *Unity and Diversity in the New Testament: An Inquiry into the Character of Earliest Christianity*. London: SCM Press.
— 1982. 'Was Christianity a Monotheistic Faith from the Beginning?', *SJT*, 35: 303–36.
— 1982/3. 'The New Perspective on Paul', *BJRL*, 65: 95–122; ailargraffwyd yn Dunn 1990, tt. 183–214.)
— 1985. 'Works of the Law and the Curse of the Law (Galatians 3.10–14)', *NTS*, 31: 523–42.
— 1987a. ' "A Light to the Gentiles": the Significance of the Damascus Road Christophany for Paul', yn L. D. Hurst ac N. T. Wright (goln), *The Glory of Christ in the New Testament: Studies in Christology in Memory of George Bradford Caird*. Oxford: Clarendon Press, tt. 251–66; ailargraffwyd yn Dunn 1990, tt. 89–104.

Llyfryddiaeth

— 1987b. '"Righteousness from the Law" and "Righteousness from Faith"; Paul's Interpretation of Scripture in Romans 10:1–10', yn G. F. Hawthorne ac O. Betz (goln), *Tradition and Interpretation in the New Testament: Essays in Honor of E. Earle Ellis*. Grand Rapids, Mich.: Eerdmans, tt. 216–28.

— 1989 [1980]. *Christology in the Making: An Inquiry into the Origins of the Doctrine of the Incarnation* (2il arg.). London: SCM Press.

— 1990. *Jesus, Paul and the Law: Studies in Mark and Galatians*. London: SPCK.

— 1991a. *The Partings of the Ways Between Christianity and Judaism and their Significance for the Character of Christianity*. London: SCM Press.

— 1991b. *Romans* (WBC) (dwy gyfrol). Milton Keynes: Word.

— 1992. 'The Justice of God: A Renewed Perspective on Justification by Faith', *JTS*, 43: 1–22.

— 1993a. *The Theology of Paul's Letter to the Galatians*. Cambridge: Cambridge University Press.

— 1993b. *Paul for Today* (Ethel M. Wood Lecture). London: University of London.

— 1996a. *The Acts of the Apostles* (Epworth Commentaries). Peterborough: Epworth.

— 1996b. 'Paul's Conversion: A Light to Twentieth Century Disputes', yn O. Hofius (gol.), *Evangelium – Schriftauslegung – Kirche (Festschrift für P. Stuhlmacher)*. Göttingen: Vandenhoeck & Ruprecht, tt. 77–93.

— 1997. 'Paul and Justification by Faith', yn R. N. Longenecker (gol.), *The Road from Damascus*. Grand Rapids, Mich.: Eerdmans, tt. 85–101.

— 1998. *The Theology of Paul the Apostle*. Grand Rapids, Mich.: Eerdmans.

— 1999. 'Who Did Paul Think He Was? A Study of Jewish Christian Identity', *NTS*, 45: 174–93.

— 2001 [1996]. 'In Search of Common Ground', yn J. D. G. Dunn (gol.), *Paul and the Mosaic Law*. Grand Rapids, Mich.: Eerdmans, tt. 309–34.

Dupont, J. 1970. 'The Conversion of Paul, and its Influence on his Understanding of Salvation by Faith', yn W. W. Gasque ac R. P. Martin (goln), *Apostolic History and the Gospel (Presented to F. F. Bruce)*. Exeter: Paternoster, tt. 176–94.

Ebeling, G. 1963. *Word and Faith*, cyf. J. W. Leitch. London: SCM Press.

*Edwards, T. C. 1897. *Y Duw-Ddyn*, Caernarfon: Llyfrfa'r Cyfundeb, sef helaethiad o *The God-Man being The 'Davies Lecture' for 1895*, 1895. London: Hodder & Stoughton.

Llyfryddiaeth

★— 1903. *A Commentary on the First Epistle to the Corinthians* (4ydd arg.). London: Hodder & Stoughton.

★Ehrensperger, K. 2013. 'The New Perspective and Beyond', yn D. Patte a C. Grenholm (goln), *Modern Interpretations of Romans. Tracking their Hermeneutical/Theological Trajectory*. London: Bloomsbury, tt. 191–219.

Ehrman, B. D. 1993. *The Orthodox Corruption of Scripture: The Effect of Early Christological Controversies on the Text of the New Testament*. Oxford: Oxford University Press.

Eichrodt, W. 1967. *Theology of the Old Testament*, cyf. J. A. Baker, ii. London: SCM Press.

Ellis, E. E. 1960. 'II Corinthians v.1–10 in Pauline Eschatology', *NTS*, 6: 211–24.

— 1973. 'Christ and Spirit in I Corinthians', yn B. Lindars ac S. S. Smalley (goln), *Christ and Spirit in the New Testament*. Cambridge: Cambridge University Press, tt. 269–77.

Engberg-Pedersen, T. (gol.). 1994. *Paul in His Hellenistic Context*. Edinburgh: T. & T. Clark.

Espy, J. M. 1985. 'Paul's "Robust Conscience" Re-examined', *NTS*, 31: 161–88.

★Evans, O. E. 1975. *Saints in Christ Jesus: A Study of the Christian Life in the New Testament* (D. J. James Lectures). Swansea: John Penry Press.

★— 1976. *Cyfieithu'r Testament Newydd i Gymraeg yn yr Ugeinfed Ganrif*. Abertawe: Coleg y Brifysgol.

★— 1977. 'Datblygiad y Weinidogaeth Gristionogol yng Nghyfnod y Testament Newydd', yn G. H. Jones (gol.), *Efrydiau Beiblaidd Bangor II*. Abertawe: Gwasg John Penry, tt. 115–32.

★— 1984. *Y Llythyrau Paulaidd* (Cyfres Beibl a Chrefydd: 6: Arweiniad i'r Testament Newydd, 2). Caerdydd: Gwasg Prifysgol Cymru.

Everts, J. M. 1993. 'Conversion and Call of Paul', yn *DPL*, tt. 156–63.

Fairweather, E. R. 1969. 'The "Kenotic" Christology', yn F. W. Beare, *The Epistle to the Philippians* (BNTC) (2il arg.). London: A. & C. Black, tt. 159–74.

Fee, G. D. 1987. *The First Epistle to the Corinthians* (NICNT). Grand Rapids, Mich.: Eerdmans.

— 1995. *God's Empowering Presence: The Holy Spirit in the Letters of Paul*. Carlisle: Paternoster.

— 1999. 'Paul and the Trinity: The Experience of Christ and the Spirit for Paul's Understanding of God', yn S. Davies, D. Kendall a G. O'Collins (goln), *The Trinity: An Interdisciplinary Symposium on the Trinity*. Oxford: Oxford University Press, tt. 49–72.

Llyfryddiaeth

— 2007. *Pauline Christology: An Exegetical-Theological Study*. Peabody, Mass.: Henrickson.
— 2018. *Jesus the Lord according to Paul the Apostle: A Concise Introduction*. Grand Rapids, Mich.: Baker Academic.
Feuillet, A. 1966. *Le Christ Sagesse de Dieu d'après les épîtres pauliennes* (*EBib*). Paris: Gabalda.
Finlan, S. 2004. *The Background and Content of Paul's Cultic Atonement Metaphors* (SBL, Academia Biblica, 19). Atlanta, Ga.: SBL.
Fitzmyer, J. A. 1967. *Pauline Theology: A Brief Sketch*. Englewood Cliffs, NJ: Prentice-Hall.
— 1979. 'The Semitic Background of the New Testament *Kyrios*-Title', yn J. A. Fitzmyer, *A Wandering Aramaean: Collected Aramaic Essays*. Missoula, Mont.: Scholars, tt. 115–42.
— 1982. Cyfraniadau yn *Righteousness in the New Testament*. (Gw. Reumann 1982).
— 1993. *Romans* (AB). London: Geoffrey Chapman.
France, R. T. 1992. 'Development in New Testament Christology', *Them*, 18: 4–8.
Fraser, J. W. 1971. 'Paul's Knowledge of Jesus: II Cor.v.16 Once More', *NTS*, 17: 293–313.
— 1974. *Jesus and Paul: Paul as an Interpreter of Jesus from Harnack to Kümmel*. Abingdon: Marcham Press.
Fredriksen, P. 1986. 'Paul and Augustine: Conversion Narratives, Orthodox Traditions, and the Retrospective Self', *JTS*, 37: 3–34.
Fuller, R. H. 1969 [1965]. *The Foundations of New Testament Christology* (arg. newydd). London: Collins.
Fung, R. Y. K. 1981. 'The status of justification by faith in Paul's thought: a brief survey of a modern debate', *Them*, 6: 4–11.
Furnish, V. P. 1964/5. 'The Jesus-Paul Debate: From Baur to Bultmann', *BJRL*, 47: 342–81; ailargraffwyd yn Wedderburn 1989, tt. 17–50.
— 1968. *Theology and Ethics in Paul*. Nashville, Tenn.: Abingdon.
— 1990. 'Belonging to Christ: A Paradigm for Ethics in First Corinthians', *Int*, xliv: 145–57.
Gager, J. G. 1981. 'Some Notes on Paul's Conversion', *NTS*, 27: 697–704.
Garlington, D. B. 2005. 'The New Perspective on Paul: An Appraisal Two Decades Later', *CTR*, 2: 17–38.
Gathercole, S. 2014. Adolygiad o N. T. Wright, *Paul and the Faithfulness of God* (2013), yn *Reformation 21* (July 2014), http://www.reformation21.org/articles/paul-and-the-faithfulness-of-god-a-review.php (cyrchwyd 22 Medi 2017).

— 2015. *Defending Substitution: An Essay on Atonement in Paul*. Grand Rapids, Mich.: Baker Academic.

Glasson, T. F. 1990a. '2 Corinthians v.1–10 versus Platonism', *SJT*, 43: 145–55.

— 1990b. 'The Temporary Messianic Kingdom and the Kingdom of God', *JTS*, 41: 517–25.

Goodspeed, E. J. 1954. 'Justification', *JBL*, 73: 84–92.

Gordon, T. D. 1989. 'A Note on Παιδαγωγός in Galatians 3.24–25', *NTS*, 35: 150–4.

Goulder, M. 1979. 'Incarnation or Eschatology?', yn M. Goulder (gol.), *Incarnation and Myth: The Debate Continued*. London: SCM Press, tt. 142–6.

Grabbe, L. 1992. *Judaism from Cyrus to Hadrian* (dwy gyfrol). Minneapolis, MN.: Fortress.

Green, J. B. 2001. 'Persevering Together in Prayer: The Significance of Prayer in the Acts of the Apostles', yn R. N. Longenecker (gol.), *Into God's Presence: Prayer in the New Testament*. Grand Rapids, Mich.: Eerdmans, tt. 183–202.

*Griffith-Jones, R. 2014. 'Beyond Reasonable Hope of Recognition? *Prosôpopeia* in Romans 1:18–3:8', yn Tilling 2014, tt. 161–74.

*Griffiths, D. R. 1943/4. '"The Lord is the Spirit" (2 Corinthians iii.17, 18)', *ExpTim*, 55: 81–3.

*— 1970. *The New Testament and the Roman State* (Pantyfedwen Trust Lectures). Swansea: John Penry Press.

*Griffiths, W. B. 1955. *Esboniad ar Yr Epistol at y Rhufeiniaid*. Caernarfon: Llyfrfa'r Methodistiaid Calfinaidd.

Gundry, R. H. 1985. 'Grace, Works, and Staying Saved in Paul', *Bib*, 66: 1–38.

Gundry-Volf, J. M. 1993a. 'Conscience', yn *DPL*, tt. 153–6.

— 1993b. 'Expiation, Propitiation, Mercy Seat', yn *DPL*, tt. 279–84.

Guthrie, D. 1981. *New Testament Theology*. Leicester: Inter-Varsity Press.

Haenchen, E. 1971. *The Acts of the Apostles: A Commentary*, cyf. B. Noble a G. Shinn. Oxford: Blackwell.

Hafemann, S. J. 2015. *Paul's Message and Ministry in Covenant Perspective: Selected Essays*. Cambridge: James Clarke.

Hagner, D. A. 1993. 'Paul and Judaism: The Jewish Matrix of Early Christianity: Issues in the Current Debate', *BBR*, 3: 111–30.

Hahn, F. 1969. *The Titles of Jesus in Christology: Their History in Early Christianity*, cyf. H. Knight a G. Ogg. London: Lutterworth.

Hampson, D. 2001. *Contradictions: The Structure of Lutheran and Catholic Thought*. Cambridge: Cambridge University Press.

Hanson, A. T. 1982. *The Image of the Invisible God*. London: SCM Press.

Harris, M. J. 1980. 'Titus 2:13 and the Deity of Christ', yn D. A. Hagner ac M. J. Harris (goln), *Pauline Studies: Essays Presented to F. F. Bruce*. Exeter: Paternoster, tt. 262–77.

— 1983. *Raised Immortal: Resurrection and Immortality in the New Testament*. London: Marshall, Morgan & Scott.

Harrison, P. N. 1921. *The Problem of the Pastoral Epistles*. Oxford: Oxford University Press.

Hawthorne, G. F. 1983. *Philippians* (WBC). Waco, Tex.: Word.

Hays, R. B. 1997. *The Moral Vision of the New Testament: A Contemporary Introduction to New Testament Ethics*. Edinburgh: T. & T. Clark.

— 1999. 'The Conversion of the Imagination: Scripture and Eschatology in I Corinthians', *NTS*, 45: 391–412.

— 2002 [1983]. *The Faith of Jesus Christ: The Narrative Substructure of Galatians 3:1 – 4:11* (arg. diwyg.). Grand Rapids, Mich.: Eerdmans.

Heath, J. 2010/11. Adolygiad o Douglas A. Campbell, *The Deliverance of God*, *ExpTim*, 122: 127–9.

Hengel, M. 1974. *Judaism and Hellenism*, cyf. J. Bowden (dwy gyfrol). London: SCM Press.

— 1976. *The Son of God: The Origin of Christology and the History of Jewish-Hellenistic Religion*, cyf. J. Bowden. London: SCM Press.

— 1979. *Acts and the History of Earliest Christianity*, cyf. J. Bowden. London: SCM Press.

— 1980. 'Hymn and Christology', yn E. A. Livingstone (gol.), *Studia Biblica 1978: Papers on Paul and Other New Testament Authors*, iii (*JSNTSup*, 3). Sheffield: JSOT Press, tt. 173–97,

— 1983. *Between Jesus and Paul: Studies in the Earliest History of Christianity*, cyf. J. Bowden. London: SCM Press.

— 1986. *The Cross of the Son of God*, cyf. J. Bowden. London: SCM Press.

—, gyda R. Deines. 1991. *The Pre-Christian Paul*, cyf. J. Bowden. London: SCM Press.

—, gyda R. Deines. 1995. 'E. P. Sanders' "Common Judaism", Jesus and the Pharisees: A Review Article', *JTS*, 46: 1–70.

Hickling, C. J. A. 1974/5. 'The Sequence of Thought in II Corinthians, Chapter 3', *NTS*, 21: 380 95.

— 1980. 'Centre and Periphery in the Thought of Paul', yn E. A. Livingstone (gol.), *Studia Biblica 1978: Papers on Paul and Other New Testament Authors*, iii (*JSNTSup*, 3). Sheffield: JSOT Press, tt. 199–214.

Llyfryddiaeth

Hill, D. 1967. *Greek Words and Hebrew Meanings: Studies in the Semantics of Soteriological Terms* (SNTSMS, 5). Cambridge: Cambridge University Press.

Hills, J. V. 1993. '"Christ was the Goal of the Law". (Romans 10:4)', *JTS*, 44: 585–92.

Hooker, M. D. 1959/60. 'Adam in Romans 1', *NTS*, vi: 297–306.

— 1971. 'Interchange in Christ', *JTS*, 22: 349–61.

— 1979. *Pauline Pieces*. London: Epworth.

— 1982. 'Paul and Covenantal Nomism', yn M. D. Hooker ac S. G. Wilson (goln), *Paul and Paulinism: Essays in Honour of C. K. Barrett*. London: SPCK, tt. 47–56.

— 1985. 'Interchange in Christ and Ethics', *JSNT*, 25: 3–17.

— 1989. 'ΠΙΣΤΙΣ ΧΡΙΣΤΟΥ', *NTS*, 35: 321–42.

— 2016. 'Another Look at Πίστις Χριστοῦ', *SJT*, 69: 46–62.

Horn, F. W. 1995. 'Paulus-Forschung', yn F.W. Horn (gol.), *Bilanz und Perspectiven Gegenwärtiger Auslegung des Neuen Testaments* (Symposium zum 65. Geburtstag von Georg Strecker), BZNW, 75. Berlin: De Gruyter, tt. 30–59.

Horrell, D. 1997. '"The Lord Commanded . . . But I have not Used . . ." Exegetical and Hermeneutical Reflections on 1 Cor. 9.14–15', *NTS*, 43: 587–603.

Howard, G. 1969. 'Christ the End of the Law: The Meaning of Romans 10:4ff.', *JBL*, 88: 331–8.

— 1977. 'The Tetragram and the New Testament', *JBL*, 96: 62–83.

Hübner, H. 1984. *Law in Paul's Thought*, cyf. J. C. G. Greig. Edinburgh: T.& T. Clark.

*Hughes, R. R. 1929. *Y Parchedig John Williams, D.D., Brynsiencyn*. Caernarfon: Gwasg y Cyfundeb.

Hultgren, S. 2003. 'The Origin of Paul's Doctrine of the Two Adams', *JSNT*, 25: 343–70.

Hunter, A. M. 1943. *The Unity of the New Testament*. London: SCM Press.

— 1961 [1940]. *Paul and His Predecessors*. London: SCM Press.

— 1966. *The Gospel According to St. Paul*. Philadelphia, Pa.: Westminster Press.

Hurtado, L. W. 1998. 'First-Century Jewish Monotheism', *JSNT*, 71: 3–26.

— 1999. *At the Origins of Christian Worship: The Context and Character of Earliest Christian Devotion*. Carlisle: Paternoster.

— 2003a. *Lord Jesus Christ: Devotion to Jesus in Earliest Christianity*. Grand Rapids, Mich.: Eerdmans.

— 2003b. 'Paul's Christology', yn J. D. G. Dunn (gol.), *The Cambridge Companion to St. Paul*. Cambridge: Cambridge University Press, tt. 185–98.

— 2015 [1988]. *One God, One Lord: Early Christian Devotion and Ancient Jewish Monotheism* (3ydd arg. diwyg.). London: Bloomsbury.

*Jenkins, J. Gwili. 1928. *Arweiniad i'r Testament Newydd*. Bangor: yr awdur.

Jeremias, J. 1954/5. 'Paul and James', *ExpTim*, lxvi: 368–71.

— 1965. 'Justification by Faith', yn J. Jeremias, *The Central Message of the New Testament*. London: SCM Press, tt. 51–70.

— 1969. 'Paulus als Hillelit', yn E. E. Ellis ac M. Wilcox (goln), *Neotestamentica et Semitica (Festschrift Matthew Black)*. Edinburgh: T. & T. Clark, tt. 88–94.

Jervell, J. 1996. *The Theology of the Acts of the Apostles*. Cambridge: Cambridge University Press.

Jeung, Deok Hee. 2018/19. 'A Study of Paul's Identity in Acts', *ExpTim*, 130: 110–21.

*John, G. 1978. 'Paul y Dyledwr', yn O. E. Evans (gol.), *Efrydiau Beiblaidd Bangor 3*. Abertawe: Tŷ John Penry, tt. 109–22.

Johnson, L. T. 2003. 'Paul's ecclesiology', yn J. D. G. Dunn (gol.), *The Cambridge Companion to St. Paul*. Cambridge: Cambridge University Press, tt. 199–211.

*Jones, G. H. 1975. *Cerddi Seion*. Caernarfon: Llyfrfa'r M. C.

*— 1979. *Diwinyddiaeth yr Hen Destament*. Caerdydd: Gwasg Prifysgol Cymru.

*Jones, I. Rh. 2007. 'Diwinydda yn *Y Beibl Cymraeg Newydd*', *Y Traethodydd*, 162: 32–41.

*— 2008. 'C. H. Dodd and the Welsh Bible: A Fading Influence', *ExpTim*, 119: 380–4.

*Jones, John Morgan (Bangor). 1926. 'Paul yr Apostol', yn *Geiriadur Beiblaidd*, II. Wrecsam: Hughes a'i Fab, tt. 1058–1093.

*Jones, R. Tudur, 1979. *Ffynonellau Hanes yr Eglwys:1. Y Cyfnod Cynnar*. Caerdydd: Gwasg Prifysgol Cymru.

*— 1982. *Ffydd ac Argyfwng Cenedl: Hanes Crefydd yng Nghymru 1890–1914, Cyfrol 2: Dryswch a Diwygiad*. Abertawe: Tŷ John Penry.

Jonge, M. De. 1996. 'Monotheism and Christology', yn J. Barclay a J. Sweet (goln), *Early Christian Thought in its Jewish Context*. Cambridge: Cambridge University Press, tt. 225–37.

Jüngel, E. 1967. *Paulus und Jesus. Eine Untersuchung zur Präzisierung der Frage nach dem Ursprung der Christologie*. Tübingen: Mohr (Siebeck).

Llyfryddiaeth

Käsemann, E. 1969 [1965]. *New Testament Questions of Today*, cyf. W. J. Montague. London: SCM Press.
— 1971 [1969]. *Perspectives on Paul: Collected Papers on Theology and the Church* (NTL), cyf. M. Kohl. London: SCM Press.
— 1973. *An die Römer* (HNT, 8a). Tübingen: Mohr (Paul Siebeck).
— 1980 [1973]. *Commentary on Romans*, cyf. G. W. Bromiley. London: SCM Press.
Kaye, B. N. 1975. 'Eschatology and Ethics in 1 and 2 Thessalonians', *NovT*, 17: 47–57.
Kelly, J. N. D. 1958. *Early Christian Doctrines*. London: A. & C. Black.
Kiddle, M. 1940. *The Revelation of St. John* (MNTC). London: Hodder & Stoughton.
Kim, J. D. 2000. *God, Israel, and the Gentiles: Rhetoric and Situation in Romans 9–11*. (SBLDS, 176). Atlanta, Ga.: SBL.
Kim, S. 1997. 'God Reconciled His Enemy to Himself: The Origin of Paul's Concept of Reconciliation', yn R. N. Longenecker (gol.), *The Road from Damascus*. Grand Rapids, Mich.: Eerdmans, tt. 102–24.
Klausner, J. 1950. *Von Jesus zu Paulus*, cyf. o'r Hebraeg i'r Almaeneg gan F. Thieberger. Jerusalem: Jewish Publishing House.
Knox, J. 1967. *The Humanity and Divinity of Christ*. Cambridge: Cambridge University Press.
— 1989 [1950]. *Chapters in a Life of Paul* (arg. diwyg.). London: SCM Press.
Koester, H. H. 1966. 'Paul and Hellenism', yn J. P. Hyatt (gol.), *The Bible in Modern Scholarship*. London: Carey Kingsgate Press, tt. 187–95.
Kramer, W. 1966. *Christ, Lord, Son of God* (SBT, 50), cyf. B. Hardy. London: SCM Press.
Kreitzer, L. J. 1987. *Jesus and God in Paul's Eschatology* (JSNTSup, 19). Sheffield: JSOT Press.
— 1993a. 'Eschatology', yn *DPL*, tt. 253–69.
— 1993b. 'Intermediate State', yn *DPL*, tt. 438–41.
Kruse, C. G. 1997. *Paul, the Law, and Justification*. Peabody, Mass.: Hendrickson.
Kümmel, W. G. 1929. *Römer 7 und die Bekehrung des Paulus*. Leipzig: Hinrichs.
— 1973. *The New Testament: The History of the Investigation of its Problems*, cyf. S. McL. Gilmour a H. C. Kee. London: SCM Press.
— 1974. *The Theology of the New Testament: According to Its Major Witnesses: Jesus – Paul – John*, cyf. J. E. Steely. London: SCM Press.
— 1975. *Introduction to the New Testament*, cyf. H. C. Kee. London: SCM Press.

Llyfryddiaeth

Lampe, G. W. H. 1954. 'The Sacraments and Justification', yn G. W. H. Lampe, *The Doctrine of Justification by Faith*. London: Mowbray, tt. 50–68.
Laws, S. 1980. *A Commentary on The Epistle of James* (BNTC). London: A. & C. Black.
Lee, S. M. 2018/19. 'Christ's Πίστις vs. Caesar's *Fides:* Πίστις Χριστοῦ in Galatians and the Roman Imperial Cult', *ExpTim*, 130: 243–55.
Lee, Y. 2015. *Paul, Scribe of Old and New: Intertextual Insights for the Jesus-Paul Debate* (LNTS, 512). London: Bloomsbury.
Légasse, S. 1995. 'Paul's Pre-Christian Career According to Acts', yn R. Bauckham (gol.), *The Book of Acts in its Palestinian Setting*, 4. Grand Rapids, Mich.: Eerdmans; Carlisle: Paternoster, tt. 365–90.
Lentz, J. C., Jr. 1993. *Luke's Portrait of Paul* (SNTSMS, 77). Cambridge: Cambridge University Press.
Levison, J. R. 1993. 'Creation and New Creation', yn *DPL*, tt. 189–90.
Lietzmann, H. 1910. *Die Briefe des Apostels Paulus. I. Die Vier Hauptbriefe* (HNT). Tübingen: Mohr (Siebeck).
— 1933. *An die Römer* (HNT, VIII) (4ydd arg.). Tübingen: Mohr (Siebeck).
Lincoln, A. T. 1981. *Paradise Now and Not Yet* (SNTSMS, 43). Cambridge: Cambridge University Press.
— 1993. 'The Theology of Ephesians', yn A. T. Lincoln a A. J. M. Wedderburn, *The Theology of the Later Pauline Letters*. Cambridge: Cambridge University Press, tt. 73–166.
Lindars, B. 1984/5. 'The Sound of the Trumpet: Paul and Eschatology', *BJRL*, 67: 766–82.
Linebaugh, J. A. 2013. 'The Christo-Centrism of Faith in Christ: Martin Luther's Reading of Galatians 2.16, 19–20', *NTS*, 59: 535–44.
Lohse, E. 1968/9. 'Pauline Theology in Colossians', *NTS*, 15: 211–20.
Longenecker, B. W. 1993. 'Πίστις in Romans 3.25: Neglected Evidence for the "Faithfulness of Christ"?', *NTS*, 39: 478–80.
Longenecker, R. N., (gol.). 1997a. *The Road from Damascus: The Impact of Paul's Conversion on His Life, Thought, and Ministry*. Grand Rapids, Mich.: Eerdmans.
— 1997b. 'A Realized Hope, a New Commitment, and a Developed Proclamation: Paul and Jesus', yn R. N. Longenecker (gol.), *The Road from Damascus*. Grand Rapids, Mich.: Eerdmans, tt. 18–42.
Lowe, J. 1941. 'An Examination of Attempts to Detect Developments in Paul's Theology', *JTS*, xlii: 129–42.
Lüdemann, G. 1984. *Paul, Apostle to the Gentiles: Studies in Chronology*, cyf. F. S. Jones. London: SCM Press.
Lührmann, D. 1989. 'Paul and the Pharisaic Tradition', *JSNT*, 36: 75–94.

Lull, D. J. 1986. ' "The Law was our Pedagogue": A Study in Galatians 3:19–25', *JBL*, 105: 481–98.
Macaskill, G. 2011. 'Review Article: *The Deliverance of God*', *JSNT*, 34: 150–61.
McDonald, J. I. H. 1989. 'Rom. 13:1–7: a Test Case for New Testament Interpretation', *NTS*, 35: 540–9.
McGrath, A. E. 1982. 'Justice and Justification: Semantic and Juristic Aspects of the Christian Doctrine of Justification', *SJT*, 35, 403–18.
— 1987/8. 'Justification: the new ecumenical debate', *Them*, 13: 43–8.
— 1988. *Reformation Thought: An Introduction*. Oxford: Blackwell.
— 1990. 'Luther', yn R. J. Coggins a J. L. Houlden (goln), *A Dictionary of Biblical Interpretation*. London: SCM Press, tt. 414–16.
— 1993. 'Justification', yn *DPL*, tt. 517–23.
— 1998. *Historical Theology: An Introduction to the History of Christian Thought*. Oxford: Blackwell.
Macgregor, G. H. C. 1954/5. 'Principalities and Powers: The Cosmic Background of Paul's Thought', *NTS*, i: 17–28.
McLean, B. H. 1992. 'The Absence of an Atoning Sacrifice in Paul's Soteriology', *NTS*, 38: 531–53.
McNeile, A. H. 1953. C. S. C. Williams (gol.), *Introduction to the Study of the New Testament*. Oxford: Clarendon Press.
Malcolm, M. R. 2016/17. 'Premature Triumphalism in Corinth', *ExpTim*, 128: 115–25.
Manson, T. W. 1945. 'Ἱλαστηριον', *JTS*, xlvi: 1–10.
Marcus, J. 2017. 'Barclay's Gift', *JSNT*, 39: 324–30.
Marshall, I. H. 1973. 'New Wine in Old Wine-Skins: V. The Biblical Use of the Word "Ekklēsia"', *ExpTim*, lxxxiv: 359–64.
— 1982. 'Incarnational Christology in the New Testament', yn H. H. Rowden (gol.), *Christ the Lord*. Leicester: I.V.P., tt. 1–16; ailargraffwyd yn I. H. Marshall, *Jesus the Saviour: Studies in New Testament Theology*, 1990. London: SPCK, tt. 165–80.
— 1990. *Jesus the Saviour: Studies in New Testament Theology*. London: SPCK.
— 1995 [1982]. *Biblical Inspiration* (arg. newydd). Carlisle: Paternoster.
Marshall, L. H. 1950. *The Challenge of New Testament Ethics*. London: Macmillan.
Martens, J. W. 1994. 'Romans 2.14–16: A Stoic Reading', *NTS*, 40: 55–67.
Martin, R. P. 1981. *Reconciliation: A Study of Paul's Theology*. London: Marshall, Morgan, & Scott.

Llyfryddiaeth

— 1983 [1967]. *Carmen Christi: Philippians 2:5–11 in Recent Interpretation and in the Setting of Early Christian Worship* (arg. diwyg.). Grand Rapids, Mich.: Eerdmans.
— 1993. 'Center of Paul's Theology', yn *DPL*, tt. 92–5.
— 2005 [1967]. *Carmen Christi: Philippians 2:5–11 in Recent Interpretation and in the Setting of Early Christian Worship* (SNTSMS, 4) (ailargraffiad o'r gwaith gwreiddiol). Cambridge: Cambridge University Press.
— a B. J. Dodd, (goln). 1998. *Where Christology Began: Essays on Philippians 2*. Louisville, KT: Westminster John Knox.
Martyn, J. L. 1998. *Galatians* (AB). New York, NY: Doubleday.
Marxsen, W. 1993. *New Testament Foundations for Christian Ethics*. Edinburgh: T. & T. Clark.
*Mastin, B. A. 1975/6. 'A Neglected Feature of the Christology of the Fourth Gospel', *NTS*, xxii: 32–51.
Matera, F. J. 2007. 'Galatians in Perspective: Cutting a New Path through Old Territory', *Int*, 54: 233–45.
Matlock, R. B. 1996. *Unveiling the Apocalyptic Paul: Paul's Interpreters and the Rhetoric of Criticism*. Sheffield: Sheffield Academic Press.
— 1998. 'Sins of the Flesh and Suspicious Minds: Dunn's New Theology of Paul', *JSNT*, 72: 67–90.
— 2011. 'Zeal for Paul but Not According to Knowledge: Douglas Campbell's War on "Justification Theory"', *JSNT*, 34: 115–49.
Mearns, C. L. 1980/1. 'Early Eschatological Development in Paul: The Evidence of I and II Thessalonians', *NTS*, 27: 137–57.
— 1984. 'Early Eschatological Development in Paul: The Evidence of I Corinthians', *JSNT*, 22: 19–35.
Menoud, P. H. 1953. 'Revelation and Tradition: The Influence of Paul's Conversion on His Theology', *Int*, 7: 131–41.
Metzger, B. M. 1973. 'The Punctuation of Rom.9:5', yn B. Lindars ac S. S. Smalley (goln), *Christ and Spirit in the New Testament*. Cambridge: Cambridge University Press, tt. 95–112.
— 1975. *A Textual Commentary on the Greek New Testament* (arg. diwyg.). London: United Bible Societies.
*Michael, J. H. 1928. *The Epistle of Paul to the Philippians* (MNTC). London: Hodder & Stoughton.
Minear, P. S. 1960. *Images of the Church in the New Testament*. Philadelphia, Pa.: Westminster.
Mitchell, M. M. 2017. 'Gift Histories', *JSNT*, 39: 304–23.
Mitton, C. L. 1951. *The Epistle to the Ephesians: Its Authorship, Origin and Purpose*. Oxford: Oxford University Press.

— 1953/4. 'Romans VII. Reconsidered', *ExpTim*, lxv: 78–81, 99–103 ac 132–5.

Momigliano, A. 1970. Adolygiad o Hengel, *Judentum und Hellenismus* (1969), *JTS*, xxi: 149–53.

Montefiore, C. G. 1914. *Judaism and St. Paul: Two Essays*. London: Max Goschen.

Moo, D. J. 1987. 'Article Review: Paul and the Law: the Last Ten Years', *SJT*, 40: 287–307.

Moore, G. F. 1921. 'Christian Writers on Judaism', *HTR*, 14: 197–254.

— 1971 [1927]. *Judaism in the First Centuries of the Christian Era*, II. New York, NY: Schocken Books.

Moore, R. K. 1994. 'The Doctrine of "Justification" in the English Bible at the close of the Twentieth Century', *BT*, 45: 101–16.

— 2014. 'N. T. Wright's treatment of "Justification" in *The New Testament for Everyone*', *ExpTim*, 125: 483–6.

*Morgan, R. 1973. *The Nature of New Testament Theology: The Contribution of William Wrede and Adolf Schlatter* (SBT, 25). London: SCM Press.

*— 1990. 'Bultmann, R.', yn R. J. Coggins a J. L. Houlden (goln), *A Dictionary of Biblical Interpretation*. London: SCM Press, tt. 93–5.

Morris, L. 1959. *The First and Second Epistles to the Thessalonians* (NICNT). Grand Rapids, Mich.: Eerdmans.

— 1965 [1960]. *The Apostolic Preaching of the Cross*. London: Tyndale Press.

— 1986. *New Testament Theology*. Grand Rapids, Mich.: Zondervan.

Morrison, C. D. 1960. *The Powers That Be: Earthly Rulers and Demonic Powers in Romans 13.1–7* (SBT, 29). London: SCM Press.

Morton, R. 2001. 'Glory to God and to the Lamb: John's Use of Jewish and Hellenistic/Roman Themes in Formatting His Theology in Revelation 4–5', *JSNT*, 83: 89–109.

Mott, S. C. 1993. 'Civil Authority', yn *DPL*, tt. 141–3.

Moule, C. F. D. 1959. 'A Reconsideration of the Context of Maranatha', *NTS*, vi: 307–10; ailargraffwyd yn Moule 1982a, tt. 222–6.

— 1964. 'The Influence of Circumstances on the Use of Eschatological Terms', *JTS*, xv: 1–15; ailargraffwyd yn Moule 1982a, tt. 184–99.

— 1965/6. 'St. Paul and "Dualism": The Pauline Conception of Resurrection', *NTS*, xii: 106–23; ailargraffwyd yn Moule 1982a, tt. 200–21.

— 1967. 'Obligation in the Ethic of Paul', yn W. R. Farmer, C. F. D. Moule a R. R. Niebuhr (goln), *Christian History and Interpretation: Studies Presented to John Knox*. Cambridge: Cambridge University Press, tt. 389–406; ailargraffwyd yn Moule 1982a, tt. 261–77.

— 1970. 'Further Reflexions on Philippians 2:5–11', yn W. W. Gasque ac R. P. Martin (goln), *The Apostolic History and the Gospel*. Exeter: Paternoster, tt. 264–76.
— 1977. *The Origin of Christology*. Cambridge: Cambridge University Press.
— 1979. 'Three Points of Conflict in the Christological Debate', yn M. Goulder (gol.), *Incarnation and Myth: The Debate Continued*. London: SCM Press, tt. 131–41.
— 1981 [1962]. *The Birth of the New Testament* (BNTC) (3ydd arg.). London: A. & C. Black.
— 1982a. *Essays in New Testament Interpretation*. Cambridge: Cambridge University Press.
— 1982b. 'Jesus in New Testament Kerygma', yn C. F. D. Moule, *Essays in New Testament Interpretation*. Cambridge: Cambridge University Press, tt. 37–49.
Muddiman, J. 1984. 'Adam, the Type of the One to Come', *Theology*, lxxxvii: 101–10.
Munck, J. 1959. *Paul and the Salvation of Mankind*, cyf. F. Clarke. London: SCM Press.
— 1966. 'Pauline Research since Schweitzer', yn J. P. Hyatt (gol.), *The Bible in Modern Scholarship*. London: Carey Kingsgate Press, tt. 166–77.
Murphy-O'Connor, J. 1996. *Paul: A Critical Life*. Oxford: Oxford University Press.
Neill, S., ac N. T. Wright. 1988 [1964]. *The Interpretation of the New Testament, 1861–1986* (2il arg.). Oxford: Oxford University Press.
Nestle-Aland. 1993. *Novum Testmentum Graece* (27ain arg.). Stuttgart: Deutsche Bibelgesellschaft.
Neusner, J. 1980. 'The Use of the Later Rabbinic Evidence for the Study of Paul', yn W. S. Green (gol.), *Approaches to Ancient Judaism*, ii (BJS, 9). Chico, Calif.: Scholars Press, tt. 43–63.
— 1996. 'A Review of Recent Works by E. P. Sanders: *Judaism: Practice and Belief 63 B.C.E. to 66 C.E.*', BBR, 6: 167–78.
Nienhuis, D. R. 2019. 'Reading James, Rereading Paul', yn I. W. Oliver a G. Boccaccini (goln), *The Early Reception of Paul the Second Temple Jew: Text, Narrative and Reception History* (LSTS, 92). London: T. & T. Clark, tt. 236–51.
Nineham, D. E. 1955. 'The Order of Events in St. Mark's Gospel – an examination of Dr. Dodd's hypothesis', yn D. E. Nineham (gol.), *Studies in the Gospels: Essays in Memory of R. H. Lightfoot*. Oxford: Blackwell, tt. 223–39.

Llyfryddiaeth

Novenson, M. V. 2010. 'Can the Messiahship of Jesus Be Read off Paul's Grammar? Nils Dahl's Criteria 50 Years Later', *NTS*, 56: 396–412.

O'Brien, P. T. 1992. 'Justification in Paul and Some Crucial Issues of the Last Two Decades', yn D. A. Carson (gol.), *Right with God: Justification in the Bible and the World*. Carlisle: Paternoster, tt. 69–95.

Oliver, I. W. 2019. 'The Calling of Paul in the Acts of the Apostles', yn I. W. Oliver a G. Boccaccini (goln), *The Early Reception of Paul the Second Temple Jew: Text, Narrative and Reception History* (LSTS, 92). London: T. & T. Clark, tt. 179–91.

Omanson, R. L. 2006. *A Textual Guide to the Greek New Testament*. Stuttgart: Deutsche Bibelgesellschaft.

O'Neill, J. C. 1975. *Paul's Letter to the Romans*. Harmondsworth: Penguin Books.

— 1979/80. 'The Source of the Christology in Colossians', *NTS*, 26: 87–100.

Onesti, K. L., ac M. T. Brauch. 1993. 'Righteousness, Righteousness of God', yn *DPL*, tt. 827–37.

Osei-Bonsu, J. 1986. 'Does 2 Cor. 5:1–10 Teach the Reception of the Resurrection Body at the Moment of Death?', *JSNT*, 28: 81–101.

— 1987. 'Anthropological Dualism in the New Testament', *SJT*, 40: 571–90.

— 1991. 'The Intermediate State in the New Testament', *SJT*, 44: 169–94.

*Owen, H. P. 1958. 'Cyfiawnhad yn ôl Sant Paul', *Diwinyddiaeth*, ix: 21–31.

Packer, J. I. 1982. 'Justification', yn J. D. Douglas ac N. Hillyer (goln), *NBD* (2il arg.). Leicester: Inter-Varsity Press, tt. 646–9.

Paige, T. 1993. 'Holy Spirit', yn *DPL*, tt. 404–13.

Parry, R. St. J. 1920. *The Pastoral Epistles*. Cambridge: Cambridge University Press.

Perriman, A. C. 1989. 'Paul and the Parousia:1 Corinthians 15.50–7 and 2 Corinthians 5.1–5', *NTS*, 35: 512–21.

Pierce, C. A. 1955. *Conscience in the New Testament* (SBT, 15). London: SCM Press.

Piper, J. 2007. *The Future of Justification: A Response to N.T. Wright*, Wheaton, Ill.: Crossway Books.

Pollard, T. E. 1980/1. 'Colossians 1.12–20: A Reconsideration', *NTS*, 27: 572–5.

— 1982. *Fullness of Humanity: Christ's Humanness and Ours*. Sheffield: Almond Press.

Polythress, V. S. 1975/6. 'Is Romans1.3–4 a Pauline Confession After All?', *ExpTim*, lxxxvii: 180–3.

Porter, F. C. 1928. 'Does Paul Claim to have known the Historical Jesus? A Study of 2 Cor. 5:16', *JBL*, 47: 257–75.

Porter, S. E. 1993. 'Peace, Reconciliation', yn *DPL*, tt. 695–9.

— 2016. *Sacred Tradition in the New Testament: Tracing Old Testament Themes in the Gospels and Epistles*. Grand Rapids, Mich.: Baker Academic.

Preiss, T. 1954. *Life in Christ* (SBT, 13). London: SCM Press.

Quarles, C. L. 1996. 'The Soteriology of R. Akiba and E. P. Sanders' *Paul and Palestinian Judaism*', *NTS*, 42: 185–95.

— 2005. 'The New Perspective and Means of Atonement in Jewish Literature of the Second Temple Period', *CTR*, 2: 39–56.

Räisänen, H. 1980. 'Paul's Theological Difficulties with the Law', yn E. A. Livingstone (gol.), *Studia Biblica 1978: Papers on Paul and Other New Testament Authors*, iii (*JSNTSup*, 3). Sheffield: JSOT Press, tt. 301–20.

— 1986. *Paul and the Law*. Philadelphia, Pa.: Fortress.

Reid, D. G. 1993. 'Principalities and Powers', yn *DPL*, tt. 746–52.

Rengstorf, K. H. 1969. Cyflwyniad I K. H. Rengstorf (gol.), *Das Paulusbild in der neueren deutschen Forschung* (Wege der Forschung, 24). Darmstadt: Wissenschaftliche Buchgesellschaft), tt. vii–xv.

Reumann, J. 1982. *'Righteousness' in the New Testament: 'Justification' in the United States Lutheran-Roman Catholic Dialogue*. Leominster: Fowler Wright.

Richardson, A. 1958. *An Introduction to the Theology of the New Testament*. London: SCM Press.

Ridderbos, N. H. 1977. *Paul: An Outline of His Theology*, cyf. J. R. De Witt. London: SPCK.

*Roberts, R. G. 1926. 'Cyfiawnhau, Cyfiawnhad', yn *Geiriadur Beiblaidd*, II. Wrecsam: Hughes a'i Fab, tt. 337–9.

*Roberts, R. M. 1951. *Justification By Faith* (The Davies Lecture for 1951). Cardiff: yr awdur.

Robinson, H. W. 1920 [1913]. *The Christian Doctrine of Man*. Edinburgh: T. & T. Clark.

Robinson, J. A. T. 1952. *The Body: A Study in Pauline Theology* (SBT, 5). London: SCM Press.

— 1957. *Jesus and His Coming: The Emergence of a Doctrine*. London: SCM Press.

— 1962. *Twelve New Testament Studies* (SBT, 34). London: SCM Press.

— 1976. *Redating the New Testament*. London: SCM Press.

— 1979. *Wrestling with Romans*. London: SCM Press.

Robinson, J. M. 1959. *A New Quest of the Historical Jesus* (SBT, 25). London: SCM Press.

Roetzel, C. J. 1999. *Paul: The Man and the Myth*. Minneapolis, MN.: Fortress.
Rogerson, J. 1970. 'The Hebrew Conception of Corporate Personality: A Re-Examination', *JTS*, 21: 1–16.
Rollmann, H. 1984. '*Paulus alienus*: William Wrede on Comparing Jesus and Paul', yn P. Richardson a J. C. Hurd (goln), *From Jesus to Paul: Studies in Honour of Francis Wright Beare*. Waterloo, Ont.: Wilfrid Laurier University Press, tt. 23–45.
Rowland, C. 1985. *Christian Origins*. London: SPCK.
Rudolph, D. 2019. 'Luke's Portrait of Paul in Acts 21:17–26', yn I. W. Oliver a G. Boccaccini (goln), *The Early Reception of Paul the Second Temple Jew: Text, Narrative and Reception History* (LSTS, 92). London: T. & T. Clark, tt. 192–205.
Ruef, J. 1977. *Paul's First Letter to Corinth* (PNTC). London: SCM Press.
Sampley, J. P. 1991. *Walking Between the Times: Paul's Moral Reasoning*. Minneapolis, MN.: Fortress.
Sanday, W., ac A. C. Headlam. 1930. *A Critical and Exegetical Commentary on the Epistle to the Romans* (ICC). Edinburgh: T. & T. Clark.
Sanders, E. P. 1977. *Paul and Palestinian Judaism*. London: SCM Press.
— 1980. 'Puzzling out Rabbinic Judaism', yn W. S. Green (gol.), *Approaches to Ancient Judaism*, ii (BJS, 9). Chico, Calif.: Scholars Press, tt. 65–79.
— 1985a. *Jesus and Judaism*. London: SCM Press.
— 1985b. *Paul, the Law, and the Jewish People*. London: SCM Press.
— 1991. *Paul* (Past Masters). Oxford: Oxford University Press.
— 1993. *The Historical Figure of Jesus*. London: Allen Lane.
Schnackenburg, R. 1963 [1961]. *New Testament Theology Today*, cyf. D. Askew. London: Geoffrey Chapman.
— 1982 [1962]. *The Moral Teaching of the New Testament*, cyf. J. Holland-Smith a W. J. O'Hara (2il arg. diwyg.). London: Burns & Oates.
— 1988. *Die sittliche Botschaft des Neuen Testaments 2. Die Urchristlichen Verkünder*. Freiburg: Herder.
Schoeps, H.-J. 1961 [1959]. *Paul: The Theology of the Apostle in the Light of Jewish Religious History*, cyf. H. Knight. London: Lutterworth.
Schrage, W. 1983. 'Zur Frage nach der Einheit und Mitte neutestamentlicher Ethik', yn U. Luz a H. Weder (goln), *Die Mitte des Neuen Testaments: Einheit und Vielfalt Neutestamentlicher Theologie* (Festschrift für E. Schweizer), Göttingen: Vandenhoeck & Ruprecht, tt. 238–53.
— 1988. *The Ethics of the New Testament*, cyf. D. Green. Edinburgh: T. & T. Clark.

Schreiner, T. R. 1989. 'The Abolition and Fulfillment of the Law in Paul', *JSNT*, 35: 47–74.

Schrenk, G. 1951. *Righteousness* (Bible Key Words from G. Kittel's *TWNT*), cyf. J. R. Coates. London: A. & C. Black.

Schweitzer, A. 1912. *Paul and His Interpreters: A Critical History*, cyf. W. Montgomery. London: A. & C. Black.

— 1931. *The Mysticism of Paul the Apostle*, cyf. W. Montgomery. London: A. & C. Black.

Schweizer, E. 1961. *Church Order in the New Testament* (SBT, 32), cyf. F. Clarke. London: SCM Press.

— 1966. 'Zum religionsgeschichtlichen Hintergrund der "Sendungsformel" Gal. 4.4f., Röm. 8.3f., John 3.16f., I John 4.9', *ZNW*, 57: 199–210.

Scott, C. A. A. 1921. *The Fellowship of the Spirit*. London: J. Clarke.

— 1927. *Christianity According to St. Paul*. Cambridge: Cambridge University Press.

Scroggs, R. 1966. *The Last Adam: A Study in Pauline Anthropology*. Oxford: Blackwell.

— 1988. *Christology in Paul and John*. Philadelphia, Pa.: Fortress.

Segal, A. F. 1990. *Paul the Convert: The Apostolate and Apostasy of Saul the Pharisee*. New Haven, Conn.: Yale University Press.

Seifrid, M. A. 1992. *Justification by Faith: The Origin and Development of a Central Pauline Theme* (NovTSup, 68). Leiden: Brill.

Shaw, D. A. 2013. 'Apocalyptic and Covenant: Perspectives on Paul or Antimonies at War?', *JSNT*, 36: 155–71.

Sherwin-White, A. N. 1994 [1963]. *Roman Society and Roman Law in the New Testament*. Grand Rapids, Mich.: Baker.

Sider, R. J. 1974/5. 'The Pauline Conception of the Resurrection Body in I Corinthians xv.35–54', *NTS*, 21: 428–39.

Snaith, N. H. 1945. *The Distinctive Ideas of the Old Testament*. London: Epworth.

Snodgrass, K. R. 1986. 'Justification by Grace to the Doers: An Analysis of the Place of Romans 2 in the Theology of Paul', *NTS*, 32: 72–93.

— 1988. 'Spheres of Influence: A Possible Solution to the Problem of Paul and the Law', *JSNT*, 32: 93–113.

Sparks, H. F. D., (gol.). 1984. *The Apocryphal Old Testament*. Oxford: Clarendon Press.

Stacey, W. D. 1956. *The Pauline View of Man in Relation to its Judaic and Hellenistic Background*. London: Macmillan.

Stanton, G. N. 1974. *Jesus of Nazareth in New Testament Preaching* (SNTSMS, 27). Cambridge: Cambridge University Press.

Stauffer, E. 1955. *New Testament Theology*, cyf. J. Marsh. London: SCM Press.
Stendahl, K. 1976. 'The Apostle Paul and the Introspective Conscience of the West', yn K. Stendahl, *Paul among Jews and Gentiles*. Philadelphia, Pa.: Fortress, tt. 78–96.
Stewart, J. S. 1935. *A Man in Christ: The Vital Elements in St. Paul's Religion*. London: Hodder & Stoughton.
— 1951. 'On a Neglected Emphasis in New Testament Theology', *SJT*, 4: 292–301.
*Strange, W. A. 2000. 'The Jesus-Tradition in Acts', *NTS*, 46: 59–74.
Styler, G. M. 1973. 'The Basis of Obligation in Paul's Christology and Ethics', yn B. Lindars ac S. S. Smalley (goln), *Christ and Spirit in the New Testament*. Cambridge: Cambridge University Press, tt. 175–87.
Sumney, J. L. 2017. *Steward of God's Mysteries: Paul and Early Church Tradition*. Grand Rapids, Mich.: Eerdmans.
Swete, H. B. 1907. *The Apocalypse of St. John*. London: Macmillan.
Tannehill, R. C 1966. *Dying and Rising with Christ: A Study in Pauline Theology* (BZNW, 32). Berlin: Töpelmann.
Taylor, V. 1937. *Jesus and His Sacrifice: A Study of the Passion-Sayings in the Gospels*. London: Macmillan.
— 1939. 'Great Texts Reconsidered: Romans 3, 25', *ExpTim*, l: 295–300.
— 1941. *Forgiveness and Reconciliation: A Study in New Testament Theology*. London: Macmillan.
— 1958. *The Atonement in New Testament Teaching*. London: Epworth.
— 1961/2. 'Does the New Testament call Jesus God?', *ExpTim*, lxxiii: 116–18.
Theissen, G. 1987 [1983]. *Psychological Aspects of Pauline Theology*, cyf. J. P. Galvin. Edinburgh: T. & T. Clark.
Thielman, F. 1989. *From Plight to Solution: A Jewish Framework for Understanding Paul's View of the Law in Galatians and Romans* (NovTSup, 61). Leiden: Brill.
— 1992. 'The Coherence of Paul's View of the Law: The Evidence of First Corinthians', *NTS*, 38: 235–53.
— 1994. 'Unexpected Mercy: Echoes of a Biblical Motif in Romans 9–11', *SJT*, 47: 169–82.
Thiselton, A. C. 1977/8. 'Realized Eschatology at Corinth', *NTS*, 24: 510–26.
— 1978/9. 'Biblical Classics: vi. Schweitzer's Interpretation of Paul', *ExpTim*, xc: 132–7.

Llyfryddiaeth

— 2009. *The Living Paul: An Introduction to the Apostle and His Thought*. London: SPCK.
★Thomas, I. 1963. *Arweiniad Byr i'r Testament Newydd*. Caerdydd: Gwasg Prifysgol Cymru.
★— 1976. 'Cyflwyno Testament Newydd 1975', *Diwinyddiaeth*, xxvii: 33–43.
Thompson, M. B. 2002. *The New Perspective on Paul* (Grove Biblical Series, 26). Cambridge: Grove Books.
— 2011. 'Paul in the Book of Acts: Differences and Distance', *ExpTim*, 122: 425–36.
★Thrall, M. E. 1967/8. 'The Pauline Use of ΣΥΝΕΙΔΗΣΙΣ', *NTS*, 14: 118–25.
★— 1973. 'Diwinyddiaeth Paul', yn D. R. Ap Thomas (gol.), *Efrydiau Beiblaidd Bangor*. Abertawe: Gwasg John Penry, tt. 153–77.
★— 1981/2. 'Salvation Proclaimed: V. 2 Corinthians 5.18–21', *ExpTim*, 93: 227–32.
★— 1988. 'Cristoleg Paul', yn E. W. Davies (gol.), *Efrydiau Beiblaidd Bangor 4*, Dinbych: Gwasg Gee, tt. 143–72.
★— 1994. *A Critical and Exegetical Commentary on the Second Epistle to the Corinthians* (ICC), 1. Edinburgh: T. & T. Clark.
★— 2003. 'Paul of Tarsus: a Hellenistic Jew', yn R. Pope (gol.), *Honouring the Past and Shaping the Future: Religious and Biblical Studies in Wales: Essays in Honour of Gareth Lloyd Jones*. Leominster: Gracewing, tt. 97–111.
Tilling, C., (gol.). 2014. *Beyond Old and New Perspectives on Paul: Reflections on the Work of Douglas Campbell*. Eugene, Oreg.: Cascade Books.
Torrance, A. 2012. 'Article Review: Douglas Campbell, *The Deliverance of God*', *SJT*, 65: 82–9.
Torrance, J. B. 1970. 'Covenant or Contract: A Study of the Theological Background of Worship in Seventeenth-Century Scotland', *SJT*, 26: 295–311; ailargraffwyd yn Tilling 2014, tt. 261–85.
Towner, P. H. 1995. 'Pauline Theology or Pauline Tradition in the Pastoral Epistles: The Question of Method', *TynBul*, 46.2: 287–314.
Townsend, P. W. 1998. 'Eve's Answer to the Serpent: An Alternative Paradigm for Sin and Some Implications in Theology', *CTJ*, 33: 399–420.
Tuckett, C. M. 1991. 'Paul, Tradition and Freedom', *TZ*, 47: 307–25.
Turner, S. 2003. 'The Interim, Earthly Messianic Kingdom in Paul', *JSNT*, 25: 323–42.
Unnik, W. C. van. 1962. *Tarsus or Jerusalem: The City of Paul's Youth*, cyf. G. Ogg. London: Epworth.

— 1973a. 'Tarsus or Jerusalem. The City of Paul's Youth', yn *Sparsa Collecta I* (NovTSup, 29). Leiden: Brill, tt. 259–320.
— 1973b. 'Once Again: Tarsus or Jerusalem', yn *Sparsa Collecta I* (NovTSup, 29). Leiden: Brill, tt. 321–7.
Vermes, G. 1977. *The Dead Sea Scrolls: Qumran in Perspective*. London: Collins.
Vielhauer, P. 1966. 'On the "Paulinism" of Acts', yn L. E. Keck a J. L. Martyn (goln), *Studies in Luke-Acts*. Nashville, Tenn.: Abingdon, tt. 33–50.
Vos, G. 1961. *The Pauline Eschatology*. Grand Rapids, Mich.: Eerdmans.
Wanamaker, C. A. 1986. 'Christ as Divine Agent in Paul', *SJT*, 39: 517–28.
Watson, F. 2001. 'Not the New Perspective'; papur anghyhoeddedig a draddodwyd yn The British New Testament Conference, Manceinion, Medi, 2001, tt. 1–11.
Watson, N. M. 1977. 'Simplifying the Righteousness of God: A Critique of J. C. O'Neill's "Romans"', *SJT*, 30: 453–69.
— 1983a. 'Justified by Faith; Judged by Works – An Antimony?', *NTS*, 29: 209–21.
— 1983b. '. . . To make us rely not on ourselves but on God who raises the dead', yn U. Luz a H. Weder (goln), *Die Mitte des Neuen Testaments: Einheit und Vielfalt Neutestamentlicher Theologie* (Festschrift für E. Schweizer), Göttingen: Vandenhoeck & Ruprecht, tt. 384–98.
Way, D. 1991. *The Lordship of Christ: Ernst Käsemann's Interpretation of Paul's Theology*. Oxford: Clarendon Press.
Wedderburn, A. J. M. 1971. 'The Body of Christ and Related Concepts in 1 Corinthians', *SJT*, 24: 74–96.
— 1980. 'Adam in Paul's Letter to the Romans', in E. A. Livingstone (gol.), *Studia Biblica 1978: Papers on Paul and Other New Testament Authors*, iii (*JSNTSup*, 3). Sheffield: JSOT Press, tt. 413–30.
— 1985a. 'Paul and Jesus: The Problem of Continuity', *SJT*, 38: 189–203; ailargraffwyd yn Wedderburn 1989, tt. 99–115.
— 1985b. 'Article Review: Paul and the Law', *SJT*, 38: 613–22.
— 1985c. 'Some Observations on Paul's Use of the Phrases "in Christ" and "with Christ"', *JSNT*, 25: 83–97.
— 1989. 'Paul and Jesus: The Problem of Continuity', yn A. J. M. Wedderburn (gol.), *Paul and Jesus: Collected Essays* (*JSNTSup*, 37). Sheffield: Sheffield Academic Press, tt. 99–115.
— 1991. 'Article Review: "Like an Ever-Rolling Stream": Some Recent Commentaries on Romans', *SJT*, 44: 367–80.
— 1993. 'The Theology of Colossians', yn A. T. Lincoln a A. J. M. Wedderburn, *The Theology of the Later Pauline Letters*. Cambridge: Cambridge University Press, tt. 1–71.

Weiss, J. 1937 [1917]. *The History of Primitive Christianity*, 1; golygwyd y cyfieithiad gan F. C. Grant. London: Macmillan.

Wenham, D. 1995. *Paul: Follower of Jesus or Founder of Christianity?* Grand Rapids, Mich.: Eerdmans. (Adolygwyd gan M. D. Hooker yn *JBL*, 115 (1996), 756-8.)

Wenkel, D. H. 2016/17. 'Kingship and Thrones for All Christians: Paul's Inaugurated Eschatology in 1 Corinthians', *ExpTim*, 128: 63-71.

Westerholm, S. 1984. 'Letter and Spirit: The Foundation of Pauline *Ethics*', *NTS*, 30: 229-48.

—— 1988. *Israel's Law and the Church's Faith: Paul and His Recent Interpreters*. Grand Rapids, Mich.: Eerdmans.

—— 2004. *Perspectives Old and New on Paul: The 'Lutheran' Paul and His Critics*. Grand Rapids, Mich.: Eerdmans.

Whiteley, D. E. H. 1964. *The Theology of St. Paul*. Oxford: Blackwell.

Wiles, M. 1967. *The Divine Apostle: The Interpretation of St. Paul's Epistles in the Early Church*. Cambridge: Cambridge University Press.

Wilkens. U. 1982. 'Statements on the Development of Paul's View of the Law', yn M. D. Hooker ac S. G. Wilson (goln), *Paul and Paulinism: Essays in Honour of C. K. Barrett*. London: SPCK, tt. 17-26.

*Williams, J. E. Caerwyn. 1974. 'T.C. Edwards a'i Gyfraniad i Ddiwinyddiaeth Cymru', *Diwinyddiaeth*, xxv: 3-28.

*Williams, John. 1955. *Paul*. Caernarfon: Llyfrfa'r Cyfundeb.

*Williams, J. Tudno. 1967. 'Rhyddid a Thraddodiad', *Diwinyddiaeth*, xviii: 7-16.

*—— 1985. 'C. H. Dodd: New Testament Scholar', yn *C. H. Dodd, 1884-1973: The Centenary Lectures*. Clwyd: Gwasanaeth Llyfrgelloedd ac Amgueddfeydd, tt. 1-13.

*—— 1988. 'Rhai Agweddau ar Ddiwinyddiaeth y Testament Newydd', yn E. W. Davies (gol.), *Efrydiau Beiblaidd Bangor 4*. Dinbych: Gwasg Gee, tt. 173-90.

*—— 1991. *Llith i Gorinth: Llythyr Cyntaf Paul at y Corinthiaid*. Caernarfon: Gwasg Pantycelyn.

*—— 1993. 'Y *Testament Newydd, Argraffiad Diwygiedig*', *Y Traethodydd*, 148: 223-34.

*—— 1995. 'Iddewiaeth Cyfnod y Testament Newydd: A yw'r Darlun ohoni'n Gywir? Cyfraniad E. P. Sanders i'r Ddadl', *Diwinyddiaeth*, xlvi: 62-83.

*—— 1999. 'A Geir Hanes y Cwymp yn Genesis 2 a 3?', *Diwinyddiaeth*, l: 86-96.

*—— 2001. *Llythyrau at y Galatiaid a'r Philipiaid*. Caernarfon: Gwasg Pantycelyn.

*—— 2003. 'Addoli Iesu fel Duw', *Y Traethodydd*, clviii: 197-210.

*— 2007. 'C. H. Dodd and W. D. Davies: Two Welsh Congregationalists on the Nature of the Church', yn A. M. Robbins (gol.), *Ecumenical and Eclectic: The Unity of the Church in the Contemporary World: Essays in Honour of Alan P. F. Sell.* Milton Keynes: Paternoster, tt. 159–71.

Williams, S. K. 1980. 'The "Righteousness of God" in Romans', *JBL*, 99: 241–90.

Wilson, S. G. 1984. 'From Jesus to Paul: The Contours and Consequences of a Debate', yn P. Richardson a J. C. Hurd (goln), *From Jesus to Paul: Studies in Honour of Francis Wright Beare.* Waterloo, Ont.: Wilfrid Laurier University Press, tt. 1–21.

Witherington, B., III. 1993a. 'Christ', yn *DPL*, tt. 95–100.

— 1993b. 'Christology', yn *DPL*, tt. 100–15.

— 1998. *Grace in Galatia: A Commentary on St. Paul's Letter to the Galatians.* Edinburgh: T. & T. Clark.

Wolff, H. W. 1974 [1973]. *Anthropology of the Old Testament*, cyf. M. Kohl. London: SCM Press.

Wood, H. G. 1954/5. 'The Conversion of Paul: its Nature, Antecedents and Consequences', *NTS*, i: 276–82.

Wrede, W. 1904. *Paulus.* Tübingen: J. C. B. Mohr.

— 1907. *Paul*, cyf. E. Lummis. London: Philip Green.

— 1973. 'The Task and Methods of "New Testament Theology"', yn R. Morgan, *The Nature of New Testament Theology.* London: SCM Press, tt. 68–116.

Wright, N. T. 1980. 'Justification: The Biblical Basis and its Relevance for Contemporary Evangelicalism', yn G. Reid (gol.), *The Great Acquittal: Justification by Faith and Current Christian Thought.* London: Front Paperbacks, tt. 13–37.

— 1992 [1991]. *The Climax of the Covenant: Christ and the Law in Pauline Theology.* Minneapolis, MN.: Fortress.

— 1997. *What Saint Paul Really Said.* Oxford: Lion.

— 2009. *Justification: God's Plan and Paul's Vision.* London: SPCK.

— 2013. *Paul and the Faithfulness of God.* London: SPCK.

— 2014. 'Translating *dikaiosune*: A Response', *ExpTim*, 125: 487–90.

— 2015. *Paul and His Recent Interpreters.* London: SPCK.

— 2016. *The Paul Debate: Critical Questions for Understanding the Apostle.* London: SPCK.

Yinger, K. L. 1999. *Paul, Judaism and Judgment According to Deeds* (SNTSMS, 105). Cambridge: Cambridge University Press.

Young, F. 1994. *The Theology of the Pastoral Epistles.* Cambridge: Cambridge University Press.

Llyfryddiaeth

Ziesler, J. A. 1972. *The Meaning of Righteousness in Paul: A Linguistic and Theological Enquiry* (SNTSMS, 20). Cambridge: Cambridge University Press.
— 1978/9. 'Anthropology of Hope', *ExpTim*, 90: 105–6.
— 1981/2. 'Salvation Proclaimed: ix. Romans 3.21–26', *ExpTim*, 93: 356–9.
— 1989. *Paul's Letter to the Romans* (TPINTC). London: SCM Press.
— 1990 [1983]. *Pauline Christianity* (arg. diwyg.). Oxford: Oxford University Press.
— 1991. 'Justification by Faith in the Light of the "New Perspective" on Paul', *Theology*, xciv: 188–94.
— 1992. *The Epistle to the Galatians* (Epworth Commentaries). London: Epworth. Abbot, E. 115

Mynegai

∎ ∎ ∎

Abbot, E. 115
aberth 82–4
Adams, David 1, 2 ,3, 4, 29, 31, 32
ail ddyfodiad Crist (*parousia*) 171–8
Anton, Paul 187
Apostolic Preaching and its Developments, The (C. H. Dodd) 152
Aristotles 146
Atgrynhoi, Yr (*Recapitulation*) 142
awdurdodau 147–8
Awstin o Hippo, Sant 28, 29, 30, 31, 40, 65, 73

Badenas, R. 53
Baird, W. 178
Barclay, John M. G. x, 38
Barrett, C. K. 40, 67
Barth, Karl 31–2, 73
Bauckham, Richard 101, 106, 110
Baur, F. C. 9–10, 13n, 18
Bell, R. H. 116
Belleville, L. L. 51
Best, Ernest 160, 161
Black, Matthew 66, 99

Bousset, Wilhelm 22, 100
Brawdoliaeth Gweinidogion Cymraeg Lerpwl 1, 2, 3, 29
Bruce, F. F. 49, 125
Bultmann, Rudolf 9–10, 11, 34, 55, 63, 70, 71–2, 77, 100, 114, 115, 126, 140, 141, 143
Burney, C. F. 107
Byers, A. 163

caethwasiaeth 147, 149
Calfin, John 29, 31, 61n, 132, 172
Campbell, Douglas A. x, 63, 80–1
Campbell, W. S. 164
Casey, P. Maurice 101
Charles, R. H. 171
christological monotheism (undduwiaeth Gristolegol) 105–6, 109
cnawd (*sarx*) 127–8, 130
corff (*sôma*) 125–7, 129, 130, 162–4, 184–6
Cranfield, C. E. B. 54–5, 72
creadigaeth newydd 85–6
Cullmann, Oscar 99, 148, 172

Mynegai

cydwybod 125, 150–1
cyfiawnder Duw 68–72, 76
cyfiawnhad drwy ffydd 11, 18, 29–30, 40, 41–2, 63, 70, 74, 76, 77, 79, 80, 143
cyfiawnhau 12, 51, 67–74, 75–7, 78–9
Cyffes Westminster 30
Cyngor Trent 70, 73
cymod 85
Cyprianus 35

Daniel, J. E. 1
Darlith Davies ix–xi, 3, 11, 122n
Davies, W. D. x, 6–8, 9, 12, 21–2, 28, 35, 39, 57–8n, 66, 78, 81, 84, 86, 107–8, 130, 139, 142, 151, 153–4, 159, 160, 162, 164, 165, 173, 177
deddf naturiol 151–2
deddfyddiaeth (*legalism*) 34, 55
Deliverance of God, The (D. A. Campbell) x, 80
didache (dysgeidiaeth) 152, 154
dimenswin eschatolegol 70, 74, 82, 134, 143–4, 146–7, 171–8
Dodd, C. H. x, 4–5, 6, 7–8, 12, 28, 30, 73, 83, 107, 131–2, 146–7, 150, 151, 152–4, 164, 165, 166, 175, 177
Dunn, James D. G. x, 36–7, 40–2, 56, 75, 76, 84, 106, 108, 110–11, 132, 165, 177
dysgeidiaeth Iesu 5–8, 12

ecclēsia (eglwys) 164–6, 169n
Eglwys, Yr 184–7, 188–90
emynau cynnar 105, 107, 111–12, 116

eschatoleg *gw.* dimensiwn eschatolegol
Evans, O. E. 189–90
Ewcharist, yr 163

Fee, G. D. 107, 131
Feine, Paul 14n
Fuchs, Ernst 12
Fuller, R. H. 100
Furnish, V. P. 140, 145–6

George, David Lloyd ix
God's Empowering Presence (G. D. Fee) 131
Griffith, G. Wynne ix
Griffith, Huw Wynne ix
gweithredoedd y Gyfraith 36–7, 56

Hahn, F. 100
Heitmüller, W. 11
Hengel, Martin 18–19, 101–2
Hickling, C. J. A. 51
Hooker, Morna D. 140, 142
Hübner, H. 55, 56–7
Hughes, R. R. ix, 1, 3
Hunter, A. M. 4
Hurtado, L. W. 105, 106

Jervell, J. 18
Jones, Gwilym H. 64
Jung, Carl 15n
Jüngel, E. 11

Käsemann, E. 54–5, 70–2, 76, 77, 146
kerygma 4, 9, 152, 154
Knox, John 17
koinonia (cymdeithas) 133, 146, 151
Kümmel, W. G. 28

Mynegai

Luther, Martin 28–9, 30–2, 35, 40, 55, 68–70, 72–3, 75, 79

McDonald, J. I. H. 151
Man in Christ, A (J. S. Stewart) 78
Marcion 39
Marshall, I. H. 111, 113
Martin, Ralph P. 85
Marxsen, W. 51
Minear, P. S. 165–6
Montefiore, Claude 32–3
Moore, George Foot 33
Morris, William ix
Morris-Jones, John 1–2, 3
Morrison, C. D. 148
Moule, C. F. D. 100–1, 176
Munck, J. 172

Nestle-Aland (*Novum Testamentum Graece*) 115
Nietzsche, Friedrich 13n
nomiaeth gyfamodol (*covenantal nomism*) 33–9, 56, 74
nous (meddwl) 125, 130

Origin of Christology, The (C. F. D. Moule) 100–1

parousia gw. ail ddyfodiad Crist
Paul and the Faithfulness of God (N. T. Wright) x
Paul and the Gift (J. M. G. Barclay) x
Paul and Palestinian Judaism (E. P. Sanders) x, 21–2, 32
Paul and Rabbinic Judaism (W. D. Davies) x, 21, 22
Pauline Christianity (J. Ziesler) 4
Paul yng Ngoleuni'r Iesu (David Adams) 2

Persbectif Newydd ar Paul 24n, 29–42, 55
personoliaeth gyfun (*corporate personality*) 160, 161, 167n
Pierce, C. A. 150
pistis Christou 79
pneuma gw. ysbryd
prynedigaeth 81–2
psuchē 128–9, 130

Qumrân (Sgroliau'r Môr Marw) 21, 35, 38, 68, 71, 100, 152

Räisänen, H. 51, 54
Reconciliation (R. P. Martin) 85
Reumann, J. 75–6
Ridderbos, N. H. 133
Roberts, R. M. 11
Robinson, John A. T. 6, 125, 126, 163

saint (*hagioi*) 166, 169n
Sanders, Ed P. x, 21, 32–40, 57, 63, 74, 76, 77
Sanday, W. ac A. C. Headlam 114
Schnackenburg, R. 75
Schoeps, H.-J. 22
Schrage, W. 139
Schweitzer, Albert 22, 78, 79, 80, 143, 160, 173
Scott, C. A. Anderson 10
Scroggs, R. 86, 100
Shaw, George Bernard 13–14n
Snodgrass, K. R. 57
soterioleg gyfranogol (*participatory soteriology*) 78–9, 80
Stendahl, Krister 30, 40–1, 77
Stewart, J. S. 78

Styler, G. M. 144
swyddogaethau yn yr eglwys 185, 187–90

Tertwlian 172
Theology of Paul the Apostle, The (J. D. G. Dunn) x
Thiselton, Anthony C. 1, 176
Thomas Acwin 31
Thomas, Isaac 75
Towner, P. H. 190
Townsend, P. Wayne 64–5

Unnik, W. C. van 10, 22

Vielhauer, P. 18

Watson, N. M. 74
Wedderburn, A. J. M. 161
Weiss, Johannes 105
Wendt, Hans Hinrich 2
Whiteley, Denys E. H. x, 67, 78, 115

Williams, John (Brynsiencyn) ix, 1, 3–4, 11
Williams, John Tudno 103, 111, 116, 132–3, 144, 145, 150, 152, 174
Williams, S. K. 30
Williams, Thomas Charles ix
Williams, William (Y Pêr Ganiedydd) 69
Witherington, Ben III 28
Wrede, William 2, 78, 80
Wright, N. T. (Tom) x, 40, 42, 70, 72, 74, 85, 108–9

Yinger, K. L. 74
ysbryd (*pneuma*) 128, 129–34, 141, 145–6
Ysbryd Glân *gw.* ysbryd
Ysgol Tűbingen 2, 9, 18

Ziesler, John 4, 67, 76